“十二五”国家重点图书出版规划项目

社·会·学·文·库

SOCIOLOGICAL LIBRARY 主编◎郑杭生

传承与变迁

当代中国家庭结构与家庭养老

许 琪◎著

CONTINUITY AND CHANGE

of Family Structure and Intergenerational Supports in Contemporary China

中国人民大学出版社
·北京·

总　序

现在，文库不少，社会学文库也有几个。在这样的情况下，接受中国人民大学出版社的委托，主持一套社会学文库，就不得不追问自己：这套文库只是单纯在数量上增加一个文库而已，还是应该在质量上力求有自己的某些特点？这就是本套文库不可避免要面对的定位问题。经过考虑，本套文库的定位至少涉及如下四个方面：

第一，它是一套研究性的文库。就是说，进入本套文库的著作，必须是研究性、探索性的。研究性、探索性的必备要素是与某种新的东西联系在一起的，即有某种创新性，因此，它们不同于一般资料性的、介绍性的、编译性的作品。这并不是说后者不重要，而是说，因为类别不同，后者应该有自己的出版渠道。

社会学研究无疑涉及诸多方面，有理论研究和经验研究、定性研究和定量研究，有对现实社会现象的研究，又有对社会学本身的研究，等等。本文库欢迎一切真正有研究价值的著作；同时，根据社会学国际化与本土化相结合的要求，根据本国的国情，把重点放在如下几个方面：

——对转型中的中国社会的认识有所深化的研究著作。

——对有中国特色的社会学理论有所贡献的研究著作。

——对世界社会学的新发展和走向有所把握的研究著作。

第二，它是一套精品性的文库。就是说，在研究性的著作中，我们更看重精品之作。所谓精品，在内容上至少要符合下述几条中的一条或同时具有：一是能够从社会学的视角对人们普遍关心的社会热点和焦点问题做出有说服力的分析，公认有真知灼见，经得起时间和历史的考验；二是能够对实现“增促社会进步，减缩社会代价”的社会学深层理念有所贡献；三是对社会学的学科建设和理论创新有所推动；四是对中国社会学的国际化和本土化有所促进。而在形式上，要有与内容相匹配的叙述形式，要有较好的可读性，力求深入浅出，尽可能雅俗共赏，为大家所喜闻乐见。

第三，它是一套使社会学界新生力量脱颖而出的文库。就是说，通过研究性的精品之作，使那些在社会学界没有什么知名度，或知名度不高的“无名小卒”、新生力量、后起之秀程度不同地提高知名度，把他们实实在在地介绍给学界和社会，使他们尽快成为学界名人。在这个意义上，本文库也许能够成为培养社会学人才的有效渠道之一。众所周知，没有或缺少新生力量的学科和学界，是没有什么希望的。这当然在任何意义上都不是说可以忽视现在的学界名人，他们是我们最重要的依靠力量，他们负有提携后进的重任。我们真诚希望现有的学界名人和即将脱颖而出的学界名人，共同使本文库成为名副其实的名人文库，在学界和社会上发挥更大的作用。

第四，它是一套供不同学派观点争鸣的文库。一个没有不同学派争鸣的学界，不能说是成熟的。我在社会学界多次强调“要多一点学派，少一点宗派”。因为学派之争是学术问题、学术观点的争论，用的是学术标准，可以争得面红耳赤，但过后仍然是朋友；宗派之争则用非学术标准，党同伐异，大有“谁不和我们歌唱，谁就是我们的敌人”的“气概”。因此，学派之争，与人为善，相互切磋，推进学术；宗派之争，与人为恶，相互攻击，阻碍学术。如果本文库在促成不同观点的社会学学派形成方面、在促成不同学派展开富有成果的争鸣方面，起到了应有的积极作用，我们将会感到非常高兴和欣慰。本文库将对各种不同观点的学派一视同仁。

总之，我们真诚希望本文库能够出研究成果、出精品、出名人、出学派。简言之，我们把“四出”作为中国人民大学出版社社会学文库的定位。

古人曾说过这样的意思：定位于“上”，可能得乎“中”；定位于“中”，可能得乎“下”。本文库这种“四出”的定位，从目标上说应该属于“上”，但结果仍有两种可能：或“上”或“中”。我们希望能够争取前一种可能，避免后一种。最后究竟如何，当由读者和时间来鉴定。

应当指出，本文库是在一个不平常的时候出版的。

首先，无论是就政策环境和体制条件来说，还是就国内氛围和国际环境而论，中国社会学正处在新中国成立以来最好的大有可为的发展时期。现在，社会学的学科地位，即作为要加强的哲学社会科学基本学科之一，得到了确认。人们越来越体会到社会因素即非经济因素对改革、发展、稳定的重要性，从而也认识到以非经济因素为切入点的社会学，也和以经济因素为研究对象的经济学一样，是一门与每个人的实际生活息息相关的学问，是一门推进改革、发展、稳定的科学，感受到有许多问题需要从社会学的视角来看待和解读，并领悟到社会学的理论研究和经验研究是制定符合实际情况的社会政策的基础环节。人们对社会学从不甚了解、不了解甚至误解到逐步了解；一些社会学的用语（如社区、社会化、弱势群体、社会转型、良性运行等）日益普及化、大众化，其中一些还被政府部门采纳和使用。这使中国社会学的发展不仅有了自上而下的体制条件，而且有了自下而上的社会氛围。经过激烈竞争，中国社会学界获得了第三十六届世界社会学大会的主办权，该届会议的主题是“全球化背景下的社会变迁”，将于2004年7月在北京召开，由中国社会科学院社会学研究所承办。现在欧美社会学界都十分关注中国社会的变化、中国社会学的研究。无疑，在世界社会学的格局中，与欧美强势社会学相比，无论是从规模、投入，还是从成果、影响等方面说，中国社会学仍然是弱势社会学。强势社会学界如此关注中国社会的研究，对植根于本土社会的中国社会学界来说，既是一种沉重的压力，同时又是进一步发展的强大动力。在这样的情况下出版本文库，应当说正当其时。我们希望不要辜负这样好的条件。

其次，这种不平常性还表现在世界社会学正处在自我反思和重建的过程之中。这种自我反思和重建的趋势并不是凭空而生的，而是有现实根据的。这就是旧式现代性的衰落、新型现代性的兴起。我认为，这种旧式现代性的衰落、新型现代性的兴起，既影响着中国社会学的国际化，又影响着中国社会学的本土化。关于这一点我想多说几句。

所谓旧式现代性，就是那种以征服自然、控制资源为中心，社会与自然不协调、社会与个人不和谐，社会和自然付出双重代价的现代性。20世纪向21世纪的过渡时期，全球社会生活景观呈现出重大转折的种种迹象，人们看到：人类对自然的倒行逆施造成了越来越严重的“绿色惩罚”，导致了天人关系的紧张，甚至“人类对自然的战争，变成了人类自我毁灭的战争”；人欲的激发和资源的匮乏所引发的对资源控制权力的争夺，又不能不导致价值尺度的扭曲、伦理准则的变形、个人与社会的关系的恶化。旧式现代性已经进入明显的危机时期。这样，在世界、在中国，探索新型现代性便成为一种势在必行的潮流和趋向。

所谓新型现代性，是指那种以人为本，人和自然双赢、人和社会双赢，两者关系协调和谐，并把自然代价和社会代价减小到最低限度的现代性。从中国社会转型加速期取得的巨大社会进步和付出的种种社会代价中，我们都能从正反两方面，亲身体会到新型现代性的深刻意涵。

就两种类型的现代性与社会学的关系而言，过往的旧式现代性锻造了以往的社会学——它的感受力和想象力、设问和眼界，甚至它的理论抱负和期望所能达到的限度。当现代性面临重大转折之时，必定也是社会重构、个人重塑、个人与社会的关系发生重建之日。社会学不可避免地卷入其中，经历预设的根本变化、视野的重大调整、理论的重铸和再生过程。

对旧式现代性做出反应的，不仅有新型现代性，还有后现代性。如果说，新型现代性是对旧式现代性的一种积极、正面意义的反思，那么主张后现代性的后现代主义则一般是对旧式现代性的一种消极、否定意义的反应。后现代主义批评旧式现代性的弊病是对的，但它的解决方法不是革除弊病，而是连现代性也加以抛弃，从而走向了极端。它对社会和知识基础的所谓“解构”，无助于增进社会的和谐。

因此，处在这样一个旧式现代性步入没落、新型现代性勃然兴起的历史时期，中国社会学必须顺应时代的要求，跟上世界社会学重建的步伐，结合中国的实际，在理论研究上开拓出新的学理空间。而经过我国快速转型期独特经验的熏陶，中国社会学界的主体性、自觉性和敏锐性已经大为提高，将有助于达到这一目标。

我们也真诚希望，本套文库能在实现上述目标的过程中发挥应有的促进作用。

以上权且作为本文库的序言，与大家共勉。

郑杭生

2003 年 8 月于气和文轩

目　录

绪　论　变迁中的中国家庭结构与家庭养老

一、古德的遗产与中国的家庭变迁研究

1963 年，威廉·古德出版了《世界革命与家庭模式》一书，标志着家庭变迁作为一个专业领域正式进入学者们的研究视野（Cherlin，2012）。在这本书中，古德将世界范围内正在发生的家庭变迁称作一场“革命”，并认为这场革命比其他方面的社会变革更深刻、更具影响力。对那些长期关注政治经济制度或社会分层结构的学者来说，古德的话可能有点言过其实，因为一直以来，学术界都更加关注公共领域发生的“重大”社会变革，以婚姻家庭为代表的私人生活领域的变革则不被重视或处于相对次要的地位。然而，正如古德所言，政治经济制度方面的变革时常发生，而一个社会的婚姻家庭制度却变动缓慢。因此，一旦婚姻家庭发生变化，往往预示着社会层面正在发生更加深刻的变革。就古德的观察来看，这种变革正在发生，而且正以一股不可逆转之势席卷全世界。

古德的研究激发了世界各地的学者开始关注家庭变迁。在中国，有关家庭变迁的研究也逐渐发展为一个学术热点（林晓珊，2018）。虽然古德的名著《世界革命与家庭模式》并未被译成中文，但其另一本著作《家庭》早在1986 年就出了中文版，并对中国的家庭变迁研究产生了极为深远的影响。在中国学术界，自古德以降的家庭变迁理论常被称作家庭现代化理论。该理论预言，随着工业化、现代化和城市化的快速发展，传统的大家庭制度将不断瓦解，世界范围内的家庭都会向夫妇式的核心家庭转变。在这一过程中，代际关系将日益松散，家庭功能将不断弱化，因而，在传统农业社会建立起来

的一整套家庭经济制度和养老抚幼制度都将面临严峻的挑战（Goode，1963）。虽然古德的理论因其强烈的单线进化色彩在后续的研究中不断遭受国内外学者的批评和质疑（唐灿，2010），但不可否认的是，他的观点对中国的家庭变迁研究影响至深，甚至在某种程度上说，古德提出的理论问题构成了当代中国家庭变迁研究的核心和主线。

林晓珊（2018）认为，中国的家庭变迁研究可以追溯到20世纪初至中华人民共和国成立之前。在这一时期，以费孝通、潘光旦、李景汉、孙本文、许烺光、林耀华等为代表的老一辈社会学家和人类学家在全国各地开展了很多家庭调查，并对传统中国社会的家庭结构、代际关系、宗族制度等问题进行了非常深入的研究。虽然没有明确提出家庭变迁的概念，但他们的很多观点至今仍有影响力，并为当代的中国家庭变迁研究提供了逻辑上的起点。

在20世纪80年代初，中国的社会学恢复重建，关于中国家庭变迁的研究也迎来了第一次热潮。在这一时期，以中国社会科学院社会学研究所为代表的很多学术机构开展了多次有影响力的家庭调查，如“五城市家庭调查”“七城市家庭调查”“现代中国城乡家庭研究”等（五城市家庭研究项目组，1985；雷洁琼，1994；沈崇麟、杨善华，1995；沈崇麟、杨善华、李东山，1999）。以古德的家庭现代化理论为原型，这些调查大多以中国的改革开放为背景，分析快速的社会转型对城乡家庭规模、家庭结构、代际关系和家庭养老功能的影响。城乡家庭的小型化、核心化和家庭养老功能的弱化是这一时期最受关注的研究议题（雷洁琼，1994；沈崇麟、杨善华，1995；杨善华、沈崇麟，2000）。

进入21世纪以后，关于中国家庭变迁的研究呈现出多元化趋势，研究者在选题上也更加不拘一格。但是，在现代化转型不断加速、老龄化程度不断加深的背景下，有关中国家庭结构和家庭养老的研究始终是学术界的焦点。在这一时期，学术界对该问题的研究形成了两种截然不同的观点。一些学者援引经典的家庭现代化理论，认为中国快速的社会变迁已经彻底改变了传统的家庭居住方式和代际关系，且这种转变对孝道传统和建立在孝道基础上的家庭养老造成了显著的负面影响（阎云翔，2012；贺雪峰，2008）。与之相对的另一种观点则认为，中国的大家庭传统和家庭养老方式在快速的社会变迁过程中依然得以保留，并且在未来仍会发挥不可替代的作用（Logan & Bian，1999；杨善华、贺常梅，2004）。在经验研究方面，学者们的发现也不一致。例如，既有研究发现年轻子女与老人同住的意愿和与老人同住的比例在迅速下降（Treas & Wang，1993；曾毅、王正联，2004）；也有研究发现多代家庭在当代依然是一种非常重要的家庭类型，且不同住子女与父母之间依然保持着非常密切的联系（王跃生，2013；Bian、Logan & Bian，1998）。在家庭养老方面，既有研究认为当代中国家庭之中因老人赡养问题引发的代际冲突在逐渐增多（郭于华，2001；阎云翔，2006）；也有研究发现，大多数老人依旧能从子女处获取各种支持，且大多数老人依旧对子女的孝行表示满意（怀默霆，2001；Silverstein、Cong & Li，2006）。

综上所述，现有的关于中国家庭结构和家庭养老的研究争议很大。这种争议背后既包含学者们对家庭现代化理论与家庭变迁路径的不同理解，也包含不同学者在研究方法和研究取向上的差异甚至矛盾。下面，我将从理论和方法两个方面简要回顾现有研究，并在此基础上介绍本书的研究内容和章节安排。

二、家庭现代化理论及其批判

如前所述，对中国家庭变迁的研究绕不开家庭现代化理论。因此，在开展具体研究之前，有必要先简要回顾该理论的发展历程。

（一）什么是家庭现代化理论

关于家庭变迁的现代化理论诞生于20世纪五六十年代，这与结构功能主义在这一时期的霸主地位和西方学者对进化论的长期关注密切相关。在某种程度上说，家庭现代化理论就是结构功能主义和进化论的结合（唐灿，2010）。

唐灿（2010）认为，家庭现代化理论明显吸收了同时期结构功能主义的相关观点，并明确提出，一个社会的家庭模式必须要与其所能满足的社会整体的功能性需求相适应。在工业化之后的现代社会，以美国为代表的夫妇核心家庭就是这种功能整合的完美产物。帕森斯曾对此展开过专门论述（Parsons，1943）。他指出，与父母分开生活、彼此经济独立、同时也独立于任何亲属关系群体是美国夫妇核心家庭的本质特征。这种家庭制度不受扩大亲属群体及其权利和义务的制约，因而有益于工业化社会所需的职业流动和地域流动。此外，这种家庭制度也能有效推动个体间的平等，并能最大限度地满足丈夫与妻子以及他们与子女之间的情感需求，而这种需求的满足是与工业化社会所必需的平等、独立和自由观念相吻合的。总而言之，在帕森斯看来，美国的夫妇核心家庭完美契合了工业化社会的生产性需求和价值体系，因而能有效促进美国社会的功能整合。

在古德的相关论述中，我们也能发现与帕森斯类似的观点。不过，与帕森斯专注于分析静态的家庭制度及其功能不同，古德更致力于从动态的角度分析家庭制度的变迁（Goode，1963）。古德认为，美国社会所特有的夫妇式家庭制度是现代化家庭发展的标杆，但这种家庭制度不是自古就有，而是由传统的或前现代的家庭制度不断发展进化而来的。古德认为，在工业化之前的传统农业社会，占主导地位的是扩大家庭制度，这种家庭制度的典型特征表现在多代同住的大家庭结构和年轻夫妇对家长权威的绝对服从。显然，这与帕森斯论述的独立自主的夫妇核心家庭完全不同，但是在传统农业社会，扩大家庭制度很好地满足了小农经济的各种需求，因而广泛存在于各种工业化之前的前现代社会之中。

古德认为，扩大家庭在三个方面满足了传统农业社会的基本需要。第一，小农经济对劳动力的客观需求使得家庭成员必须在家长的组织下开展有效的农业协作，这为大家庭的产生奠定了基础。第二，在传统农业社会，家长不仅控制着土地、房屋等家庭财产，而且拥有农业生产所必需的经验，这使得家长毫无争议地成为大家庭中的绝对领袖，并对子女的婚姻、住房和工作安排具有决定性影响。第三，农业社会的流动性较弱，个人在经济、教育、保护、娱乐、宗教、生育后代等方面的需求都需要通过家庭才能得到满足，这在客观上增加了个人对家庭的依赖，也为大家庭的存续提供了合法性基础（Goode，1963）。

但是，随着工业化、城市化和现代化的发展，扩大家庭制度逐渐与社会的基本需要相背离。这主要表现在：首先，现代工业的发展使得越来越多的年轻人能够在家庭以外的企业组织获得就业机会，当家庭失去了生产功能，大家庭的吸引力就不复存在；其次，现代社会的生产方式促进了劳动力的自由流动，当子女逐渐远离父母的时候，父母的约束力也必然会减弱；再次，当学校、医院、娱乐场所等社会机构纷纷建立起来时，传统家庭的很多功能已经在很大程度上被外部机构替代，传统大家庭存在的理由也越来越少；最后，大家庭制度也与西方社会自文艺复兴以来逐渐形成并发展起来的自由、平等和独立自主的主流价值观不符，因而最终难以摆脱被社会大众抛弃的命运（Goode，1963）。

总而言之，在古德看来，工业化的发展或传统农业社会向现代工业社会的转型是夫妇核心家庭逐步取代扩大家庭并在美国和欧洲等现代工业社会占据主导地位的根本原因。而且在古德看来，这种家庭变迁过程具有明显的进化或进步的意味（唐灿，2010；Cherlin，2012）。也就是说，在古德眼中，传统的扩大家庭制度是落后的，而现代的夫妇核心家庭制度是进步的，家庭的进化将与社会的进化（工业化和现代化）保持同步。更进一步，古德认为，由于工业化和现代化正在世界范围内以一股不可逆转之势迅速蔓延，所以家庭的现代化转型也将在世界范围内同步发生，且世界各国的家庭变迁也将以美国为代表的家庭变迁过程为蓝本。在《家庭》一书中，古德清晰地表述了他的这一观点："在世界各地，所有的社会制度都在或快或慢地走向某种形式的夫妇式家庭制度和工业化，这在人类历史上还是破天荒第一次。"（古德，1986）在其另一本著作《世界革命与家庭模式》中，古德也详细描述了包括中国、日本、印度，以及中东和非洲的一些国家在内的世界各国的家庭制度沿着他所认为的现代化路径发生变迁的过程。然而，正如谢林在《世界革命与家庭模式》出版近50年后对这本书的评价中所指出的，古德的很多预言在后续的研究中被证明是错误的（Cherlin，2012）。下面，我将详细论述近年来西方学术界对家庭现代化理论的批判，并在此基础上指出它对中国家庭变迁研究的启示。

（二）对家庭现代化理论的批判

如前所述，家庭现代化理论认为，以美国为代表的夫妇核心家庭是与现代工业社会最匹配的家庭制度，且在普遍的工业化和现代化浪潮中，所有国家的家庭制度都将沿着与欧美国家相同的路径向夫妇核心家庭转变。然而，该理论的这两个预设在后续的研究中都被证明是错误的。

首先，很多研究发现，以美国为代表的夫妇核心家庭并不是家庭变迁的最终形态，在经过20世纪五六十年代的短暂繁荣之后，这种家庭制度很快在欧美国家趋于瓦解（Cherlin，2012）。20 世纪 70 年代以后，欧美国家的婚姻家庭发生了很多令人意想不到的变化，如初婚年龄推迟、结婚率下降、同居率和离婚率上升、婚前生育率提高但总和生育率下降等。这些现象后来为莱塞泰赫和万德卡这两个人口学家所关注，并被命名为“第二次人口转变”（Lesthaeghe，2010；van de Kaa，2004）。他们认为，20 世纪 70 年代以后，欧美发达国家已经从工业社会步入后工业社会。物质的繁荣和后物质主义的兴起使得个人的需求层次从生理和安全层次提升到自我实现层次。在这样的背景下，年青一代变得越发追求自我，婚姻和生育也不再被视为不可或缺的事情。这些社会结构和价值观念的变化最终导致家庭组成形式的多样化，同居、不婚、不育、婚前性行为、非婚生育、离婚，甚至同性婚姻都越来越为人们所接受，单人家庭、异族通婚、领养家庭、再婚家庭、单亲家庭、丁克家庭、同性伴侣等多样化家庭形态不断涌现，古德所认为的那种由异性恋夫妇及未成年子女组成的核心家庭在很多欧美国家已不占主流。

其次，家庭现代化理论所认为的世界各地的家庭模式都会按照同样的路径向夫妇核心家庭转变的局面也没有出现。谢林在总结了东亚、南亚、中东、非洲和拉丁美洲等多个国家和地区的家庭变迁轨迹后认为，古德的部分观点在部分地区是正确的。例如，在中国和日本等东亚国家，家长权威迅速下降，父母对子代婚姻的干预不断减少，夫妇核心家庭的观念日益普及（Cherlin，2012）。但是就整体而言，古德的理论无法对世界范围内家庭变迁路径给出准确描述。在很多国家和地区，古德所说的传统家庭和现代家庭制度同时存在，并在二者的共同作用下形成了异常复杂的混合家庭模式。即便是在中国和日本等能够证实古德的理论更有解释力的东亚国家，研究者也发现了与西方国家不完全相同的家庭变迁路径。因此，谢林总结道，并不存在一种普适性的家庭变迁路径，古德的努力在一开始就注定是徒劳的。古德不仅预设了一个根本就不存在的家庭变迁的终点，而且预设了一条通往这个终点的虚假路径。虽然工业化和现代化确实是推动家庭变迁的重要因素，但不同国家和社会有不同的传统，也会发展出多种不同的现代化路径。如果家庭现代化理论真的能对研究家庭变迁有所贡献，那么就必须将这种复杂性和多样性吸纳为自身理论的一部分（Cherlin，2012）。

在中国，以古德为代表的家庭现代化理论曾对家庭变迁研究产生过极为深远的影响。在20世纪八九十年代，一些学者还以此为模板，提出了关于中国城乡婚姻家庭变迁的“系谱理论”，认为城乡婚姻家庭的变迁与城乡社会的变迁之间可以建立一种大致对应的关系（雷洁琼，1994；杨善华、沈崇麟，2000）。然而近些年来，中国学术界对该理论的批判和反思已逐渐增多（唐灿，2010），一些学者还试图结合中国实际发展出有中国特色的本土化家庭变迁理论（计迎春，2019），这都表明中国学者正在摆脱家庭现代化理论的束缚，并开始立足中国国情开展有中国特色的家庭变迁研究。正如唐灿（2010）所指出的，当代的中国家庭是从中国的传统发展过来的，是适应中国自己的现代化进程的。因此，中国家庭只会发展成有“特殊性”的“中国现代家庭”，而不会成为“普遍性”的“世界家庭”。面对这样一种有特殊性的中国现代家庭，我们应该如何开展研究？中国现代家庭的特殊性体现在何处？下面，笔者将对此展开专门论述，并以此作为本研究的理论基础，统领后续关于当代中国家庭结构和家庭养老问题的研究。

三、中国家庭变迁的三个特点

本书认为，中国的家庭变迁与西方相比，具有以下三个方面的特点。

（一）特殊的文化传统

首先，中国有非常特殊的文化传统，儒家文化对孝道的强调使得传统中国家庭具有很多与西方家庭完全不同的特征。费孝通曾经指出，代际关系在西方是“甲代抚育乙代，乙代抚育丙代的接力模式”，而在中国则是“甲代抚育乙代，乙代赡养甲代，下一代对上一代都要进行反馈的反馈模式”（费孝通，1983）。孝道传统或者说依靠子代来解决老年人赡养问题的“反馈模式”是中国文化的一个独特发明，这种特殊的文化传统使得中国人比世界上任何民族都更加重视代际关系，也更加崇尚累世不分家的大家庭（Chu & Yu，2009）。虽然这种文化传统在快速的现代化进程中遭受了强烈的冲击，但它对当代中国人的观念和行为依然具有不可忽视的影响，因此也会导致中国具有与西方国家不完全相同的家庭变迁路径。

除了孝道之外，传统中国家庭的另一个显著特点是壁垒森严的性别秩序，这种家庭在以往的研究中常被称作“父系”或“父权”制家庭。在这种家庭中，只有儿子承担正式的赡养责任，也只有儿子拥有传宗接代和继承家庭财产的权利。相比之下，女儿仅在结婚前属于原生家庭，结婚后则加入丈夫家庭，因此，嫁出去的女儿常被称作“泼出去的水”，这导致女性在传统中国家庭中往往处于被男性支配的地位（Greenhalgh，1985）。经典的家庭现代化理论很少讨论性别，但在中国的文化背景下，性别是分析家庭变迁时不可或缺的一环。因此，本书将用很多笔墨分析当代中国家庭结构和家庭养老中的性别差异，如从夫居和从妻居、女儿养老功能的变化等。这些研究不仅能够帮助我们更加全面地认识中国家庭的变迁，而且能够帮助我们更好地理解当代中国的性别关系。

（二）“压缩型”现代化与“马赛克”

其次，中国家庭变迁是一个在时空两个维度上都被高度“压缩”的现代化转型过程。“压缩型”现代化是韩国学者张庆燮在分析韩国的家庭变迁时提出的一个概念（Chang，2010）。他认为，包括中国在内的很多东亚社会的现代化转型具有与西方国家截然不同的“压缩型”特征。这一特征一方面表现为时间上的进程短和变化快，另一方面表现为空间上的差异性和多元化。受“压缩型”现代化的影响，东亚社会的家庭变迁也必然呈现出传统与现代相互交融的特点。因为在这些社会中，传统的家庭观念和生活方式尚未消除，现代乃至后现代的家庭观念和生活方式就已经生长出来，甚至某些具体的个人身上会呈现出既传统又现代的行为方式（Chang，2010）。在“压缩型”现代化理论的基础上，计迎春进一步提出了中国家庭变迁的“马赛克”理论，她认为，中国的家庭变迁不会简单延续西方那种从传统向现代的单线进化的发展路径，而是会呈现出多元复杂的、传统与现代相互交织的混合模式（Ji，2017）。

笔者认为，这两个理论的一个共同之处在于揭示了中国家庭变迁过程的复杂性和多元化。因此，我们不应将中国视作一个同质性的整体，也不应像家庭现代化理论那样预设一条单线进化的家庭变迁路径。在中国，家庭变迁的轨迹必然是流动的、曲折的、充满差异的和复杂的。具体来说，笔者认为，其一，这种复杂性和多元化将首先表现在时间维度上，当代中国家庭的结构和功能不会朝着某个单一的方向去进化，而是会沿着多个方向迂回曲折地向前发展，甚至在某个特定的时期和特定的人群之中出现向大家庭回归的传统化趋势。其二，从空间维度看，中国在城乡和地区之间的现代化发展水平差异极大，因此，传统的家庭结构和家庭养老方式在城市和农村之间以及在东、中、西部之间可能有不同的表现，并在变迁轨迹上呈现出差异化的特点。其三，从微观的个人层面看，性别、年龄、教育等个人因素也会深刻影响人们的观念和行为，且不同阶层在应对转型社会的各种风险时也会采取不完全相同的行动策略。因此我们预期，当代中国的家庭结构和家庭养老方式会呈现出异常丰富多彩的个体化差异，这种差异无法通过任何一种简单的描述来概括，只能根据具体情况进行具体分析。

（三）国家的强势干预

最后，中国家庭变迁的特殊性还体现在国家在形塑家庭变迁过程中所发挥的关键性作用。以往的很多研究已经发现，在中国，国家政策会通过多种方式直接或间接地干预家庭（王跃生，2009；Whyte，2005；Davis & Harrell，1993；Parish & Whyte，1980）。例如，1950 年颁布的第一部《中华人民共和国婚姻法》首次在法律层面废除了包办婚姻、买卖婚姻等旧时代婚姻陋习，这大大减少了父母对子代婚姻的直接干预，婚姻自由的观念自此逐渐深入人心（Tian & Davis，2019）。再如，1966 年开始的“文化大革命”将很多传统的家庭观念和家庭习俗视作“四旧”，并予以批斗和破坏，这对包括家族和宗族在内的很多家庭制度造成了强有力的冲击（Davis & Harrell，1993）。最后，20 世纪 70 年代开始实施的计划生育政策[①]彻底改变了中国人的生育观念和生育行为，并势必对当下和未来的家庭结构和家庭养老方式产生极为深远的影响（风笑天，2006；郭志刚、刘金塘、宋健，2002）。

除了通过法律和政策直接干预之外，国家还会通过各种途径对家庭生活产生间接影响。一些研究提到，中国 1955 年建立的户籍制度在很大程度上限制了人口的自由流动，这对大家庭的延续产生了重要影响（Whyte，2005）。除此之外，中国在不同时期在城市和农村实施了不同的住房制度、就业制度

① 2013 年出台的“单独两孩”政策、2015 年出台的“全面两孩”政策和 2021 年开始实施的“三孩”政策也对中国家庭产生了重要影响。但本书主要考察的是生育政策调整之前的计划生育政策对中国家庭结构与家庭养老的影响。

和社会保障制度，这些制度也在不同程度上影响到城乡家庭的居住方式和家庭养老安排（王跃生，2009）。实际上，从某种程度上说，中国的经济改革和现代化发展也是由国家自上而下推动的，因此，如果说现代化真对家庭变迁有影响，那么在中国，这种影响至少有一部分是由国家的制度变迁造成的。

最后还需强调的一点是，当我们讨论国家政策对中国家庭变迁的影响时，不但要关注各种显性的政策和制度安排，而且要关注国家角色在某些重要方面的缺失。自 1978 年改革开放以来，中国逐渐放松了对经济和社会的全面管制，计划经济时期遗留下来的各种限制家庭居住选择的政策所产生的影响在当代已被大大削弱了。例如，中国已不再限制人口的自由流动，住房的市场化改革也使得早年城市住房紧张的局面大为缓解，大中专毕业生也不再由国家统一分配工作，而是改为个人自主择业。但是，国家在将流动、居住和就业的选择权让渡给个人的同时，也大幅削减了社会福利的供给。随着单位制的解体，原本由单位承担的养老和托幼等功能重新回归家庭，劳动力市场竞争失败的风险也主要由个人和家庭承担。从这个意义上说，当代中国家庭依然具有着不可或缺的社会保障功能，这种功能将对家庭的居住选择和代际关系发挥极为重要的影响。

综上所述，中国具有非常独特的家庭传统，并经历了与西方国家截然不同的现代化发展历程，再加上国家政策对家庭变迁的持续影响，中国的家庭变迁路径必然会呈现出复杂多变的特点。现有关于中国家庭变迁的研究已经在这个方面积累了非常丰富的研究成果，但学术界在一些关键问题上依然存在很多争议。例如，多代同住的大家庭是否会延续？“空巢”是否损害了老年人的利益？中国是否出现了一些学者所说的“孝道沦丧”（阎云翔，2006）？“啃老”是否对养老产生了负面影响？面对这些充满争议的问题，我们不仅要有强有力的理论武器，更要有科学的研究方法。前文已经详细介绍了与家庭变迁相关的各种理论，接下来，我将从方法角度对如何开展家庭变迁研究提出一些自己的观点。

四、开展定量的家庭变迁研究

本书在方法层面的一个核心观点是，研究家庭变迁需要使用定量方法。

这不是说定量方法是研究家庭变迁唯一正确的方法，也不是说定量方法没有缺陷。事实上，任何方法都有缺陷。本书无意评判不同方法的优劣，也无意为定量方法的各种已知缺陷做辩护，但不得不说的是，从对数字和统计方法的不信任，到将定量研究等同于实证主义，中国学术界确实对定量方法存在一些误解。接下来，我将简要介绍定量研究的方法论基础，并在此基础上讨论为什么要用定量方法研究中国的家庭变迁以及在开展这种研究时需要注意的问题。

（一）定量研究的方法论基础

谢宇（2012）认为，当代社会科学的定量研究方法建立在三个相互关联的方法论基础之上，其中之一是“变异性原理”（variability principle）。他认为，社会科学面对的研究对象是千变万化和千差万别的，这一特点被称作“变异性”。因为变异性的存在，社会科学不可能像自然科学那样去追求永恒不变的绝对真理，所以，实证主义试图照搬自然科学并在社会现象中寻求普遍真理的做法是完全行不通的。

此外，因为社会现象具有变异性，所以社会科学必须关注总体，而不能仅是个案。自然科学家可以通过研究一个氢原子来认识所有氢原子，但社会科学家不可能通过研究一个中国人来认识所有中国人。因为人与人之间是有重大差异的，这种差异性使得研究者只有通过观察总体（至少是从总体中获得的一个有代表性的样本）才能获得对社会现象的全面认识。而要描述和推断总体特征，社会科学就必须使用统计的方法。从这个角度说，统计学虽并不完美，但社会现象本身的变异性导致社会科学家不得不借助这种不完美的工具来开展研究。

更进一步，基于统计学，社会科学家可以获得社会平均状况的准确描述，但在求平均的过程中也会不可避免地抹杀很多有价值的个体差异，这就与以探索变异性为己任的社会科学产生了矛盾。为了解决这对矛盾，社会科学家必须借助定量研究方法的另外两个原理。一是“社会分组原理”（social grouping principle），这个原理指的是研究者需要根据有重要理论意义的指标对总体分组，并对组间差异进行比较研究，如分析性别差异、年龄差异、城乡差异、阶层差异等。二是“社会情境原理”（social context principle），这个原理指的是研究者需要将通过社会分组发现的规律置于不同的社会情境中来解释。因此，该原理鼓励研究者开展跨文化和跨历史的比较研究。例如，研究社会流动率在不同国家和地区间的差异以及随时间的变动趋势等。谢宇（2012）认为，通过逐步增加社会分组的复杂性并借助社会情境，社会科学家可以提升他们对社会世界的理解。

（二）定量研究方法与家庭变迁研究的结合

综上所述，定量研究方法强调社会现象的变异性、复杂性和情境性，并从根本上反对“放之四海而皆准”的普遍规律。这些方法论主张与前文所述的中国家庭变迁的流动性和多元化趋势非常吻合。所以笔者认为，定量方法虽然不是一个完美的方法，但它确实适合被用来研究中国的家庭变迁问题。

在以往有关中国家庭变迁的研究中，一直存在定性和定量两种不同的研究取向。早期的研究以定性方法为主，但近年来随着大规模家庭调查数据的普及，定量研究逐渐增多，并形成了与定性研究并驾齐驱的发展态势。笔者认为，定性方法和定量方法在研究中国家庭变迁时各有优势。定性方法的优势在于更能把握微观家庭决策的过程和细节，也更能捕捉到个体决策制定过程中的意义建构和主观能动性。但正如前文所述，中国家庭变迁的一个重要特点是异质性和多元化，所以，仅凭少数个案很难判断家庭变迁的总体方向，如果个案选择不当，还有可能得出完全错误的结论。相比之下，定量方法在数据代表性上的优势可以帮助我们更好地判断中国家庭变迁的总体趋势。而且，借助“社会分组原理”和“社会情境原理”，我们也能更好地分析中国家庭变迁路径的差异性和多元化，并结合不同家庭所处的具体情境对这种差异性和多元化给出较为合理的解释。

总而言之，研究中国的家庭变迁需要使用定量方法，但如何将定量方法与中国的家庭变迁相结合却是一个充满争议的问题。笔者认为，在应用定量方法分析中国家庭变迁的具体问题时，研究者不仅要关注数据、变量和模型选择等技术层面的问题，而且要关注对定量分析结果的主观解释和研究者的价值在解释过程中所扮演的角色。众所周知，定量研究强调客观性，或者说强调用“数字说话”，但实际上，数字并不会说话，真正说话的是研究者自己。所以，即便研究者使用了定量方法，也不一定就能排除自己的主观成见对研究结论的影响。

以“空巢”对老年人的影响为例，国内外已有很多定量研究发现“空巢”对中国老年人的身心健康没有影响，或者有显著的积极影响（刘宏、高松、王俊，2011；Chen & Short，2008；任强、唐启明，2014），但由于这一发现与人们的常识不符，或者说与人们通常认为的“空巢”对老年人有害的主观预期不符而始终遭到学术界的质疑。当然，这种质疑之中不乏方法层面的严肃探讨。例如，有学者指出，“空巢”对老年人的影响是一个因果问题，而通过统计模型实现因果推断存在很多技术上的难点（沈可、程令国，2012）。但是，即便一些学者使用了非常严格的因果推断方法，其结论依然不被主流学术界接受。由此可见，对“空巢”是否对老年人有害的争论已经超越了一般意义上的方法之争，演变为一种理论之争或观点之争，学者的主观价值对其接受还是否定一项定量分析结果产生了非常关键的影响。

前文曾经指出，中国的现代化转型具有与西方不同的“压缩型”特征，这导致传统、现代和后现代的家庭观念在同一个时空范围内相互杂糅，研究者身处其中，其主观价值必然也会受到这种冲突型家庭观念的影响。那么，作为中国家庭变迁的亲历者和研究者，我们该如何悬置自己的主观价值并对中国的家庭变迁及其后果进行客观评判呢？笔者认为，破解这个难题的关键在于两点。

首先，研究者必须使用更加严谨的数据和方法研究中国的家庭变迁问题。以往关于中国家庭变迁的研究大多使用横截面数据和常规统计方法，但众所周知，基于横截面数据的统计分析难以剥离变量间复杂的因果关系，因而其结论也很容易受到他人的质疑。不过，随着“中国家庭追踪调查”（CFPS）、“中国健康与养老追踪调查”（CHARLS）、“中国老年社会追踪调查”（CLASS）、“中国老年健康影响因素跟踪调查”（CLHLS）和“中国健康与营养调查”（CHNS）等大规模追踪调查的兴起，我们现在已有更好的数据来研究中国家庭结构和代际关系的变迁。使用这些数据并结合更加严谨的统计模型，我们能够更加客观地检验各种竞争性的研究假设，并为相关政策的制定提供更加坚实的实证基础。

其次，研究者在分析中国家庭变迁或评估其后果时应当对任何可能的结果都持完全开放的态度。因为中国家庭在变迁起点、变迁路径、变迁速度、变迁动力等多个方面都呈现出与其他国家和地区不同的特点，所以严格来说，中国的家庭变迁并无任何蓝本可参考，这导致研究者在对统计数据进行冷静客观的分析之前，根本无法预判中国家庭变迁的方向及可能造成的影响。所以，只要数据和方法使用得当，任何结论都可以被接受。研究者的主观价值和社会大众的一般性看法不应在这一过程中产生影响。当然，彻底排除研究者的价值很难。韦伯在论述价值中立时，也承认社会科学研究必然存在“价值关联”。但在韦伯看来，社会科学的价值关联仅存在于选题和结果应用层面，而不应出现在具体的研究过程中（韦伯，2013）。笔者完全同意韦伯的这一观点，并力求将价值中立的原则贯穿于本书对当代中国家庭结构和家庭养老研究的始终。

五、本书内容与章节安排

本书主体部分包含上下两篇，共八个章节，前四章主要讨论家庭结构，后四章主要讨论家庭养老。每一章的内容相对独立，但也存在内在关联。下面，我将对每一章的内容做一简单介绍。

第一章：作为全书的开篇，本章将对家庭“小型化”与“核心化”这两个经典议题展开讨论。虽然学术界对中国家庭小型化与核心化的发展趋势已不存在多少争议，但现有研究对这两个概念的理解依然包含不少含混不清之处。例如，传统中国家庭真的是大家庭吗？导致家庭小型化的原因是什么？为什么使用不同指标测量出来的家庭核心化的趋势有很大差异？本章将逐一揭开这些谜团。除此之外，本章还将使用历次人口普查与1%人口抽样调查数据详细描述中国家庭规模和结构的变动趋势，从而为后续章节的研究奠定基础。

第二章：通过第一章的分析，我们发现中国家庭小型化与核心化的趋势正日益明显，但多代家庭依然是一种非常重要的家庭类型。对此，学术界给出了三种解释：一是传统观念的延续，二是老年人的养老需求，三是国家政策的限制。但这三种观点都无法解释当下城市中的年轻夫妇与中年父母同住的现象。本章将从子代需求（如住房、经济、家务帮助和小孩照料等）入手，研究多代同住的大家庭在当代中国城市社会依然普遍存在的原因，反思经典的家庭现代化理论，并对现代化、传统性、国家政策和家庭居住选择之间的复杂关系展开讨论。

第三章：本章将接着第二章的问题进一步研究当代中国家庭的居住选择，但是与以往研究大多仅关注是否多代同住不同，本章做了两个方面的拓展。一是区分了从夫居和从妻居。受父系家庭制度影响，传统中国家庭大多采取从夫居，即老年夫妇选择与一个或多个已婚儿子同住，但近年来这种情况已经有所变化，将从妻居也纳入研究可以更好地分析当代中国家庭结构的异质性。二是考虑了不同住子女与父母的居住距离。虽然当下两代人分开居住已发展为一种社会潮流，但住得近还是住得远对代际关系的影响很大，因此，将居住距离也纳入分析可以更好地研究家庭核心化背景下中国家庭代际关系和家庭功能的演化。

第四章：与之前各章主要关注家庭结构变迁的趋势和原因不同，本章重在分析家庭结构变迁的后果，特别是对老年人主观福祉的影响。在老龄化不断加速的背景下，中国家庭结构的变迁引起了社会各界的普遍担忧，子女全部离家之后老年人独自生活的凄凉景象被形象地描述为“空巢”，其背后暗含的空巢对老年人主观福祉的负面影响不言而喻。然而，近年来的多项研究却发现，空巢并未像人们想象的那样对老年人的晚年生活产生显著的负面影响。本章对此进行了更加深入的研究。一方面，本章使用追踪数据和固定效应模型更加严谨地分析了空巢对老年人主观福祉的因果影响。另一方面，本章结合老年人居住意愿的变化和依然密切的代际关系分析了空巢没有损害老年人主观福祉的原因，这对全面客观地认识空巢现象具有重要价值。

第五章：从本章开始，我们正式进入关于家庭养老的研究。本章重点关注的是养老主体问题，即谁在养老。根据中国的父系家庭制度，只有儿子需要承担正式的赡养责任，女儿出嫁之后就成了丈夫家的人，将与丈夫一起孝顺公婆，对自己的亲生父母则不承担赡养义务。然而，近年来的多项研究却发现，这种主要依靠儿子养老的制度已经不复存在，女儿的养老功能显著提升，在某些方面甚至已经超过了儿子。本章将以此为背景进一步分析女儿的养老功能在城市和农村之间以及在经济支持和生活照料这两个维度上的差异。此外，本章还将结合现代化转型、女性经济地位提升、生育率下降和人口流动性增加等社会背景解释女儿参与养老的原因，并讨论这种变化对传统父系家庭制度的影响。

第六章：本章重点关注的是家庭养老的条件问题。根据中国的孝道传统，子女赡养父母是天经地义的，或者说是无条件的。但近年来不断曝光的赡养冲突使得社会各界都对这种基于孝道文化的无条件赡养模式产生了怀疑。本章从费孝通提出的“投资-反馈”模式出发，分析了父母对子女的投资与子女反馈之间的因果关联，并研究了近年来引起社会热议的“啃老”现象对子女赡养行为的影响。研究发现，老年父母在经济和小孩照料等方面对成年子女的持续帮助对其晚年是否能获得子女的高水平赡养具有非常重要的影响。这在一定程度上说明，随着中国的社会变迁，家庭养老赖以维持的基础已经发生了变化。

第七章：本章将紧接着第六章继续分析“啃老”与养老之间的关系。以往关于家庭养老的研究大多假设老年人是社会中的弱者，并认为老年人只有在获得子女充分支持的情况下才会感到满足。然而，本章基于社会交换论和公平理论，对这一假设提出了挑战。我们认为，以往关于家庭养老的理论预设忽视了老年人的主体性、能动性和自我效能感，因而也忽视了反向代际支持对老年人晚年生活的积极影响。基于对 CFPS 数据的深入分析，本章发现，同子女形成有来有往的代际互惠关系对老年人的主观福祉有显著的提升作用。所以，“享清福”并不是中国老年人的理想生活状态。这一研究发现不仅有助于改变学术界对家庭养老的传统认知，而且有助于修正人们对“啃老”的污名化理解。

第八章：本书的最后一章将关注孝道的变迁。孝是中国的一种文化传统，也是家庭养老赖以延续的重要基础。一些学者在分析部分中国家庭的养老实践后得出了“孝道沦丧”的结论。笔者并不同意这个观点。本章认为，孝是一个多维度的概念，在社会转型的背景下，孝的部分内涵在消解，部分内涵则依然延续。除此之外，人们也在不断为孝赋予新的内涵。所以，孝道是变化的、发展的，中国并未出现“孝道沦丧”，而是出现了“孝道转向”。通过对 CLASS 数据的深入分析，本章发现，孝道观念在不同人群之间存在差异性，而且孝道的不同构成部分对老年人的主观福祉具有不同程度的影响。这些发现对于更加全面客观地认识孝道传统的当代内涵和未来发展都有重要意义。

在结束主体部分的全部八个章节之后，我将对全书内容进行总结，并讨论有关中国家庭结构和家庭养老研究的未来议题和发展方向。

家庭结构篇

第一章　再论小型化与核心化

导读：家庭小型化与核心化是现代化理论所认为的世界范围内的所有家庭制度在社会的现代化转型过程中都必然经历的两个发展方向，也是近几十年来中国家庭变迁研究的核心与重点。虽然国内外学者对中国家庭正在经历小型化与核心化的结论已不存在多少争议，但现有研究对这两个概念的理解却依然包含不少含混不清之处。例如，不少学者依然认为，传统中国家庭是以联合家庭为代表的大家庭；亦有不少学者认为，中国家庭规模的缩小主要是扩大家庭制度向核心家庭制度转变所致；还有不少研究在描述中国家庭的核心化趋势时使用了一些不太恰当甚至会对人产生严重误导的统计指标。为了使读者尽可能全面地了解中国家庭小型化与核心化的发展过程，避免陷入认识上的误区，本章将首先对历史上的中国家庭、推动中国家庭小型化的原因以及测量家庭核心化的指标这三个问题进行讨论。接下来，本章使用1982—2010年四次人口普查和2015年1%人口抽样调查数据全面描述了中国家庭结构及其变动趋势，并对老年人口的居住方式进行了专门分析。本章的分析结果有助于澄清关于中国家庭结构变迁的一些核心问题，并为后续章节更加深入地研究家庭结构变迁和家庭养老方式的转变奠定基础。

一、历史上的中国家庭有多大

人们一提到中国家庭，总会想到多代同堂、累世不分家的大家庭。很多著名的文学作品，如曹雪芹的《红楼梦》、巴金的《家》、老舍的《四世同堂》都以多代同住的联合家庭为背景，描述大家庭内部复杂的人际关系。事实上，很多关于中国家庭变迁的理论研究和经验研究也以此为逻辑起点，认为传统中国家庭是大家庭，只是在经历了快速的社会变迁以后才发展为当今以核心家庭为主体的小家庭。这种认为核心家庭是从联合大家庭发展而来的观点也构成了家庭现代化理论的核心要素，并成为世界范围内众多学者研究家庭变迁的理论基础。但近年来，这一理论基础无论在中国还是西方国家都遭到了前所未有的挑战。

首先，就西方国家来说，自20世纪70年代以来，很多关于欧美国家的历史人口学研究发现，核心家庭早在工业革命之前就已成为欧美国家占主导地位的家庭制度，因此，认为工业化或现代化才是推动核心家庭发展的根本动力的观点并不成立（唐灿，2010；Cherlin，2012）。其次，就中国来说，很多研究也发现，历史上的中国家庭规模并不大，且以核心家庭和主干家庭为主体，联合家庭的比例很小。例如，栾成显（2006）通过对明清文书档案的考证，发现明清时期中国平均家庭规模为5人左右。王跃生（2000）对18世纪清朝乾隆年间历史人口数据的研究也发现，当时的中国，核心家庭所占的比例超过50%，主干家庭约占30%，联合家庭的比例不足10%，这说明小家庭才是当时社会的主流形态。

既然传统中国家庭的规模并不大，并以核心家庭和主干家庭为主，那么人们对大家庭的印象又是从何而来的呢？科恩（Cohen，1992）认为，中国父母与多个儿子同住所组成的联合大家庭只是人们追求的“终极期望”（ultimate aspiration），而与家庭经济和社会处境有关的家庭“实用管理”（practical management）才是决定现实生活中家庭居住安排的主要因素。所以，尽管联合家庭受到国家法律和儒家文化传统的鼓励，但是在现实生活中，中国家庭会根据实际面对的经济、社会和生活处境，对理想大家庭的“终极期望”做出积极的和现实的调整，从而实现家庭利益的最大化（李树茁、靳小怡、费尔德曼，2002）。具体来说，在传统中国社会，联合家庭的比例不高主要是出于以下三个方面的原因。

首先，父母在世是联合家庭存在的必要前提，但是在传统社会，父母的寿命较短，这就大大降低了联合家庭存在的可能性（王跃生，2000）。其次，联合家庭的维持和稳定需满足一定的社会经济条件，如拥有大量房屋和田产，但是在传统社会，除了少数富裕阶层以外，广大贫困家庭并不具备这些基本的物质条件（王跃生，2000）。最后，联合家庭人多事杂，矛盾重重，婆媳之间、妯娌之间、多个兄弟之间经常会因为争夺家产或其他家庭琐事发生冲突，如果家长不具备绝对的权威和必要的管理技巧，联合家庭也很容易瓦解（Tsui，1989）。所以在中国历史上，联合家庭的比例并不高，父母与一名已婚子女同住组成的主干家庭以及子女分家以后形成的核心家庭构成了中国家庭的主体（Levy，1949）。

二、家庭小型化的原因是什么

综上所述，历史上的中国家庭规模并不大，至少与人们想象中的累世不分家的联合家庭相去甚远。但是，随着时间的推移，中国家庭的规模确实呈明显的缩小趋势。历次人口普查数据显示，1982 年，中国平均家庭规模为 4.41 人，1990 年为 3.96 人，2000 年为 3.44 人，2010 年为 3.10 人，2020 年为 2.62 人，缩小趋势十分明显。那么，导致中国家庭往小型化方向发展的原因是什么呢?

一种观点认为，导致中国家庭小型化的根本原因是核心化，即以多代同住为特征的主干家庭和联合家庭日益分解为数个核心家庭是导致中国家庭规模不断缩小的主要因素。这一观点虽有一定道理，但是，它将家庭小型化与核心化这两个不同的概念混为一谈，因此，也不可避免地忽视了影响家庭规模变动的其他重要因素。郭志刚在 2008 年发表的一篇论文中指出，家庭规模是一个受到多种因素共同影响的综合指标，因此，不能简单地将家庭规模的小型化等同于核心化。除了家庭结构的核心化之外，家庭规模还受生育率变动的影响。因为少年儿童不具备独立生活的能力，他们必须要依附父母或其他成年人才能生活，所以，家庭生育数量的减少会直接导致家庭规模的缩小（郭志刚，2008）。考虑到中国自 20 世纪 70 年代以来执行了非常严格的计划生育政策，家庭生育率的下降速度非常快，因此，生育率的下降是导致家庭规模缩小的一个不可忽视的重要因素。

为了更加清楚地展示生育率对家庭规模的影响，我参照郭志刚（2008）的方法，描述了中国家庭规模的变动趋势与人口出生率之间的对应关系。从图 1－1 可以发现，中国家庭规模的变动趋势与人口出生率的变动趋势保持着高度的一致性。在中华人民共和国成立后的相当长的一段历史时期内，家庭规模由于出生率的上升处于扩张阶段。其间，由于 1960 年前后的“天灾人祸”，这种趋势受到了短期干扰，但总体而言，二者大致保持着近乎相同的变动趋势。20 世纪 70 年代以后，中国开始实施计划生育，人口出生率出现大幅下降，家庭规模也同步缩小。因此，生育率的下降确实是导致家庭规模缩小的一个重要因素。不过，2015 年以后，人口出生率的下降趋势因为“单独两孩”和“全面两孩”政策的实施而有所放缓，但同期家庭规模下降曲线的斜率却变得更加陡峭。从这样的曲线对应关系可以推测，近年来导致家庭规模缩小的原因更为复杂，除出生率下降之外，其他社会经济因素的影响开始凸显，并成为影响家庭规模变化的主要原因。

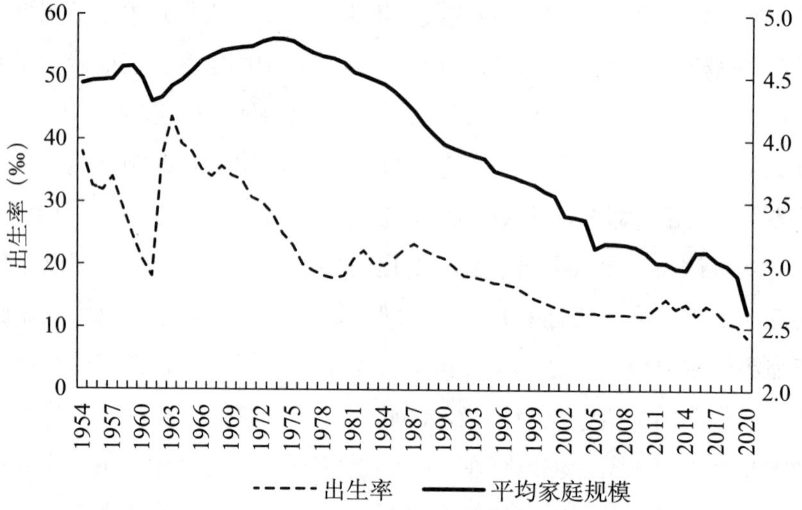

图 1-1　人口出生率与平均家庭规模的变动趋势

注：人口出生率直接取自历年《中国人口和就业统计年鉴》或《中国人口统计年鉴》，家庭规模根据历年《中国人口和就业统计年鉴》或《中国人口统计年鉴》中公布的总人口数和总户数相除得到。普查年份的结果直接取自人口普查数据。

图 1-1 较为粗略地描述了人口出生率与平均家庭规模之间的对应关系，为了对这种关系进行更加精确的量化研究，我们还使用自 1982 年以来的五次人口普查数据分析了人口年龄结构对家庭规模的影响。郭志刚（2008）曾使用同样的方法分析过 2005 年以前中国平均家庭规模的变化中人口年龄结构的变化所能解释的百分比，我们借用了该方法，并将分析的时间跨度延伸到了 2020 年。

从表 1-1 可以发现，从 1982 年至 2010 年，中国 0～14 岁青少年人口在总人口中所占的百分比呈明显的下降趋势，直到 2020 年第七次全国人口普查，这种趋势才有所缓解。与此同时，15～64 岁劳动力年龄人口占总人口的百分比随时间呈先上升后下降的趋势，而 65 岁及以上老年人口所占的百分比则不断上升。随着中国人口年龄结构的变化，每个家庭中平均拥有的青少年人口、劳动力年龄人口和老年人口的数量也发生了非常明显的变化。具体而言，平均每户中拥有的青少年人口数和劳动力年龄人口数随时间推移出现了明显下降，而老年人口数则维持着缓慢的上升势头。在 2010 年以前，青少年人口数的下降速度很快，它是导致平均家庭规模缩小的主要原因。从表 1－2 也可以发现，在 2010 年以前，青少年人口数减少对家庭规模缩小的解释力均在 50％以上，在部分时期其解释力甚至超过 80％。然而，在 2010 年至 2020 年的这十年，青少年人口数的减少对家庭规模缩小的解释力只有 9.3％，这说明，在这一时期，生育率下降不是导致家庭规模缩小的主要因素。从图 1－1 也可以发现，近年来，家庭规模的变动趋势与人口出生率的变动趋势出现了不一致。因此，近年来家庭规模的缩小受到了更多社会经济因素的影响。但尽管如此，生育率的降低导致的家庭中青少年人口数的减少仍是导致我国家庭规模缩小的一个重要因素，所以，将家庭小型化与核心化等同起来的做法是有严重缺陷的。既然家庭规模的变化不能准确反映家庭结构的变化，那么我们该如何测量中国家庭的核心化趋势呢？对于这个问题，我们将在下一节详细讨论。

表 1－1　中国人口年龄结构的变化与平均每个家庭内人口结构的变化

	1982	1990	2000	2010	2020
年龄结构（％）					
0～14 岁	33.59	27.69	22.89	16.61	17.95
15～64 岁	61.50	66.74	70.15	74.47	68.55
65 岁及以上	4.91	5.57	6.96	8.92	13.50
平均家庭规模（人）	4.41	3.96	3.44	3.10	2.62
0～14 岁	1.48	1.10	0.79	0.51	0.47
15～64 岁	2.71	2.64	2.41	2.31	1.80
65 岁及以上	0.22	0.22	0.24	0.28	0.35

表 1－2　青少年人口数减少对家庭规模缩小的影响

	1982—1990	1990—2000	2000—2010	2010—2020
家庭规模缩小量（人）	0.45	0.52	0.34	0.48
青少年人口数减少量（人）	0.38	0.31	0.27	0.04
青少年人口数减少对家庭规模缩小的解释力（％）	85.51	59.44	80.15	9.30

三、从不同指标看家庭核心化

家庭现代化理论认为，在社会的现代化转型过程中，任何一个国家的家庭制度都将不可避免地走向核心化（Goode，1963）。为了对这一观点进行检验，国内外学者对中国家庭结构的变迁过程进行了很多研究，但是，对于如何才能更好地测量家庭核心化，学术界依然存在不少争议。在上一节，我们已经讨论过，家庭小型化与核心化是两个不完全相同的概念，因此，不能简单将家庭规模的缩小作为家庭核心化的标志。既然如此，我们该使用什么指标来测量家庭核心化呢？

一些学者认为，可以根据同住家庭成员之间的关系将家庭分为单人家庭、核心家庭、主干家庭、联合家庭等多种类型，然后研究不同类型家庭占所有家庭的百分比随时间的变动趋势，以此来判断中国家庭是否出现了核心化趋势。具体来说，如果研究发现核心家庭占比随时间推移不断上升，而主干家庭和联合家庭占比不断下降，就可以得出中国家庭正在朝核心化方向发展的结论。然而，如果采用此方法，我们会发现，中国核心家庭在所有家庭中的占比在改革开放之初就很高，且随着时间的推移，核心家庭占比不仅没有上升，反而表现出一定的下降趋势。而主干家庭和联合家庭的占比则大体维持稳定，几乎没有随时间推移发生明显变化。

表1-3引用了王跃生（2013）从历次人口普查数据中得到的各类家庭占比及其随时间的变动趋势。可以发现，在1982年，核心家庭在所有家庭中的占比就已达到68.30%，且在2000年之前，该百分比都没有发生太大的变化。但是，2010年核心家庭占比却下降到了60.90%。因此，仅从这个指标来看，中国家庭在这十年间还出现了逆核心化的趋势。再看主干家庭和联合家庭随时间的变动趋势。从表1-3可以发现，这两类家庭的占比非常稳定，在历次人口普查数据中，主干家庭占比始终维持在22%左右，且随着时间的推移，该百分比还呈现出稳中有升的势头。而联合家庭在历次人口普查数据中占比都极低，因此，它的变化几乎可以忽略不计。总体来说，从各类家庭占所有家庭类型的百分比随时间的变动趋势来看，我们很难得出中国家庭正在经历核心化的结论。但很显然，这一结论不仅与家庭现代化理论的预期不

符，而且与我们的日常观察不符。因此，王跃生（2013）在进行上述分析以后，也认为上述结果只能说明不同类型家庭的相对占比随时间的变动趋势，而无法就此得出中国家庭没有出现核心化的结论。但是，如果说中国家庭在改革开放以后真的出现了核心化的发展趋势，那么为何核心家庭占比没有出现明显上升，主干家庭和联合家庭占比也没有出现明显下降呢？

表 1-3　历次人口普查数据中各类家庭占比（%）

	1982	1990	2000	2010
单人家庭	7.98	6.34	8.57	13.67
核心家庭	68.30	70.61	68.18	60.90
主干家庭	21.74	21.32	21.72	22.99
联合家庭	0.92	1.08	0.56	0.58
其他家庭	1.06	0.65	0.97	1.86

数据来源：王跃生．中国城乡家庭结构变动分析：基于 2010 年人口普查数据．中国社会科学，2013（12）：60-77.

郭志刚（2008）认为，导致上述问题的主要原因在于，很多研究错误地将某种家庭的立户模式与具体的家庭类型画上了等号，因此，误以为通过不同类型家庭占比的消长即可判断家庭模式的变迁。而实际上，主干家庭这种立户模式非常特殊，它不仅会产生主干家庭，也会衍生出大量的核心家庭。郭志刚（2008）指出，主干家庭的特点是老年父母只与已婚子女中的一名同住，而其他子女结婚后单过，组成核心家庭。因此，如果老一辈有很多子女，就会分裂出很多核心家庭，这导致即便在传统中国社会，核心家庭占比也很高，但我们不能以此就认为传统中国社会是一个以核心家庭为基础的社会。因为这些核心家庭不是主动产生的，而是在老年父母仅与一名已婚子女同住的情况下被迫出现的。

因为主干家庭的这种立户模式具有能够分裂出核心家庭的特点，所以，仅分析主干家庭或核心家庭占比随时间的变动趋势会产生非常有误导性的结论。这主要是因为，老年父母在与一个已婚子女同住组建主干家庭的情况下，主干家庭中具体能分裂出多少个核心家庭主要取决于家庭的生育数量。在生育率较高的年代，一个主干家庭会分裂出很多核心家庭，因此，即便所有老年父母都与已婚子女同住，主干家庭占比也不会很高。但是，随着生育率的下降，主干家庭分裂出核心家庭的能力也会下降，这会导致核心家庭占比下降和主干家庭占比上升。众所周知，中国自 20 世纪 70 年代以来执行了非常严格的计划生育政策，这导致家庭的生育率迅速降低。随着时间的推移，在计划生育政策执行以后出生的一代人已陆续进入婚育年龄，他们会对当下中国家庭结构的变迁产生重要影响。因此，如果我们不排除生育率下降的影响，而仅分析核心家庭占比或主干家庭占比随时间的变动趋势，就会大大低估中国家庭核心化的发展速度，甚至得出完全相反的结论。

为了尽可能排除生育率下降对家庭结构的影响，郭志刚（2008）建议，可以使用老年父母在空巢家庭生活的百分比作为家庭核心化的测量指标，因为这一指标较少受到代际人口结构的影响。曾毅和王正联（2004）也认为，使用 65 岁及以上老年人与子女同住的百分比可以更好地测量中国家庭核心化的发展趋势。图 1－2 引用了王跃生（2014）使用该指标对中国家庭结构变动趋势进行分析的结果。可以发现，1982 年 65 岁及以上老年人与子女同住的百分比为 69.40％，1990 年这一百分比与 1982 年相比略有下降，为 68.96％；但是，从 1990 年开始，中国家庭核心化的速度开始加快，2000 年 65 岁及以上老年人与子女同住的百分比下降到了 60.91％，2010 年更是下降到了 51.69％。不过，即便在 2010 年，仍有超过半数的老年人与子女生活在一起，因此，多代家庭仍是当下一种非常重要的家庭类型，或者说，当代中国家庭结构呈现出传统与现代并存的特点。

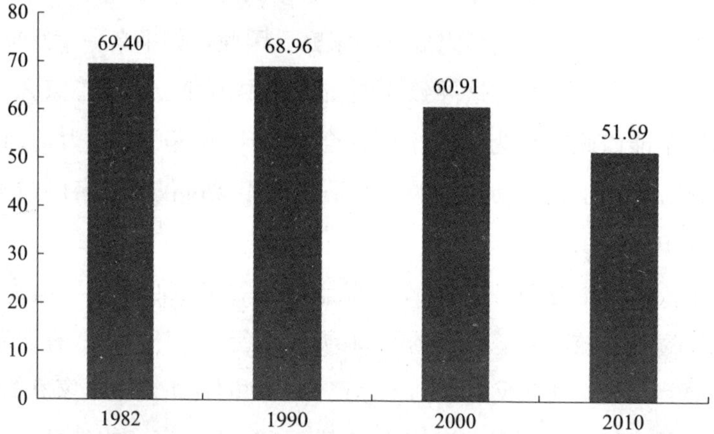

图 1－2 历次人口普查数据中 65 岁及以上老年人与子女同住的百分比（％）

数据来源：王跃生．中国城乡老年人居住的家庭类型研究：基于第六次人口普查数据的分析．中国人口科学，2014（1）：22－34.

使用 65 岁及以上老年人与子女同住的百分比虽然可以在很大程度上排除生育率下降对家庭结构的影响，但该指标仍有缺陷，特别是在独生子女一代陆续进入婚育年龄以后，该指标的缺陷将越发明显（郭志刚，2008）。这主要是因为，如果夫妇双方都是独生子女，那么按照主干家庭的立户原则，他们通常只能和一方父母同住，这时，另一方父母就会因为无法获得与子女同住的机会而被迫生活在“空巢”之中。因此，随着独生子女一代陆续进入婚育年龄，使用该指标开展研究会使我们高估中国家庭核心化的程度。但考虑到本章使用的数据都在 2015 年以前，独生子女一代尚未大规模进入婚育年龄，这一因素对分析结果的影响不大，所以，我们仍将使用该指标来研究中国家庭的核心化。但是在未来，如何克服该指标的缺陷以更好地研究中国家庭核心化的发展趋势仍是一个值得深入研究的重要问题。

四、中国家庭结构的变动趋势

在这一部分，我们将使用 1982—2010 年四次人口普查数据和 2015 年 1%人口抽样调查数据对中国家庭结构的变动趋势进行描述性统计分析。

（一）家庭结构变迁及城乡差异

首先，我们描述了中国家庭结构在历次人口普查和人口抽样调查中的变动趋势。参照以往研究，我们将家庭结构分为单人家庭、核心家庭、主干家庭、联合家庭和其他家庭五个大类。在核心家庭内部，我们区分了夫妇核心、标准核心和残缺核心三个小类；在主干家庭内部，我们区分了两代主干、多代主干和隔代家庭三个小类。对这些家庭类型的详细定义如表 1-4 所示。

表 1-4 家庭类型及其定义

家庭类型	定义
单人家庭	只有一个人组成的家庭
核心家庭	
夫妇核心	一对已婚夫妇组成的家庭
标准核心	一对已婚夫妇和未婚子女组成的家庭
残缺核心	夫妇一方与未婚子女组成的家庭
主干家庭	
两代主干	夫妇一方或双方与一个已婚子女组成的家庭

续表

家庭类型	定义
多代主干	夫妇一方或双方与一个已婚子女及其后代组成的家庭
隔代家庭	多代主干家庭中间一代或多代空缺形成的家庭
联合家庭	多个已婚的兄弟姐妹同住形成的家庭
其他家庭	不属于上述任何一种家庭类型的家庭

表1-5描述了上述五大类九小类家庭随时间的变动趋势。可以发现，单人家庭在所有家庭中的占比在1982—2000年间大体维持稳定，但2000年以后呈明显的上升趋势。核心家庭始终是所有家庭中占比最高的家庭类型。在2000年以前，核心家庭约占所有家庭的三分之二，但2000年后，核心家庭所占的百分比却出现了较为明显的下降。这主要是因为标准核心家庭所占的百分比在2000年以后出现了大幅下降，相比之下，夫妇核心家庭所占的百分比则随时间的推移不断上升。残缺核心家庭在1982—2000年间大幅减少，其占比在2000年以后始终维持在6%左右的水平上。与核心家庭的占比在2000年以后的下降趋势不同，主干家庭和联合家庭这两种传统大家庭类型的占比在2000年以后则呈现出缓慢的上升势头。从主干家庭内部的各个二级家庭类型的变动趋势来看，三类家庭的百分比均比较平稳，但两代主干和隔代家庭的占比在2000年以后出现了一定程度的上升，这导致主干家庭这个大类的总占比在2000年以后有所提升。其他家庭历年的占比变动不大，都在2%以下。

表1-5　中国家庭结构的变动趋势（%）

	1982	1990	2000	2010	2015
单人家庭	8.0	6.4	8.7	13.6	13.3
核心家庭	66.5	69.5	66.7	58.4	55.5
夫妇核心	4.8	6.5	12.7	18.4	18.4
标准核心	49.3	54.9	48.0	33.8	31.4
残缺核心	12.4	8.1	6.2	6.2	5.8
主干家庭	23.5	22.3	22.4	24.4	26.9
两代主干	5.5	4.3	3.4	5.1	6.4
多代主干	17.1	17.1	16.8	16.5	17.8
隔代家庭	0.9	0.9	2.1	2.8	2.6
联合家庭	0.8	1.0	0.8	1.7	2.5
其他家庭	1.2	0.8	1.4	1.9	1.8

需要注意的是，从2000年以后核心家庭占比下降、主干家庭和联合家庭占比上升的结果并不足以否定近年来中国家庭的核心化趋势。正如前文所言，各类家庭占比的变动在很大程度上受到生育率下降的影响，因此，不能凭此判断中国家庭是否出现核心化（郭志刚，2008；曾毅、王正联，2004）。不过，历次普查数据中主干家庭和联合家庭占比稳中有升的结果已足以说明，即便在快速的社会转型过程中，多代家庭依然是当代中国非常重要的一种家庭类型，我们将在下文中对这类家庭得以延续的原因进行更加深入的分析。

分城乡对各类家庭结构变动趋势进行研究的结果与表1-5类似，不过，城乡之间在家庭类型的分布上却存在较为明显的差异。从表1-6可以发现，城镇单人家庭与核心家庭的百分比都高于农村，而主干家庭百分比则低于农村，这可能与城镇的社会发展水平较高和文化观念较为现代有关。从核心家庭和主干家庭内部的各个二级家庭类型来看，城镇夫妇核心和标准核心这两类核心家庭的百分比基本高于农村，而两代主干和多代主干这两类主干家庭的百分比均低于农村，这与家庭现代化理论的预期完全一致。不过，城镇残缺核心家庭的百分比在2000年后却低于农村，且隔代家庭的百分比在2000年以后也变得明显低于农村。我们认为，这主要是因为2000年以后，大量农村青壮年劳动力进城务工，为了节约务工成本，他们中有很多将子女留在老家由留守的配偶或老人照料，这导致农村出现了很多残缺核心家庭和隔代家庭。在西方国家，残缺核心家庭和隔代家庭主要是父母离婚所致，但是在中国，这两类家庭却主要是年轻人外出务工导致的两地分居所致，因此，即便城镇的离婚率高于农村，残缺核心家庭和隔代家庭也主要出现在农村。

表1-6　农村和城镇家庭结构的变动趋势（%）

	农村					城镇				
	1982	1990	2000	2010	2015	1982	1990	2000	2010	2015
单人家庭	7.5	5.9	7.4	11.8	11.7	9.8	7.4	10.7	15.5	14.3
核心家庭	66.4	68.9	65.2	54.5	51.1	66.6	71.2	69.4	61.9	58.4
夫妇核心	4.5	5.7	11.1	16.7	16.8	5.7	8.4	15.2	20.1	19.5
标准核心	50.0	54.8	47.4	31.3	27.9	47.0	55.1	48.9	36.0	33.6
残缺核心	11.9	8.2	6.7	6.5	6.5	14.1	7.8	5.3	5.9	5.3
主干家庭	24.2	23.8	25.6	29.8	32.5	20.9	19.0	17.2	19.1	23.2
两代主干	5.2	4.4	3.5	5.6	7.0	6.3	4.2	3.4	4.7	6.1

续表

	农村					城镇				
	1982	1990	2000	2010	2015	1982	1990	2000	2010	2015
多代主干	18.2	18.6	19.8	20.4	21.5	13.2	13.5	12.3	12.7	15.4
隔代家庭	0.8	0.7	2.4	4.0	4.0	1.4	1.3	1.6	1.7	1.8
联合家庭	0.8	0.9	0.7	2.0	3.2	1.0	1.2	1.0	1.4	2.1
其他家庭	1.1	0.7	1.1	2.0	1.5	1.7	1.2	1.7	2.1	2.0

（二）家庭结构的年龄别模式及其变迁

为了更加详尽地描述家庭结构随个体生命历程的变化，我们计算了不同年龄组的人口生活在单人家庭、夫妇核心家庭、标准核心家庭和多代主干家庭这四种主要家庭类型中的百分比，并用图形的方法加以展示。

图 1-3 描述了全国单人家庭的年龄别模式及其变动趋势。可以发现，少年儿童因为不具备独自生活的能力，单独立户的百分比几乎为零。但随着年龄的增长，个体生活在单人家庭的百分比不断上升。在 1990 年以前，个体生活在单人家庭的百分比随年龄增长呈单调递增趋势。但是在 1990 年以后，单人家庭的年龄别模式在 20～29 岁之间形成了一个凸起，这主要是因为大量 20～24 岁之间的单身青年离家务工，但随着单身青年结婚成家，他们生活在单人家庭的百分比在 25～29 岁组又出现了下降。对比不同时点的调查结果还可以发现，2010 年以后 30～59 岁人口生活在单人家庭的百分比明显高于 2010 年以前的三次人口普查的结果，这主要是因为初婚年龄推迟、离婚率上升和大量青壮年劳动力单独进城务工提高了单人家庭出现的可能性。在 70 岁以上群体中，单人家庭的百分比也在不同时点有明显差异。考虑到老年人生活在单人家庭主要是配偶去世所致，所以，这种差异主要受预期寿命延长和丧偶老人与子女同住百分比下降的影响。

分城乡来看，单人家庭的年龄别模式既有相同之处，也有差异之处。相同之处在于个体生活在单人家庭的百分比无论在农村还是城镇都大体随年龄呈上升趋势。差异之处在于，在农村，这种上升趋势比较平滑（见图 1-4）；而在城镇，20～29 岁年龄组存在较为明显的凸起，且这种凸起在 1990 年以后表现得更加明显（见图 1-5）。我们认为，城镇 1990 年以后单人家庭在 20～29 岁组出现一个小高峰的主要原因是大量农村单身青年进城务工。除此之外，城镇与农村的另一个差别体现在30～59岁人群生活在单人家庭中的百分比明显高于农村，这与城市初婚年龄较晚、离婚率较高和很多农村青壮年劳动力只身进城务工有关。

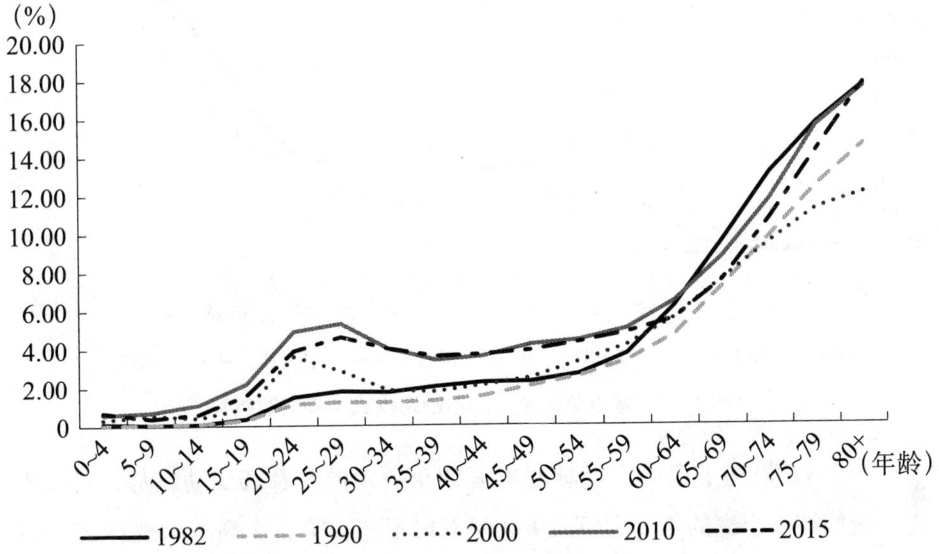

图1-3　全国单人家庭的年龄别模式及其变动趋势

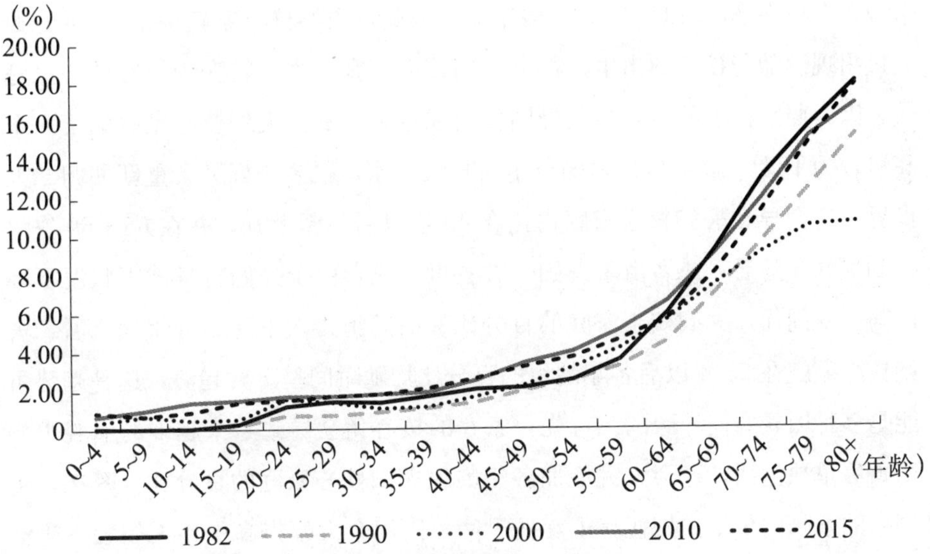

图1-4　农村单人家庭的年龄别模式及其变动趋势

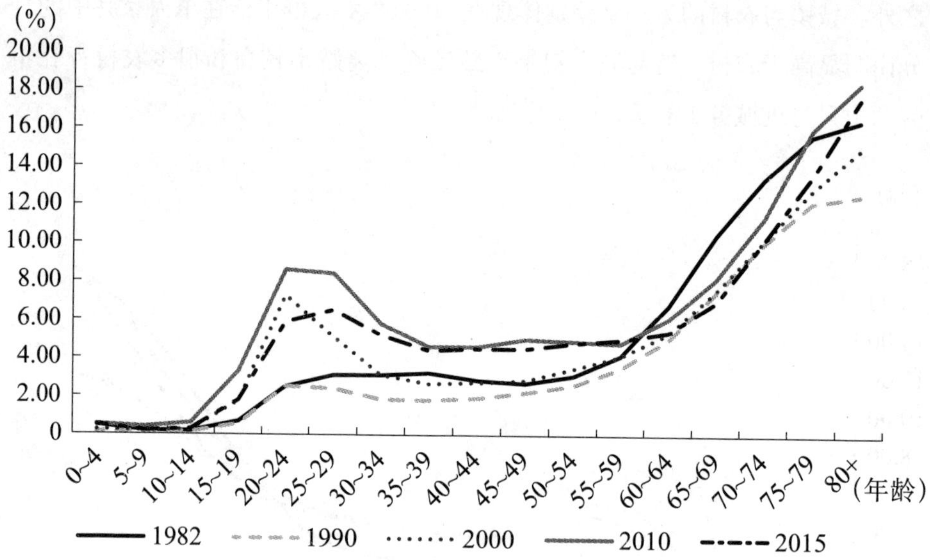

图 1-5　城镇单人家庭的年龄别模式及其变动趋势

图 1-6 描述了全国夫妇核心家庭的年龄别模式及其变动趋势。可以发现，夫妇核心家庭的年龄别模式大体呈双峰形态，第一个高峰出现在 25～29 岁，第二个高峰出现在 65～69 岁，且第二个峰的高度明显高于第一个峰。我们认为，夫妇核心家庭的这种年龄别模式主要与个体的生命历程有关。一般来说，个体在 20 岁以后进入结婚年龄，因此，夫妇核心家庭也从 20 岁开始大量出现。随着孩子的出生，很多夫妇核心家庭会很快转变为标准核心家庭或者因为照顾孩子的需要与父母同住组成主干家庭。夫妇核心家庭的第一个高峰较为平缓。40 岁以后，随着子女长大离家，很多夫妇又会重新回归二人世界，这会导致夫妇核心家庭占比在 40 岁以后不断上升，并在 65～69 岁组达到顶峰。随后，或者由于夫妇一方去世，或者由于夫妇自身健康状况下降而与子女同住，夫妇核心家庭的百分比在高龄组再次下降。分年代来看，夫妇核心家庭在 25 岁以后各年龄组的百分比均随时间呈上升趋势，这种趋势可能是多种因素共同导致的。首先，家庭的核心化会导致越来越多的年轻夫妇结婚后单独生活，这会大大增加各年龄组夫妇核心家庭的百分比。其次，生育率的下降减少了夫妇抚育子女的时间，因而会大幅提高中年夫妇独立生活的可能性。最后，预期寿命的延长也会推迟老年人丧偶的时间，因此提高了老年夫妇共同生活的可能性。

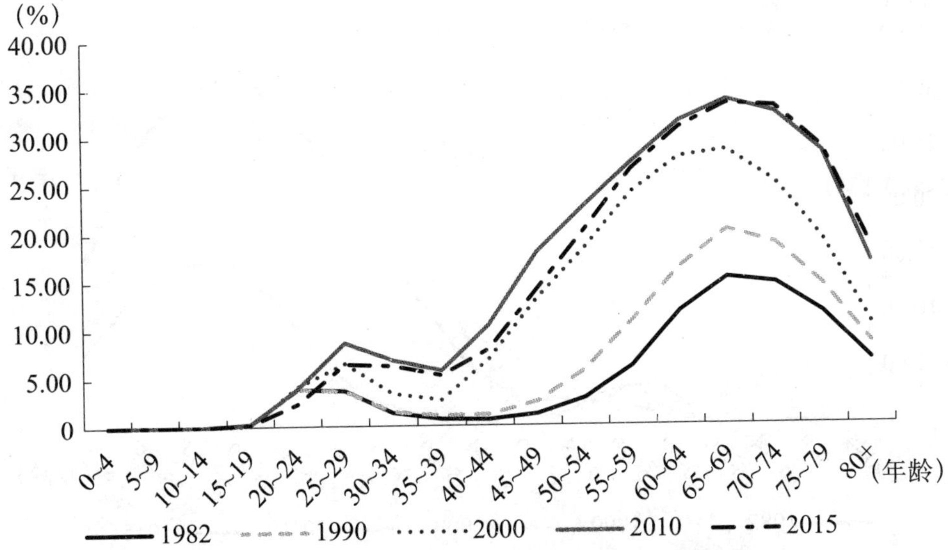

图 1-6　全国夫妇核心家庭的年龄别模式及其变动趋势

分城乡来看，夫妇核心家庭在农村和城镇的年龄别模式均呈双峰形态，但二者也有差异。一方面，城镇夫妇核心家庭的两个峰都比农村高，这可能与城镇夫妇更倾向于独立生活、城镇生育率比农村低和城镇的预期寿命更长有关。另一方面，城镇夫妇核心家庭第一个峰出现的时间比农村晚，这主要是城镇的初婚年龄晚于农村导致的。虽然存在这些差异，但城镇和农村中夫妇核心家庭的变动趋势是一致的。从图 1-7 和图 1-8 可以发现，无论农村还是城镇，夫妇核心家庭在大多数年龄组的百分比都与全国样本的变动趋势完全一致。

图 1-9 描述了全国标准核心家庭的年龄别模式及其变动趋势。可以发现，少年儿童和青壮年是标准核心家庭中占比最高的两个年龄组，这恰好与标准核心家庭的定义——由已婚夫妇与未成年子女组成的家庭——相对应。不过，随着时间的推移，标准核心家庭的年龄别模式出现了较为明显的变化，一方面，15 岁以下的儿童（特别是 0～4 岁婴幼儿）生活在标准核心家庭的百分比几乎是逐渐下降的，这可能与年青一代越来越依赖祖辈的育儿支持有关。另一方面，2000 年以后，20 岁以上各年龄组生活在标准核心家庭的百分比都出现了非常明显的下降，这可能与婚育年龄推迟、生育数量减少以及年轻夫妇对祖辈育儿需求的增加有关。

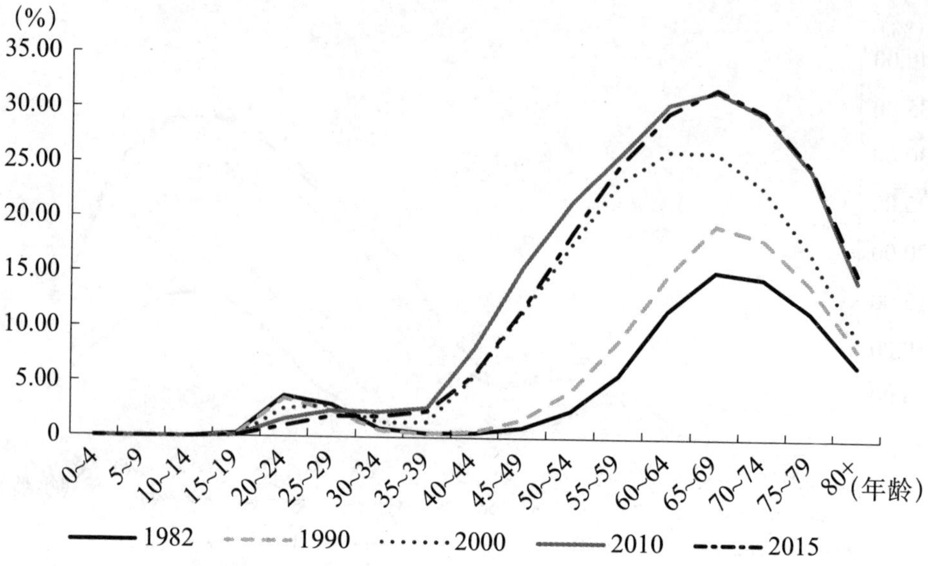

图 1-7 农村夫妇核心家庭的年龄别模式及其变动趋势

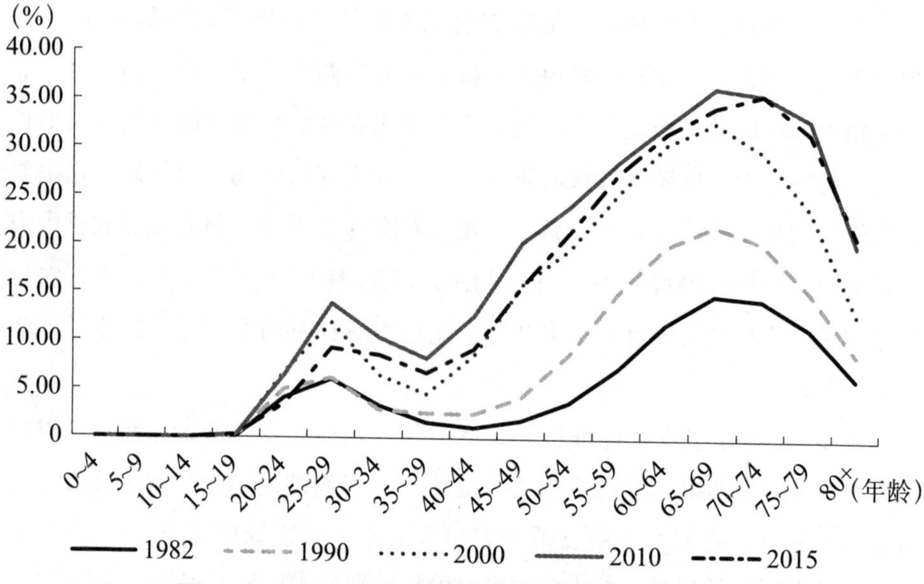

图 1-8 城镇夫妇核心家庭的年龄别模式及其变动趋势

分城乡来看，农村和城镇的年龄别模式与变动趋势基本一致。从图 1-10 和图 1-11 可以发现，无论农村还是城镇，少年儿童和青壮年生活在标准核心家庭的可能性最高，而 20 岁左右的青年和 60 岁以上的老年人生活在标准核心家庭的可能性都较低。随着时间的推移，少年儿童和青壮年生活在标

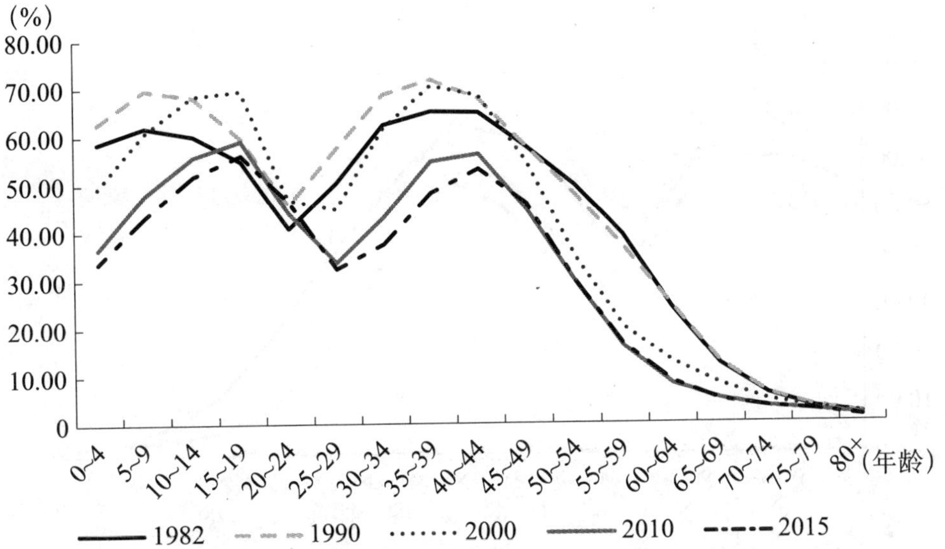

图 1-9　全国标准核心家庭的年龄别模式及其变动趋势

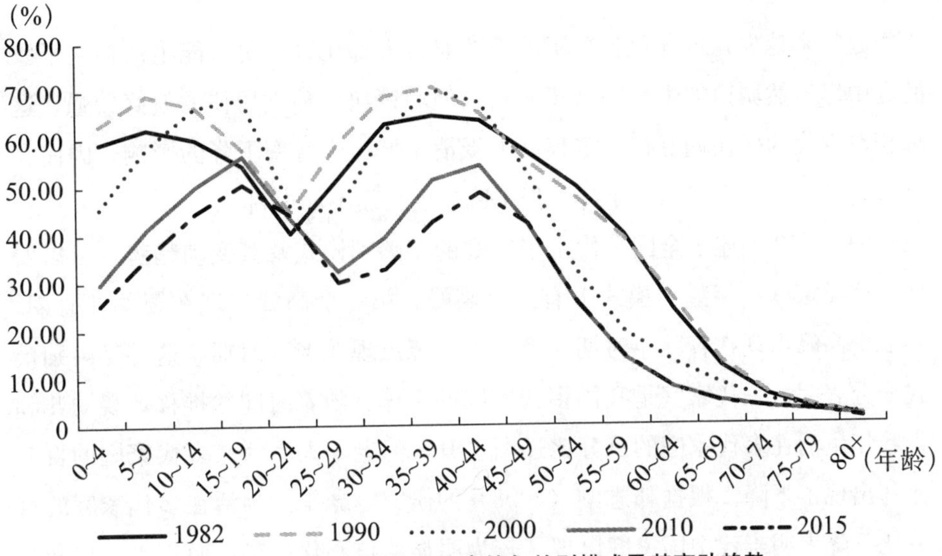

图 1-10　农村标准核心家庭的年龄别模式及其变动趋势

准核心家庭的百分比在农村和城镇都整体呈下降趋势，且这种下降趋势在农村表现得更加明显。1982 年，农村 0～4 岁婴幼儿生活在标准核心家庭的百分比约为 60%，到 2015 年，这一百分比已不足 30%。在城镇，这种下降趋势同样存在，但幅度不及农村，这可能与农村生育率的大幅下降和大家庭传统依然延续有关。随着生育率的下降，农村在形成主干家庭时分裂出来的核

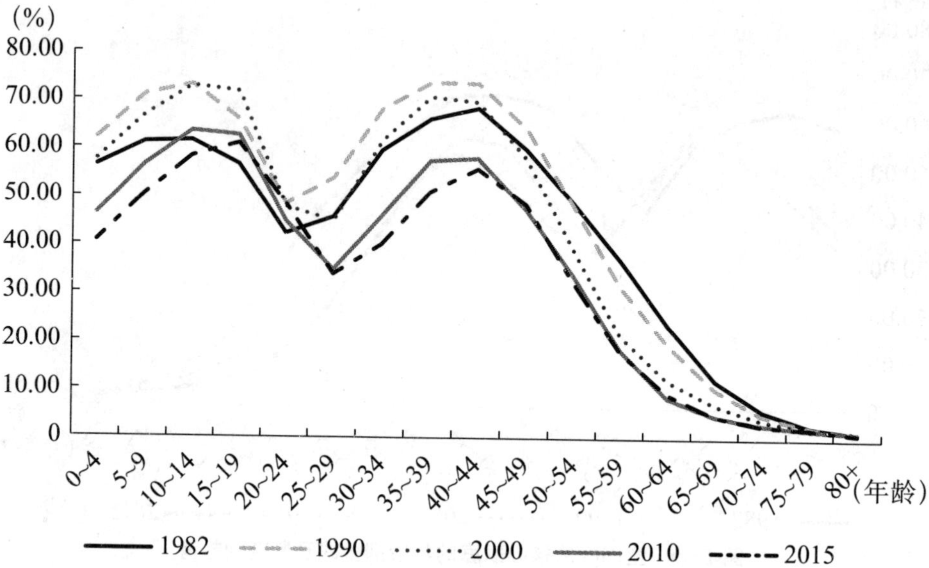

图 1-11 城镇标准核心家庭的年龄别模式及其变动趋势

心家庭越来越少，这导致各个年龄组的农村人都比以往更可能生活在主干家庭之中。虽然城镇的生育率低于农村，但城镇居民独立居住的偏好较强，这种相对现代的居住偏好在一定程度上抵消了城镇生育率下降的影响，因而在城镇，核心家庭占比虽有下降，但下降幅度反而不如农村。

图 1-12 描述了全国多代主干家庭的年龄别模式及其变动趋势。可以发现，这类家庭在年龄别模式上有三个高峰，第一个高峰出现在婴幼儿时期，第二个高峰出现在青壮年时期，第三个高峰出现在老年时期。这种年龄别模式充分表明，三代家庭是我国多代家庭的主体。随着时间的推移，婴幼儿和青壮年生活在多代家庭的百分比逐渐上升，但老年人生活在多代家庭的百分比却出现了下降。根据郭志刚（2008）的研究，老年人生活在多代家庭的百分比下降表明当代中国家庭出现了较为明显的核心化趋势，而年青一代和少年儿童生活在多代家庭的百分比上升则主要是受生育率下降的影响。随着生育率的下降，年青一代的兄弟姐妹数量大幅减少，这使得他们有更多的机会与父母同住，因此，即便在家庭出现核心化的情况下，年青一代和少年儿童生活在多代家庭的百分比依然在上升。

分城乡来看，多代家庭的年龄别模式和变动趋势在农村和城镇基本一致。从图 1-13 和图 1-14 可以发现，无论是农村还是城镇，多代家庭在年龄别

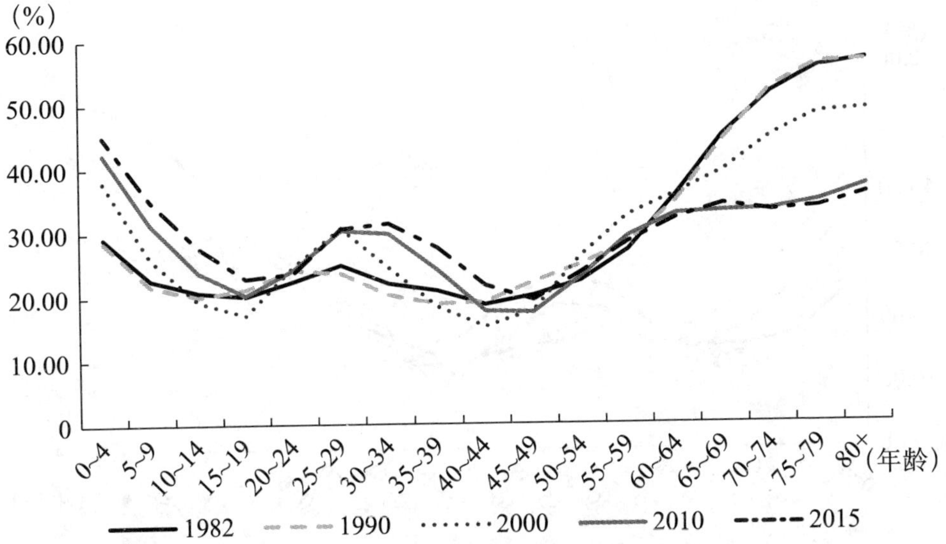

图 1-12　全国多代主干家庭的年龄别模式及其变动趋势

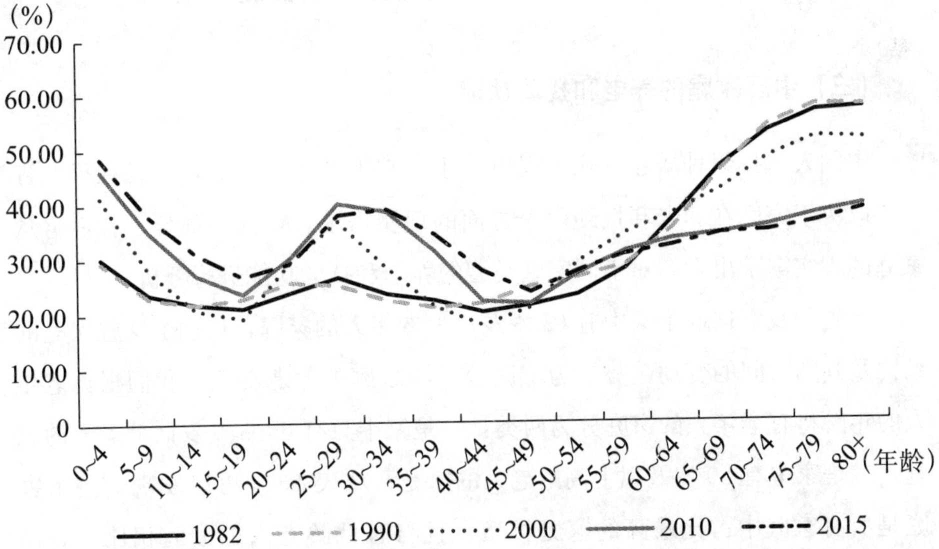

图 1-13　农村多代主干家庭的年龄别模式及其变动趋势

模式上都有三个高峰，且与少年儿童和青壮年对应的两个高峰所标示的百分比都随时间呈上升趋势，而与老年人对应的高峰所标示的百分比则随时间不断下降。城镇和农村的主要区别在于，各个年龄组的农村人生活在多代家庭的百分比均高于城镇，这可能与农村相对传统的家庭观念和更加迫切的养老及抚育需求有关。

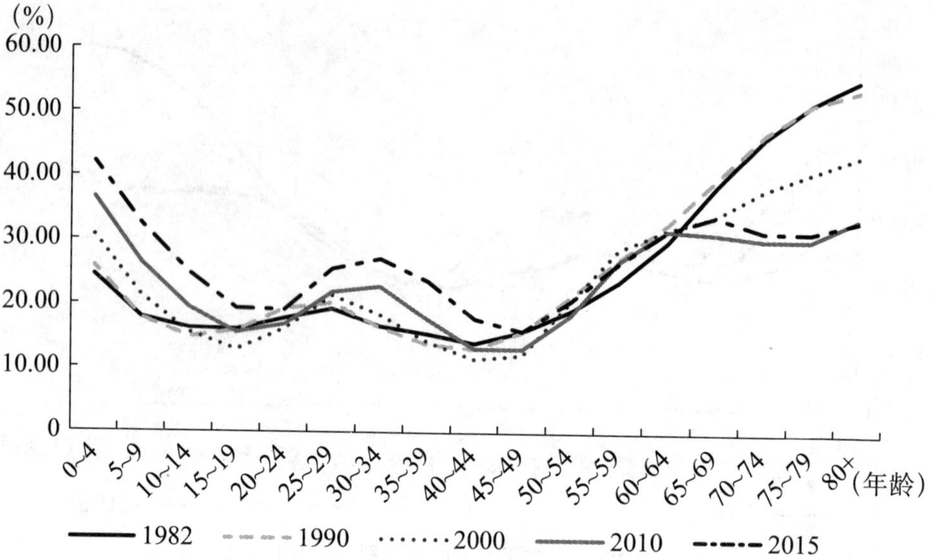

图 1-14 城镇多代主干家庭的年龄别模式及其变动趋势（%）

（三）中国家庭的养老和抚幼功能

中国人选择何种居住方式不仅取决于主观上的居住偏好，而且在很大程度上取决于家庭在养老和抚幼两个方面的现实需求。在这一部分，我们将从家庭的现实需求出发，对不同家庭类型的养老和抚幼功能进行分析。

首先，我们选取了家中有 65 岁及以上老年人的家庭，描述了这些家庭的结构及其随时间的变动趋势。为了区分不同家庭的养老功能，我们根据老年人的年龄将有老年人的家庭分为两类：一是家中只有 65～79 岁低龄老人的家庭，二是家中有 80 岁及以上高龄老人的家庭。从表 1-7 可以发现，主干家庭是所有家庭中占比最高的家庭类型，且与有低龄老人的家庭相比，有高龄老人的家庭是主干家庭的可能性更大。这在一定程度上表明，主干家庭在当代中国依然发挥着非常重要的养老功能。不过，随着时间的推移，在所有有老年人的家庭中，主干家庭的百分比不断下降，核心家庭的百分比则不断上升。从主干家庭与核心家庭内部二级家庭类型的变动趋势看，多代主干家庭的下降与夫妇核心家庭的增加是导致上述结果的主要原因。由此可见，随着时间的推移，中国有越来越多的老年人开始生活在夫妇核心家庭和单人家庭之中，老年人的家庭结构正变得日益核心化。导致这一结果的原因有很多：其一，老年人家庭观念的变化会使得他们变得越来越偏好与子女分开居住；其二，养老金覆盖率和社会保障水平的提高减少了老年人对子女的经济依赖，老年人健康状况的改善也会降低他们与子女同住的需求，这都会导致越来越多的老年人与子女分开居住；其三，预期寿命的延长大大推迟了老年人丧偶的年龄，这也会使得越来越多的老年人生活在夫妇核心家庭之中。

表 1-7　全国有老年人的家庭的家庭结构及变动趋势（%）

	有 65～79 岁老年人					有 80 岁以上老年人				
	1982	1990	2000	2010	2015	1982	1990	2000	2010	2015
单人家庭	14.0	11.3	11.7	15.9	14.4	18.1	15.1	12.6	19.2	19.8
核心家庭	23.9	26.8	28.4	31.0	31.6	10.2	11.9	13.7	17.9	18.1
夫妇核心	10.1	13.6	19.4	25.0	25.8	5.7	7.0	8.5	13.5	14.4
标准核心	8.2	8.3	5.3	3.4	3.6	1.7	1.6	1.7	1.3	1.0
残缺核心	5.6	4.9	3.7	2.6	2.2	2.8	3.3	3.5	3.1	2.7
主干家庭	60.2	59.8	57.8	49.6	49.5	69.8	70.9	71.9	59.9	58.0
两代主干	6.1	5.3	6.3	8.4	9.2	5.8	7.6	15.3	16.4	16.2
多代主干	50.7	51.4	46.2	35.4	35.2	56.9	57.1	50.0	38.0	37.0
隔代家庭	3.4	3.1	5.3	5.8	5.1	7.1	6.2	6.6	5.5	4.8
联合家庭	1.2	1.6	1.4	2.7	3.8	1.2	1.5	1.0	2.1	3.2
其他家庭	0.7	0.5	0.7	0.8	0.7	0.7	0.6	0.8	0.9	0.9

分城乡来看，农村和城镇的变动趋势基本一致。但是与城镇相比，农村老人在各个时点上居住在主干家庭的百分比大多高于城镇，而居住在核心家庭的百分比大多低于城镇（见表 1-8 和表 1-9）。这可能与农村相对传统的家庭观念、相对较低的养老金水平以及相对较短的预期寿命有关。不过，无论在农村还是城镇，即便在 2015 年，有老年人的家庭也都以主干家庭为主，这在有 80 岁及以上高龄老人的家庭中表现得更加明显。由此可见，虽然随着时间的推移，中国的多代家庭在家庭养老方面的功能有所弱化，但它依然在家庭养老中发挥着不可忽视的作用。

表1-8 农村有老年人的家庭的家庭结构及变动趋势（%）

	有65～79岁老年人					有80岁以上老年人				
	1982	1990	2000	2010	2015	1982	1990	2000	2010	2015
单人家庭	13.9	11.2	11.2	15.8	14.9	18.4	15.8	11.1	18.4	19.7
核心家庭	24.3	27.2	27.1	29.5	29.8	10.5	12.5	13.4	16.3	16.3
夫妇核心	10.1	13.0	17.3	22.8	23.6	5.7	6.8	7.4	11.2	11.7
标准核心	8.2	8.7	5.4	3.5	3.6	1.8	1.8	1.8	1.3	1.1
残缺核心	6.0	5.5	4.4	3.2	2.6	3.0	3.9	4.2	3.8	3.5
主干家庭	60.2	60.0	60.3	51.7	51.1	69.3	70.0	74.2	62.7	60.4
两代主干	5.4	4.6	5.6	7.7	8.5	5.4	6.6	15.0	16.3	15.4
多代主干	52.0	53.0	49.6	37.4	36.3	57.5	58.1	52.5	40.4	39.5
隔代家庭	2.8	2.4	5.2	6.7	6.4	6.4	5.4	6.6	6.0	5.6
联合家庭	1.0	1.2	0.8	2.3	3.6	1.2	1.3	0.8	2.0	3.1
其他家庭	0.6	0.4	0.6	0.7	0.6	0.6	0.4	0.5	0.6	0.5

表1-9 城镇有老年人的家庭的家庭结构及变动趋势（%）

	有65～79岁老年人					有80岁以上老年人				
	1982	1990	2000	2010	2015	1982	1990	2000	2010	2015
单人家庭	14.8	11.7	12.6	16.0	13.9	16.9	13.1	15.8	20.4	19.9
核心家庭	22.5	25.7	31.2	33.1	33.0	8.7	10.2	14.3	20.0	19.7
夫妇核心	10.1	15.6	24.0	27.9	27.7	5.7	7.5	10.8	16.7	16.7
标准核心	8.2	7.1	5.0	3.3	3.5	1.4	1.2	1.6	1.2	1.0
残缺核心	4.2	3.0	2.3	1.9	1.8	1.7	1.5	1.9	2.1	2.0
主干家庭	60.0	59.0	52.8	46.8	48.3	72.2	73.3	67.2	56.0	55.8
两代主干	9.0	7.3	7.6	9.4	9.9	7.1	10.3	15.9	16.5	16.9
多代主干	45.3	46.4	39.7	33.0	34.5	55.6	54.5	44.8	34.9	34.8
隔代家庭	5.8	5.3	5.5	4.4	4.0	9.5	8.6	6.6	4.6	4.2
联合家庭	1.8	2.6	2.5	3.2	4.0	1.3	2.3	1.2	2.3	3.4
其他家庭	0.9	1.0	0.9	0.9	0.8	0.9	1.1	1.5	1.3	1.2

其次，为了研究不同家庭在抚幼方面的功能，我们还选取了家中有18岁以下未成年人的家庭，并根据少年儿童的年龄将这些家庭分为三类：一是家中有0～5岁学龄前儿童的家庭，二是家中有6～12岁义务教育阶段学龄儿童的家庭，三是有13～17岁青少年的家庭。表1-10描述了这三类家庭的家庭结构及其随时间的变动趋势。可以发现，核心家庭与主干家庭是所有家庭中占比最高的两类家庭。随着时间的推移，各个年龄组的少年儿童生活在主干家庭的百分比均呈明显的上升趋势，而生活在核心家庭的百分比则不断下降。由此可见，主干家庭在当代中国正发挥着越来越重要的抚幼功能。这一方面是因为中国的年轻夫妇对祖辈育儿有非常迫切的需求，另一方面也是因为在中国的传统社会文化背景下，很多老人也会将帮子女带孩子视作自己应尽的责任。再加上生育率的下降，年轻夫妇、子女与祖辈同住的可能性也比以往有大幅提高，这导致各个年龄组的少年儿童生活在主干家庭的百分比不断上升。除此之外，从表1-10还可以发现，主干家庭的抚幼功能在少年儿童年龄较小时表现得更加突出，随着少年儿童年龄的增长，他们生活在核心家庭的百分比不断上升，生活在主干家庭的百分比则不断下降。这可能是因为少年儿童在年龄较小时的被照料需求更加迫切，因此育儿也更加需要祖辈的参与。除此之外，这也可能是因为年幼儿童的父母通常也更加年轻，父母越年轻，有兄弟姐妹的可能性越小，因而与祖辈同住的可能性更大。无论真正的原因是什么，表1-10的结果充分表明，多代家庭在当代中国正发挥着越来越重要的抚幼功能，这需要引起研究者的关注。

分城乡的对比研究发现，城镇和农村的变动趋势大体相同（见表1-11和表1-12）。但在以下两个方面，城乡之间存在较为明显的差异。一是城镇各年龄组的少年儿童生活在主干家庭的百分比均低于农村，而生活在核心家庭的百分比均高于农村，且这种差异在各个时点都显著存在。我们认为，这很可能与农村相对传统的家庭观念有关。二是农村少年儿童生活在隔代家庭的百分比明显高于城镇，这在2000年以后表现得更加明显。很多研究认为，中国隔代家庭的产生原因主要是夫妇外出务工并将子女托付给家中老人照料。考虑到农村夫妇外出务工的可能性大大高于城镇，因此，隔代家庭也在中国农村表现得更加明显（曾毅、王正联，2004）。

表 1-10　全国有少年儿童的家庭的家庭结构及变动趋势（%）

	有 0～5 岁少儿					有 6～12 岁少儿					有 13～17 岁少儿				
	1982	1990	2000	2010	2015	1982	1990	2000	2010	2015	1982	1990	2000	2010	2015
单人家庭	0.2	0.1	0.4	0.7	0.7	0.2	0.2	0.7	1.3	0.8	0.9	0.4	1.1	2.5	1.6
核心家庭	67.8	67.8	57.1	44.3	40.5	76.0	77.8	73.1	62.6	57.7	74.2	77.5	79.2	71.1	67.6
夫妇核心	0.0	0.0	0.0	0.0	0.0	0.0	0.0	0.0	0.0	0.0	0.1	0.1	0.0	0.0	0.1
标准核心	58.7	63.4	52.6	38.8	35.7	61.8	69.9	66.2	54.1	49.7	54.9	65.0	70.6	60.2	57.3
残缺核心	9.2	4.5	4.5	5.5	4.8	14.4	8.0	6.9	8.5	8.0	19.2	12.5	8.5	10.8	10.2
主干家庭	29.7	29.5	39.5	48.8	51.2	22.7	21.2	24.6	32.3	37.1	22.5	20.9	18.3	23.7	27.6
两代主干	0.6	0.3	0.4	0.8	0.8	4.7	1.3	0.4	0.7	1.1	11.6	6.5	1.4	1.4	2.3
多代主干	28.3	28.3	35.4	41.3	44.3	17.1	18.7	21.0	26.2	30.6	9.4	13.5	15.0	18.9	21.9
隔代家庭	0.8	0.9	3.7	6.8	6.0	0.9	1.2	3.1	5.4	5.4	1.5	1.0	2.0	3.4	3.4
联合家庭	1.8	2.4	2.4	4.9	6.6	0.2	0.4	0.5	1.9	2.9	0.3	0.2	0.2	0.8	1.4
其他家庭	0.5	0.2	0.6	1.3	1.0	0.9	0.4	1.1	1.9	1.5	2.1	1.0	1.2	1.9	1.8

表 1-11　不同年份农村少年儿童状况与家庭结构的关系（%）

	有 0～5 岁少儿					有 6～12 岁少儿					有 13～17 岁少儿				
	1982	1990	2000	2010	2015	1982	1990	2000	2010	2015	1982	1990	2000	2010	2015
单人家庭	0.1	0.0	0.6	0.8	1.0	0.1	0.1	0.9	1.9	1.3	0.7	0.3	1.2	3.0	2.3
核心家庭	67.1	67.2	52.8	37.0	32.1	75.3	76.0	70.6	55.4	49.8	74.1	75.7	77.2	65.4	60.7
夫妇核心	0.0	0.0	0.0	0.0	0.0	0.0	0.0	0.0	0.0	0.0	0.2	0.1	0.0	0.0	0.0
标准核心	59.1	63.3	48.3	31.5	26.7	61.7	68.1	63.4	46.9	41.0	54.1	62.7	68.5	54.7	49.6
残缺核心	8.0	3.9	4.6	5.5	5.4	13.7	7.9	7.2	8.3	8.8	19.7	13.0	8.8	10.6	11.0
主干家庭	30.7	30.5	43.8	55.2	57.6	23.6	23.2	26.9	38.0	43.4	22.9	22.9	20.4	28.8	33.3
两代主干	0.6	0.3	0.4	0.9	0.9	5.1	1.7	0.5	0.8	1.5	12.2	7.5	1.7	2.0	3.1
多代主干	29.4	29.3	39.0	45.5	48.1	17.8	20.5	23.0	30.1	34.2	9.4	14.6	16.8	22.4	25.6
隔代家庭	0.8	0.8	4.4	8.8	8.6	0.8	0.9	3.4	7.1	7.7	1.3	0.7	1.9	4.4	4.6
联合家庭	1.6	2.1	2.1	5.3	7.9	0.2	0.3	0.3	2.0	3.3	0.3	0.2	0.1	0.8	1.5
其他家庭	0.5	0.2	0.7	1.7	1.4	0.8	0.4	1.3	2.7	2.2	2.0	0.9	1.1	2.0	2.2

表 1-12　不同年份城镇少年儿童状况与家庭结构的关系（%）

	有 0～5 岁少儿					有 6～12 岁少儿					有 13～17 岁少儿				
	1982	1990	2000	2010	2015	1982	1990	2000	2010	2015	1982	1990	2000	2010	2015
单人家庭	0.5	0.1	0.2	0.5	0.5	0.3	0.2	0.3	0.6	0.3	1.2	0.5	1.0	2.0	1.2
核心家庭	71.4	69.8	65.6	54.0	47.4	78.9	81.5	78.0	70.3	63.7	75.0	81.8	82.0	76.9	72.3
夫妇核心	0.0	0.0	0.0	0.0	0.0	0.0	0.0	0.0	0.0	0.0	0.1	0.0	0.0	0.1	0.1
标准核心	56.9	63.6	61.2	48.5	43.0	62.0	73.4	71.8	61.7	56.4	57.2	70.7	73.9	65.9	62.7
残缺核心	14.4	6.1	4.3	5.5	4.3	16.9	8.1	6.3	8.6	7.4	17.8	11.2	8.1	10.9	9.6
主干家庭	25.1	26.6	30.9	40.3	45.9	19.2	17.3	20.1	26.3	32.4	21.2	16.1	15.2	18.5	23.6
两代主干	0.4	0.3	0.4	0.7	0.8	3.2	0.6	0.4	0.6	0.9	10.0	3.9	0.8	0.8	1.8
多代主干	23.7	25.2	28.2	35.6	41.2	14.5	14.9	17.1	22.2	27.9	9.3	10.6	12.3	15.2	19.2
隔代家庭	1.1	1.2	2.2	4.0	3.9	1.5	1.8	2.6	3.5	3.6	1.9	1.6	2.1	2.5	2.6
联合家庭	2.3	3.2	2.9	4.4	5.6	0.3	0.6	1.0	1.8	2.6	0.3	0.2	0.3	0.8	1.4
其他家庭	0.7	0.3	0.4	0.8	0.6	1.3	0.4	0.6	1.0	1.0	2.3	1.4	1.5	1.8	1.5

五、老年人的居住方式

由于本书重点关注的是中国的家庭结构与家庭养老问题。因此，在对全国和分城乡的家庭结构及其变动趋势进行系统的描述性统计分析之后，我们还对65岁及以上老年人的居住方式进行了专门研究。

（一）老年人居住方式的变迁及城乡差异

表1-13描述了中国65岁及以上老年人的居住方式及其变迁。可以发现，随着时间的推移，生活在核心家庭的老年人的百分比呈不断上升之势，而生活在主干家庭的老年人的百分比则不断减少。从核心家庭与主干家庭内部的二级家庭类型来看，夫妇核心家庭占比的上升与多代主干家庭占比的下降是导致这一结果的主要原因。由于越来越多的老年人生活在夫妇核心家庭，老年人与子女同住的百分比不断下降。1982年，69.5%的中国老年人与子女同住，而2015年，该百分比已下降到了53.2%，且无论是从老年人与已婚子女同住的角度看，还是从老年人与未婚子女同住的角度看，这种下降趋势都非常明显。由此可见，随着时间的推移，中国家庭出现了较为明显的核心化趋势。不过，即便在2015年，仍有超过半数的老年人与子女共同生活在一起，由此可见，多代家庭在养老中的作用仍不可忽视。

表1-13　中国65岁及以上老年人的居住方式及其变迁（%）

	1982	1990	2000	2010	2015
单人家庭	12.5	9.8	9.4	12.4	11.4
核心家庭	25.8	28.7	31.5	34.6	34.6
夫妇核心	13.5	17.2	23.4	29.2	29.6
标准核心	7.7	7.7	5.3	3.3	3.3
残缺核心	4.6	3.8	2.9	2.1	1.7
主干家庭	59.7	59.3	57.0	49.5	49.5
两代主干	6.0	5.6	7.6	9.7	10.5
多代主干	49.8	50.1	43.8	34.1	34.0
隔代家庭	3.9	3.6	5.6	5.7	5.0

续表

	1982	1990	2000	2010	2015
联合家庭	1.2	1.6	1.3	2.6	3.7
其他家庭	0.8	0.6	0.8	0.9	0.8
与子女同住	69.5	68.8	60.9	51.8	53.2
与已婚子女同住	57.2	57.3	52.8	46.4	48.2
与未婚子女同住	12.3	11.5	8.1	5.4	5.0

分城乡来看，城镇和农村老人与子女同住的百分比基本随时间呈下降趋势，但相比之下，农村老人与子女同住的百分比仍高于城镇。从表1-14和表1-15可以发现，农村65岁及以上老年人与子女同住的百分比从1982年的70.1%下降到2015年的54.2%；城镇65岁及以上老年人与子女同住的百分比则从1982年的66.4%下降到2015年的52.1%。虽然农村和城镇老年人的居住方式都出现了较为明显的核心化或空巢化，但当下都有超过一半的老年人与子女同住，因此，多代家庭在快速的社会转型过程中依然表现出了较强的生命力和延续性。

表1-14　农村65岁及以上老年人的居住方式及其变迁（%）

	1982	1990	2000	2010	2015
单人家庭	12.3	9.8	9.0	12.4	11.8
核心家庭	26.2	29.2	30.2	32.6	32.7
夫妇核心	13.6	16.7	21.1	26.6	27.1
标准核心	7.7	8.1	5.6	3.4	3.5
残缺核心	4.9	4.4	3.5	2.6	2.1
主干家庭	59.7	59.3	59.4	52.0	51.3
两代主干	5.4	4.9	7.1	9.2	9.7
多代主干	51.1	51.6	46.9	36.2	35.4
隔代家庭	3.2	2.8	5.5	6.6	6.2
联合家庭	1.1	1.2	0.8	2.2	3.5
其他家庭	0.7	0.5	0.6	0.8	0.6
与子女同住	70.1	70.3	63.8	53.6	54.2
与已婚子女同住	57.5	57.8	54.8	47.6	48.6
与未婚子女同住	12.6	12.5	9.0	6.0	5.6

表 1-15　城镇 65 岁及以上老年人的居住方式及其变迁（%）

	1982	1990	2000	2010	2015
单人家庭	12.9	9.7	10.2	12.4	11.0
核心家庭	24.0	27.3	34.2	37.4	36.1
夫妇核心	13.2	18.7	27.9	32.8	31.7
标准核心	7.5	6.3	4.7	3.2	3.1
残缺核心	3.3	2.2	1.7	1.4	1.3
主干家庭	60.3	59.3	52.1	46.2	48.1
两代主干	8.8	7.7	8.7	10.5	11.1
多代主干	45.0	45.6	37.6	31.2	32.8
隔代家庭	6.4	6.0	5.8	4.5	4.1
联合家庭	1.8	2.6	2.4	3.0	3.8
其他家庭	1.0	1.1	1.1	1.0	1.0
与子女同住	66.4	64.5	55.1	49.3	52.1
与已婚子女同住	55.6	55.9	48.7	44.7	47.7
与未婚子女同住	10.8	8.6	6.4	4.6	4.4

（二）不同老年人的居住方式及其变迁

为了更好地研究老年人的居住方式受哪些因素影响，我们从性别、年龄、婚姻状况和经济角度描述了不同老年人的居住方式及其变迁。

表 1-16 展示的是分性别的分析结果。可以发现，与男性老年人相比，女性老年人居住在单人家庭和主干家庭的比例较高，而居住在核心家庭（特别是夫妇核心家庭）的比例较低。这是因为女性的预期寿命比男性长，因此与男性相比，女性老年人更可能处于丧偶状态。丧偶之后，老年人通常有两种选择，一是与子女同住形成主干家庭，二是独自居住形成单人家庭。这导致女性老年人在单人家庭和主干家庭这两种居住方式上的占比高于男性，而在夫妇家庭这一居住方式上的占比低于男性。也正因如此，女性老年人与子女同住的百分比也比男性高。虽然存在上述性别差异，但无论男性老年人还是女性老年人，他们与子女同住的百分比均随时间呈下降趋势，这与上文对所有老年人的分析结果完全一致。

表 1-16　分性别 65 岁及以上老年人的居住方式及其变迁（%）

	男性					女性				
	1982	1990	2000	2010	2015	1982	1990	2000	2010	2015
单人家庭	11.0	8.5	8.1	10.6	9.7	13.6	10.9	10.5	14.0	12.9
核心家庭	33.9	36.0	37.8	40.2	39.7	19.3	22.6	25.9	29.6	29.9
夫妇核心	17.0	21.2	28.6	34.4	34.2	10.7	14.0	18.7	24.5	25.4
标准核心	13.5	12.2	7.3	4.4	4.3	3.1	3.9	3.5	2.4	2.3
残缺核心	3.4	2.7	1.9	1.4	1.2	5.5	4.8	3.8	2.7	2.2
主干家庭	52.7	52.8	51.6	45.2	45.7	65.4	64.7	61.8	53.5	53.1
两代主干	7.0	6.0	6.5	8.5	9.4	5.4	5.3	8.6	10.8	11.5
多代主干	42.5	43.8	39.6	31.1	31.2	55.7	55.5	47.6	36.8	36.6
隔代家庭	3.2	3.1	5.5	5.6	5.0	4.4	4.0	5.6	5.8	5.1
联合家庭	1.5	1.9	1.5	2.9	3.9	1.0	1.3	1.2	2.3	3.5
其他家庭	0.9	0.8	1.0	1.1	1.0	0.7	0.5	0.6	0.6	0.6
与子女同住	67.9	66.5	56.8	48.3	50.0	70.6	70.8	64.6	55.0	56.1
与已婚子女同住	51.0	51.6	47.6	42.5	44.5	62.0	62.1	57.4	49.9	51.6
与未婚子女同住	16.9	14.9	9.2	5.8	5.5	8.6	8.7	7.2	5.1	4.5

表 1-17 分年龄描述了 65 岁及以上老年人的居住方式及其变迁。可以发现，与 65～79 岁低龄老人相比，80 岁及以上高龄老人更可能生活在单人家庭和主干家庭之中。这主要有两个原因，一是高龄老人更可能处于丧偶状态，而丧偶之后，他们的居住方式很可能会转变为单人家庭或主干家庭。二是高龄老人的身体健康状况较差，这导致他们有更加迫切的与子女同住的需求。从表 1-17 可以发现，在 1990 年后的所有时点上，80 岁及以上高龄老人与子女同住的百分比均明显大于 65～79 岁低龄老人。不过，随着时间的推移，无论是高龄老人还是低龄老人，他们与子女同住的百分比均出现了下降。究其原因，既可能是老年人健康状况的改善，也可能是在快速的社会转型过程中，老年人变得越来越倾向于独立居住。

表 1-17 分年龄 65 岁及以上老年人的居住方式及其变迁（%）

	65～79 岁					80 岁及以上				
	1982	1990	2000	2010	2015	1982	1990	2000	2010	2015
单人家庭	11.9	9.1	9.0	11.4	10.0	17.6	14.5	12.0	17.5	17.7
核心家庭	27.4	31.0	34.0	37.4	37.3	11.1	13.3	15.7	21.1	22.0
夫妇核心	14.3	18.5	25.4	31.9	32.1	6.7	8.4	10.5	16.8	18.4
标准核心	8.4	8.5	5.8	3.7	3.7	1.8	1.7	1.9	1.5	1.2
残缺核心	4.8	3.9	2.8	1.9	1.5	2.7	3.2	3.3	2.8	2.4
主干家庭	58.7	57.7	54.8	47.6	48.1	69.4	70.1	70.5	58.5	56.2
两代主干	6.1	5.3	6.4	8.4	9.3	5.7	7.5	15.2	16.0	15.7
多代主干	49.1	49.2	43.0	33.5	33.7	56.7	56.5	48.8	37.0	35.7
隔代家庭	3.5	3.2	5.4	5.8	5.1	7.0	6.1	6.5	5.4	4.8
联合家庭	1.2	1.6	1.4	2.7	3.8	1.2	1.5	1.0	2.0	3.2
其他家庭	0.8	0.6	0.8	0.9	0.8	0.7	0.6	0.8	0.9	0.9
与子女同住	69.6	68.6	59.4	50.2	52.0	68.0	70.3	70.2	59.3	58.2
与已婚子女同住	56.4	56.1	50.8	44.6	46.8	63.6	65.4	65.0	55.0	54.6
与未婚子女同住	13.2	12.5	8.6	5.6	5.2	4.4	4.9	5.2	4.3	3.6

表 1-18 分婚姻状况描述了 65 岁及以上老年人的居住方式及其变动趋势。考虑到 65 岁以上老年人中处于未婚和离婚状况的样本较少，我们仅对在婚和丧偶者进行了比较。从表 1-18 可以发现，生活于夫妇核心家庭的在婚老人的占比相对较高，而一旦在婚老人丧偶，其生活在单人家庭和主干家庭的可能性就会大幅增加，这也与我们上文的分析相一致。随着时间的推移，在婚老人与子女同住的百分比逐渐下降，生活在夫妇核心家庭的百分比则不断上升。与在婚老人相比，丧偶老人与子女同住的百分比也呈下降趋势，但下降的幅度小于在婚老人。由此可见，婚姻状况是影响中国老年人居住选择的重要因素之一。

表 1-18　65 岁及以上在婚和丧偶老人的居住方式及其变迁（%）

	在婚					丧偶				
	1982	1990	2000	2010	2015	1982	1990	2000	2010	2015
单人家庭	1.8	1.1	1.6	2.0	1.9	20.0	17.9	19.7	29.1	29.5
核心家庭	46.5	47.8	47.2	51.3	48.8	8.5	8.2	7.0	5.3	4.7
夫妇核心	29.9	33.5	38.6	46.0	43.8	0.0	0.0	0.0	0.0	0.0
标准核心	16.0	14.0	8.2	5.0	4.8	0.6	0.6	0.3	0.1	0.1
残缺核心	0.5	0.4	0.4	0.3	0.3	8.0	7.6	6.7	5.2	4.6
主干家庭	49.1	48.7	49.0	43.2	44.8	70.1	72.2	71.7	62.8	61.9
两代主干	7.3	5.9	6.2	8.0	9.1	5.1	5.4	10.0	13.2	13.9
多代主干	38.4	39.5	36.8	29.2	30.5	60.8	62.9	56.5	44.1	43.1
隔代家庭	3.5	3.3	5.9	6.0	5.2	4.2	3.9	5.2	5.5	4.9
联合家庭	1.7	1.9	1.6	2.9	3.9	0.9	1.2	1.0	2.1	3.2
其他家庭	0.9	0.5	0.6	0.6	0.6	0.5	0.5	0.6	0.7	0.7
与子女同住	64.0	61.7	53.2	45.4	48.6	75.3	77.7	74.5	64.7	64.9
与已婚子女同住	47.4	47.3	44.6	40.1	43.5	66.8	69.5	67.5	59.4	60.2
与未婚子女同住	16.6	14.4	8.6	5.3	5.1	8.5	8.2	7.0	5.3	4.7

最后，我们还分收入来源对 65 岁及以上老年人的居住方式及其变迁进行了描述性统计分析。从表 1-19 可以发现，如果老年人的主要收入来源是劳动收入或养老金，那么他们与子女同住的可能性会大幅下降，生活在夫妇核心家庭的可能性则大幅上升。相比之下，如果老年人主要依靠家人供养，那么他们则有很大的可能性与子女生活在一起。由此可见，在经济上对子女的依赖是导致老年人与子女同住的一个重要因素。随着时间的推移，无论老年人是有独立的收入来源还是需要子女供养，他们与子女同住的百分比均大体呈下降趋势。不过，当老年人的收入来源为其他时，与子女同住的百分比却有所上升。考虑到其他这一组的含义不明，且这一类老年人的数量很少，我们将不对他们与子女同住的上升趋势进行解释。

表 1-19　分收入来源 65 岁及以上老年人的居住方式及其变迁（%）

	劳动收入			养老金			家人供养			其他		
	2000	2010	2015	2000	2010	2015	2000	2010	2015	2000	2010	2015
单人家庭	8.3	9.3	7.4	8.5	11.4	11.1	8.2	11.7	10.1	35.4	30.1	22.6
核心家庭	41.6	43.0	42.8	41.7	44.4	42.9	23.0	26.1	25.2	33.3	36.8	36.2
夫妇核心	28.6	35.2	36.2	35.1	39.7	38.4	16.5	21.6	21.0	27.4	29.5	28.8
标准核心	9.6	5.6	5.2	5.4	3.5	3.5	3.3	2.3	2.4	3.2	3.5	3.9
残缺核心	3.4	2.2	1.5	1.3	1.2	1.1	3.2	2.2	1.8	2.6	3.8	3.5
主干家庭	48.1	43.8	45.0	45.9	40.1	41.6	67.3	59.3	60.2	28.1	29.6	36.3
两代主干	5.2	6.9	8.1	8.6	11.0	11.8	8.7	10.7	10.8	4.6	6.8	7.9
多代主干	36.8	29.6	30.0	31.1	24.9	26.2	53.5	42.5	43.5	19.1	19.0	24.6
隔代家庭	6.0	7.3	7.0	6.4	4.2	3.6	5.2	6.1	5.8	4.4	3.8	3.9
联合家庭	1.0	2.9	3.9	2.8	3.1	3.3	1.0	2.3	4.1	0.7	1.5	3.1
其他家庭	1.0	1.0	0.9	1.1	1.0	1.1	0.5	0.6	0.4	2.5	2.0	1.8
与子女同住	56.0	47.2	48.7	49.0	43.7	45.9	69.7	60.0	62.6	30.2	34.6	43.0
与已婚子女同住	43.0	39.4	42.0	42.4	39.0	41.3	63.2	55.5	58.4	24.4	27.3	35.6
与未婚子女同住	13.0	7.8	6.7	6.6	4.7	4.6	6.5	4.5	4.2	5.8	7.3	7.4

六、结论与讨论

改革开放以来中国家庭结构的变迁是国内外学者共同关注的热点问题。基于家庭现代化理论，学者们提出了中国家庭正在经历小型化与核心化的观点，但是对于小型化与核心化这两个概念，学术界仍然存在不少含混不清的认识。本章结合相关文献和数据，对历史上的中国家庭、推动中国家庭小型化的原因以及测量家庭核心化的指标这三个问题进行了讨论。除此之外，本章还使用1982—2010年四次人口普查数据和2015年1%人口抽样调查数据全面描述了中国家庭结构及其变动趋势，并对老年人口的居住方式进行了专门分析，主要结论如下：

第一，在传统中国社会，以联合家庭为代表的大家庭并不是居于主体地位的家庭类型。实际上，历史上的中国家庭规模并不大，且很早就以核心家庭和主干家庭为主体。累世不分家的联合家庭只是中国人的一种主观期望，受各种经济、社会和人口条件的限制，现实中的中国家庭不得不对这种主观期望进行调整，这导致历史上中国家庭的真实结构与人们的主观想象相去甚远。

第二，改革开放以来，中国家庭出现了较为明显的小型化趋势，平均家庭规模从1982年的4.41人下降到2020年的2.62人。但是在很长一段时间内，中国家庭规模的小型化并不是结构的核心化导致的。研究发现，从1982年到2010年，中国家庭生育率的下降才是导致家庭规模缩小的主要因素，2010年以后，家庭规模与生育率的变动趋势出现分离，家庭结构的影响才逐渐显现。

第三，从核心家庭占比或主干家庭占比变动的角度并不能说明中国家庭出现了核心化的发展趋势，因为这两类家庭的占比在很大程度上受生育率变动的影响。中国自20世纪70年代中期以来生育率大幅下降，从主干家庭中分裂出来的核心家庭数量越来越少，这导致随着时间的推移，核心家庭占比不断下降。参照以往研究，本章指出，65岁以上老年人与子女同住的百分比是一个更好的反映家庭核心化的指标。从这个指标来看，中国家庭自20世纪90年代开始确实出现了明显的核心化趋势，但截至2015年，老年人与子女同住的百分比仍超过50%，多代家庭在当代中国依然表现出很强的生命力和延续性。

第四，多代家庭在当代中国的延续受到多种因素的共同影响，除了前人强调的传统家庭观念和老年人的养老需求之外，年轻夫妇越来越迫切的抚幼需求也是一个不可忽视的重要因素。研究发现，18岁以下少年儿童居住在主干家庭的百分比随时间的推移呈明显的上升趋势，且年龄越小的儿童越可能生活在主干家庭之中，这充分表明，祖辈正在照料孙辈的过程中扮演着越来越重要的角色。对于这个问题，本书第二章还将进行更加深入和全面的分析。

第五，对老年人居住方式的研究发现，随着时间的推移，中国老年人与子女同住的百分比不断下降，独立居住的百分比则不断上升，但多代家庭依然发挥着非常重要的养老功能。分人群的研究显示，与居住在城镇、在婚、年龄较小和有独立经济来源的男性老年人相比，居住在农村、年龄较大、丧偶和没有独立经济来源的女性老年人更可能与子女同住，拥有这些特征的老年人通常有更加迫切的养老需求，因而也更加需要通过与子女同住来获取各种支持。

综上所述，本章的描述性统计结果充分表明，当代中国家庭在养老和抚幼两个方面都发挥着极为重要的功能，这种功能的不可替代性或许是导致多代家庭在当代中国依然得以延续的重要原因。正如我们在研究历史上的中国家庭时所揭示的那样，人们对理想家庭的主观期望并不是影响居住选择的唯一因素，家庭实际面对的经济、社会和生活处境往往会对居住选择产生更大的影响。在当代中国社会，快速的社会转型可能已经催生出人们独立生活的愿望，但依然迫切的养老和抚幼需求却可能最终将多代人牢牢地联系在一起。本章对中国家庭结构及其变迁的描述性分析为后续的研究奠定了基础。在本书的后续章节，我们将从多个角度分析家庭居住选择的深层原因以及不同的居住方式对家庭养老的不同影响。

第二章　为何与子女同住

导读：已婚子女与父母同住是传统中国家庭的一个重要特征，但是在现代化的背景下，这种传统的居住方式是否会发生变化引起了学术界的广泛关注。根据经典的家庭现代化理论，随着社会现代化程度的提高，家庭模式会向以核心家庭为主体的现代家庭模式转变。但很多研究发现，多代同住的大家庭传统在中国依然有很强的生命力，这就对现代化理论提出了严峻的挑战。现有研究认为，孝道传统的延续、老人迫切的养老需求和国家政策的限制是导致多代同住的大家庭在中国依然延续的三个主要因素，但这些理论显然无法解释城市中年轻夫妇与中年父母同住的现象。这些夫妇的观念已很少受大家庭传统的影响，他们的父母也不需要子女照料，以往限制家庭居住选择的各种政策因素也已消失，那么为何城市中依然有很多年轻夫妇选择与父母同住？怀着这个问题，本章对2010年中国家庭追踪调查（CFPS）数据进行了深入分析。研究发现，子女需求是导致年轻夫妇与父母同住的重要原因。这种需求一方面表现在经济上，尤其是在住房上对父母的依赖；另一方面表现在需要父母分担家务和帮助照料小孩。在现代化和人口流动的背景下，虽然城市家庭有核心化的趋势，但由于当代中国城市中多代同住的大家庭依然发挥着不可替代的重要功能，大家庭在未来依然有继续存在的必要性。

一、现代化理论的预言

在传统社会，中国家庭的典型特征表现为父母与至少一个已婚子女（通常是儿子）共同居住（Levy，1949）。多代同住的居住方式不仅适应小农社会的生产需要，而且制度性地解决了老年人的养老问题（费孝通，1983）。在儒家文化的影响下，与父母同住也是子女向父母尽孝的重要表现形式之一（Whyte，2003）。

然而，自中华人民共和国成立以来，特别是改革开放以来，中国社会发生了翻天覆地的变化，传统大家庭面临的生存环境也与过去完全不同。图 2-1 描述了改革开放以来中国各主要社会经济指标随时间推移的变动趋势。可以发现，1978 年以后，中国的人均 GNP、服务业产值在 GNP 中的占比以及城市化率都在迅速提升，而农业劳动力比例和农业产值在 GNP 中的占比则在迅速降低。随着时间的推移，中国正在逐渐从一个传统的农业社会转向发达的工业社会。

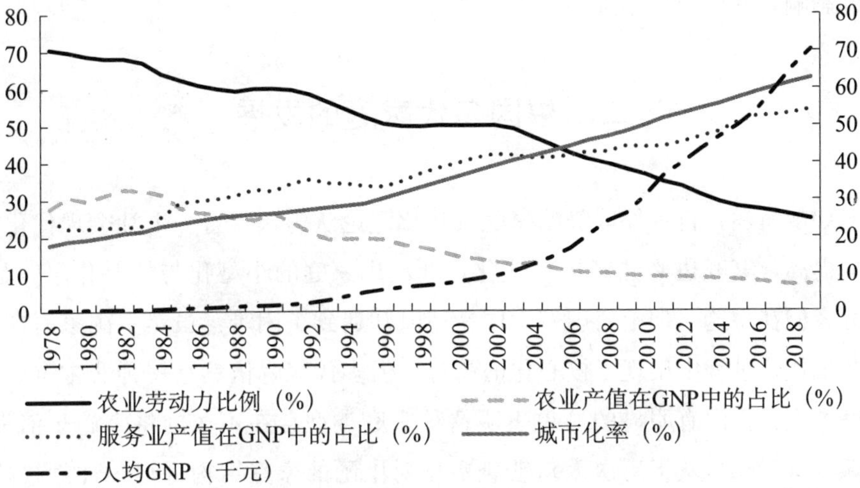

图 2-1 改革开放以来中国经济和社会的快速发展

资料来源：国家统计局．中国统计年鉴 2020. 北京：中国统计出版社，2020.

古德认为，工业化的发展或传统农业社会向现代工业社会的转型会降低大家庭的吸引力，并最终导致大家庭向夫妇核心家庭转变（Goode，1963）。古德指出了这一过程得以发生的两个主要原因。首先，与工业化相伴随的现代生产方式要求劳动力能在不同地域和就业部门之间自由流动，而大家庭在自由迁徙方面的劣势使得它必然会让位于更加灵活多变的小家庭。其次，随着社会生产方式和产业结构的转型，独立、自主和平等的价值观念将占据社会主流，大家庭无法与这种主流价值观兼容，因而也必然被社会大众抛弃。在《世界革命与家庭模式》一书中，古德详细描述了世界各地的家庭模式是如何在现代化的背景下向夫妇式的核心家庭制度转变的（Goode，1963）。在另一部著作《家庭》中，古德（1986）更是断言，在迈向工业化和城市化的世界革命中，不同类型的扩大家庭将无一例外地向夫妇核心家庭转变，并认为这是人类历史上“破天荒的第一次”。古德的理论激发了世界各地的学者关注家庭结构的变迁。在中国，相关研究也不胜枚举。在中国的现代化转型过程中，家庭结构发生了怎样的变化？多代同住的大家庭是趋于消失，还是依然在延续？如果依然在延续，那么大家庭继续存在的理由又是什么？在本章接下来的部分，我将首先简要回顾现有的关于中国多代家庭的相关研究；然后，从子女需求入手，辩证地分析现代化转型与大家庭发展之间的关系；最后，我将结合 2010 年 CFPS 数据，分析子女需求对当代中国城市家庭居住方式的影响，并对分析结果做简要讨论。

二、中国多代家庭的发展

如前所述，自古德以降的家庭现代化理论认为，随着一个社会现代化程度的提高，家庭也必然经历现代化，即出现家庭的小型化与核心化。但是，研究者们在将这一理论应用到中国情境时却遇到了困难：虽然中国家庭在快速的现代化进程中出现了核心化的趋势，但多代家庭依然是一种非常重要的家庭类型，且没有明显的迹象表明这种家庭类型会在不久的将来趋于消失。王跃生（2013）基于历次人口普查数据对中国的家庭结构进行了详细描述，他发现，1982 年，我国多代家庭在所有家庭类型中的占比为 22.66%，1990 年为 22.41%，2000 年为 22.28%，2010 年为 23.57%，30 年间这一百分比几乎没有发生变化。我曾在本书第一章中指出，多代家庭占比在很大程度上受生育率下降的影响，因此不能准确反映中国家庭核心化的趋势。相比之下，更好的一个检验家庭核心化趋势的指标是老年人与子女同住的百分比。如果使用这个指标，可以发现，1982 年我国 65 岁以上老人与子女同住的百分比为 69.40%，1990 年为 68.80%，2000 年为 60.90%，2010 年为 51.8%。虽然从时间趋势看，老年人与子女同住的百分比不断下降，但 2010 年时依然有超过半数的老人与子女同住，这一百分比不仅明显高于西方国家，而且与日本、韩国等有相似文化背景的东亚国家相比也要高得多（Raymo et al.，2015）。

为什么在快速的现代化转型过程中，中国的多代家庭依然在很大程度上得以延续？针对这个问题，现有研究给出了三种理论解释。

第一种理论试图从文化角度寻找多代家庭依然延续的理由。众所周知，中国深受儒家文化的影响。在儒家文化体系之中，孝敬父母是为人子女最基本的行为规范和道德准则，子女不孝就是大逆不道，不仅会受到道德舆论的强烈谴责，还会受到国家法律的严厉制裁（Whyte，2003，2004）。儒家文化作为官方的主流意识形态对中国社会有着长达两千多年的影响，孝道传统在当代中国社会得到了很好的保留，子女与父母同住主要是为了报答父母的养育之恩，且子女依然将孝敬父母视为自己应尽的责任（Whyte，2004；Lee、Parish & Willis，1994；Asis、Domingo、Knodel，et al.，1995）。

如果说孝道文化依然对中国人的观念和行为有着强大的影响力，那么子女在婚后选择继续与父母同住就不足为奇。但是，一些学者却对这种文化解释提出了质疑。例如，早在20世纪80年代初，一些针对中国城市的调查就已发现，大多数年轻子女都倾向于婚后独立居住（Logan & Bian，1999；Unger，1993）。在农村，一些基于局部地区的田野调查也发现，很多农村老人也倾向于同子女分开居住，直到自己身体应付不过来的时候，才想到搬去和子女合住（阎云翔，1998）。居住意愿和实际居住行为的不吻合说明，现实中的同住现象可能不是因为人们依然遵从传统的居住方式，而是因为受到客观条件的限制。具体来说，这种限制表现在两个方面，一是依然迫切的家庭养老需求，二是国家政策。由此，也产生了另外两种关于中国多代家庭的理论解释（Logan、Bian & Bian，1998；Whyte，2005）。

首先，从家庭养老需求的角度来看，一些研究指出，中国在快速的现代化转型过程中，并未像西方国家那样建立起一套完善的社会养老体系，家庭依然具有着不可替代的养老功能（Logan、Bian & Bian，1998；杜鹏，1998）。研究发现，年龄较大、健康状况较差和丧偶的城市老人更可能与子女同住（郭志刚，2002），这反映了城市老人在生活照料和情感慰藉方面对子女的强烈依赖。在农村，除了满足老年人的生活照料和情感慰藉需求之外，同住的子女也是老年人获取经济支持的重要来源（杜鹏，1998；杨恩艳、裴劲松、马光荣，2012）。由此可见，无论在农村还是城市，老年人的养老需求都十分迫切，这是他们选择与子女同住的重要原因。

其次，一些学者也提到了国家政策的限制对家庭居住方式的影响。这种影响首先来自住房（Logan、Bian & Bian，1998）。20世纪90年代以前，住房在中国城市还不能自由买卖，主要由工作单位或政府分配。因为不能分到独立的住房，很多子女结婚以后只能选择与父母同住（Chen，1985）。而且，因为国家政策的限制，中国城市在很长一段时间内都未建立起可以自由流动的劳动力市场，子女工作主要由国家分配，而且一般是在原户籍地就地分配，加上严格的户籍管理制度，绝大多数子女被工作牢牢束缚在父母身边（Davis-Freidman，1991）。另外，国有企业工资制度中对资历和年龄的奖励助长了家长的权威，允许儿子“顶替”父亲职位的政策规定也强化了代际联系，这些政策都有利于大家庭在中国城市地区的延续（Whyte，2005）。在农村，国家政策也对家庭的居住选择产生了重要影响（王跃生，2009）。这种影响一方面表现为严格的户籍管理制度对人口流动的限制，另一方面表现为改革开放以来中国政府在农村大力推行的家庭联产承包责任制在很大程度上恢复了农村家庭的生产功能，因而为大家庭的延续创造了条件（沈崇麟、杨善华，1995）。

三、聚焦中国的年轻夫妇

综上所述，孝道传统的延续、老人迫切的养老需求和国家政策的限制是导致多代同住的大家庭在中国依然延续的重要原因。但是，这三个理论都不能很好地解释当代中国城市中年轻的已婚夫妇与父母同住的现象。在本章所使用的2010年CFPS数据中，这些夫妇与父母同住的百分比接近40%。

首先，对于新婚燕尔的年轻夫妇而言，他们的父母大多处于中年或刚刚步入老年。中年父母和低龄老人有一定的积蓄，身体大多健康，暂时不需要子女的照顾，所以老年人的养老需求不是年轻夫妇选择同住的主要原因。

其次，1992年邓小平“南巡讲话”之后，中国进入了深化改革的新阶段。为了全面推动经济发展，国家逐渐放松了对经济和社会的全面管制，改革初期存在的那些限制家庭居住选择的政策因素在城市地区已经被大大削弱了。第一，自1994年国务院下发《关于深化城镇住房制度改革的决定》起，已经可以在市场上自由买卖住房，住房市场化改革刺激了中国房地产市场的发展，改革初期的住房短缺已得到缓解；第二，国家在 20 世纪 90 年代出台了一系列的政策法规，逐渐取消了对城镇地区大、中专毕业生的工作分配，而且随着户籍管理制度的松动，国家政策对人口流动的限制已经被大大削弱；第三，为了适应市场竞争的需要，国家在 20 世纪 90 年代末对国有企业进行了大刀阔斧的改革，前文提到的国有企业的很多陈规在改革中也逐渐被废除了。所以，当代中国城市中很多年轻夫妇与中年父母同住的现象也很难通过国家政策的限制这一因素来解释。

最后，虑及当代中国在社会经济和文化观念方面发生的巨大变化，传统儒家文化对年青一代的影响只可能逐渐弱化，而不太可能持续增强，所以，文化解释也没有说服力。统计数据显示，1992 年以来，中国的人均 GDP 保持着每年 9%左右的高速增长，部分年份的增长速度甚至超过了 10%（国家统计局，2020）。与此同时，人口流动规模也在迅速增大。第七次人口普查数据显示，2020 年流动人口总量为 3.76 亿人，同 2010 年相比增加了 1.54 亿人，增长 69.73%。经济增长和流动人口的增加推动了城市化的发展。2020 年，中国的城市化率达到了 63.89%，中国已发展为一个以城市人口为主体的现代化国家。

经济和社会的快速发展带来了物质的繁荣和生活水平的普遍提高，但与此同时，现代社会的生活方式也孕育了功利主义的消费文化，且促进了与此相关联的个人主义价值观的兴起（Chen，1985；Tsui，1989）。这种影响在以“80 后”和“90 后”为代表的年青一代身上表现得尤为明显，由此产生的两代人在价值观念上的代沟可能会导致年轻人疏离原生家庭，从而降低城市家庭的凝聚力（杨善华，2011）。而且，随着高等教育的普及和全球化带来的外来文化观念的冲击，这种个体主义价值观念的影响力正在扩大，传统文化对年轻人的约束力正在逐渐减弱。所以，传统文化亦不太可能是年轻子女选择与父母同住的主要原因。

四、子女需求的影响

综上所述，现有关于多代家庭的三种理论都不能完美地解释当代中国城市中年轻夫妇与中年父母同住的现象。而近年来，新闻媒体和一些学者反复提及的中国年轻人“啃老”的问题却预示着，年轻夫妇自身的需求可能是导致他们与父母同住的一个非常重要的影响因素（宋健、戚晶晶，2011）。正如一些学者所指出的，现代社会虽然造就了子女独立居住的愿望，但巨大的生活压力也迫使他们对父母产生了更多的依赖，所以从某种程度上说，大家庭制度在现代社会的延续不是传统的力量导致的，而是家庭在应对现代城市生活时所做出的一种适应性选择（Morgan & Hirosima，1983）。一方面，现代城市生活高昂的房价和生活成本与年轻夫妇相对较低的收入产生了矛盾，年轻夫妇很难在步入劳动力市场的早期阶段就具备独立生活的能力；另一方面，随着越来越多的女性走出家门参加工作，传统家庭女性与现代职业女性之间的角色冲突也越发严重，这也导致年轻夫妇在家务劳动和子女照料方面对父母产生了强烈的依赖（Morgan & Hirosima，1983）。

而且，与西方国家的现代化实践不同，中国政府在推动现代化的同时，并没有建立起一套完善的社会保障制度（Logan、Bian & Bian，1998）。与此相反，为了集中资源发展经济和减轻自身的负担，在改革过程中，国家还大量削减了公共服务的供给（Zhang，2004）。随着经济改革的逐渐深入，原本承担一定社会保障功能的机构，如工作单位，也逐渐将这些职能转嫁给市场，但由于相应市场的不成熟和家庭购买力的不足，解决这些问题的责任最终还是落到了家庭身上。首先，由于没有足够的可支付得起的住房，在高昂的房价面前，很多年轻夫妇只能望而却步，暂时与父母住在一起成为他们应对住房困难时的一种不得已的选择；其次，在女性充分就业的背景下，国家没有建立起一套切实有效的婴幼儿保障制度，发达的家政服务市场也尚未形成，这也迫使年轻夫妇在遇到困难时只能依赖原生家庭。

综上分析，笔者认为，城市年轻夫妇自身的现实需求可能是导致他们与父母同住的主要原因，由此形成了本章的核心假设：夫妇自身的需求越强，与父母同住的可能性越高。具体而言，它包括以下两个子假设：

假设 1：经济基础越薄弱（收入较低、丈夫没有工作、年龄较小、没有独立住房），与父母同住的可能性越高。

假设 2：家庭负担越沉重（妻子参加工作、家中有年幼的子女需要照料、没有雇佣保姆），与父母同住的可能性越高。

五、数据、变量与分析方法

（一）数据

本章将使用2010年CFPS数据进行研究。CFPS是北京大学中国社会科学调查中心主持的一项大型综合性社会调查。该调查采用内隐分层、多阶段、与人口规模成比例的概率抽样方法，样本覆盖了除台湾地区、香港特别行政区、澳门特别行政区、新疆维吾尔自治区、青海省、内蒙古自治区、宁夏回族自治区和海南省之外的全国25个省、自治区、直辖市的人口。

CFPS在2010年的初访调查中，首先要求每一户受访家庭完成一份家庭成员问卷，询问家中所有同住家庭成员的关系，以及他们本人、父母、配偶和子女的基本信息；其次，每一户受访家庭还需回答一份家庭问卷，进一步收集该家庭在收入、支出、住房、居住环境和社会交往等方面的信息；最后，每个同住的家庭成员还要回答一份个人问卷，问卷根据受访者的年龄分为成人和少儿两类，内容包括教育、工作、婚姻、健康和时间利用等多个方面（谢宇、胡婧炜、张春泥，2014）。在2010年的初访调查中，CFPS成功回收有效家庭成员问卷14 960份，家庭问卷14 798份，成人问卷33 600份，少儿问卷8 990份。

根据研究需要，本章截取了CFPS成人样本中平均年龄在40岁以下且居住在城市的年轻夫妇，并删除了夫妇双方父母都已过世的样本。在数据分析时，将夫妇平均年龄限定在40岁以下有一些主观，为了保证分析结果的稳健性，本章对平均年龄在35岁以下和45岁以下的夫妇也进行了分析，发现研究结论是完全一致的。受篇幅限制，本章仅汇报针对平均年龄在40岁以下的年轻夫妇的分析结果。本章对城乡的划分主要基于受访社区的性质，受访社区若是村委会，则视为农村；若是居委会，则视为城市。最后，需要说明的是，为了确保夫妇双方都能提供充分的信息，分析时只保留丈夫和妻子均回答了个人问卷的年轻夫妇。经过上述限定以后，满足研究要求的夫妇为1 137对，去除缺失值以后，进入模型的样本量为1 119。

（二）变量

本章的因变量是已婚夫妇是否与父母同住，它是一个二分变量，取值为

1 表示同住，取值为 0 表示不同住；如果已婚夫妇与父母在经济上虽没分家，但并不住在一起，则不算同住。本章没有区分从夫居或从妻居，尽管这样的区分很有意义（Chu、Xie & Yu，2011），但关于性别差异的问题将留待下一章讨论。

分析的核心自变量是子女的现实需求，包括：夫妇平均年龄、收入、夫妇各自是否有工作、家中是否有 3 岁以下小孩、家中是否雇佣保姆、夫妇是否拥有当前住房产权。另外，模型还控制了夫妇的受教育年限、夫妇双方父母的年龄及婚姻状况、住房面积、夫妇双方的户籍、迁移流动状况和兄弟姐妹结构。上述自变量和控制变量的操作化及其理论含义见表 2-1。

表 2-1　变量的操作化及其理论含义

变量	操作化方法	意义
自变量		
夫妇平均年龄	夫妇双方年龄的均值	测量夫妇当前的经济状况
收入对数	夫妇双方收入之和的对数	
丈夫是否有工作	二分变量，没有=0，有=1	测量夫妇在家务劳动和抚幼方面对父母的依赖
妻子是否有工作	二分变量，没有=0，有=1	
是否有 3 岁以下小孩	二分变量，没有=0，有=1	
是否雇佣保姆	二分变量，否=0，是=1	
是否有当前住房产权	二分变量，否=0，是=1	测量夫妇的住房需求
控制变量		
夫妇受教育年限	夫妇受教育年限的最大值，受教育年限根据各自的受教育程度转换而来	测量夫妇家庭观念的开放程度
丈夫父母的最大年龄	60 岁以下 60～79 岁 80 岁及以上 数据缺失	测量父母需求，年龄越大的父母越需要子女照料
妻子父母的最大年龄	60 岁以下 60～79 岁 80 岁及以上 数据缺失	
丈夫父母的婚姻状况	在婚 丧偶 全部去世 其他	测量父母需求，父母丧偶更需要子女的照料
妻子父母的婚姻状况	在婚 丧偶 全部去世 其他	

续表

变量	操作化方法	意义
住房面积	当前住房面积，单位：平方米	有足够大的住房是同住的一个客观条件
丈夫户籍	二分变量，城市户籍=0，农村户籍=1	测量丈夫和妻子的迁移流动状况，反映人口迁移流动对居住安排的影响
妻子户籍	二分变量，城市户籍=0，农村户籍=1	
丈夫是否为外地人	二分变量，现居地和14岁时的居住地（地级市）若相同为0，不同为1	
妻子是否为外地人	二分变量，现居地和14岁时的居住地（地级市），相同=0，不同=1	
丈夫是否有兄弟	二分变量，没有=0，有=1	测量丈夫和妻子的兄弟姐妹状况，反映家庭的生育水平对居住安排的影响
丈夫是否有姐妹	二分变量，没有=0，有=1	
妻子是否有兄弟	二分变量，没有=0，有=1	
妻子是否有姐妹	二分变量，没有=0，有=1	

注：(1) 受教育年限和受教育程度的转换方法是：文盲为0年，小学为6年，初中为9年，高中为12年，大专为15年，本科为16年，研究生为19年，博士为23年。(2) 夫妇的收入之和存在少量0值，为了避免取对数时产生缺失值，本章在取对数之前先对夫妇收入之和加了1。(3) 父母的年龄为他人代答，所以存在一定程度的缺失，为了减少缺失值的影响，增加了“数据缺失”这个类别。(4) 本章在分析时虽然删除了夫妇双方的父母都已经去世的样本，但是允许一方的父母全部去世、另一方有父母在世的情况，所以父母的婚姻状况包含全部去世这个类别。其他则包括离婚和同居两种情况，因为数据中回答这两个类别的案例数很少，分析时不足以作为单独的一类，所以将之合并为“其他”。另外，父母的婚姻状况存在一定程度的缺失，为了避免损失过多的案例，本章将这些缺失值也归入“其他”。不过在分析时设置“其他”这个类别只是为了尽可能地降低数据的缺失和稀疏性所带来的问题，其本身没有特别清晰的理论含义。(5) 本章的研究对象虽然居住在城市，但当中包含不少从农村流动出来的流动人口，这可以通过夫妇双方的户籍反映出来。但是，由于从农村流动出来的年轻夫妇可能已经获得了城市户口，以及存在城市之间的人口迁移流动的情形，所以在户籍之外，本章还统计了夫妇双方是否为本地人。

（三）分析方法

本章的因变量是二分变量，比较适合使用二分类 logistic 回归模型（binary logistic regression model）进行分析。考虑到中国的地区差异很大，且不同地区的地域文化对家庭的居住选择有重要影响，我们采用了两种不同的模型设定方法。

一是带省份固定效应的二分类 logistic 回归模型。该模型将每个省作为独立的虚拟变量纳入模型，并为每个省估计一个固定的截距系数。这样做的好处是可以尽最大可能地排除省一级的“未观测到的异质性”（unobserved heterogeneity），从而有效避免宏观层面的忽略变量对分析结果的干扰。

二是带省份随机效应的二分类 logistic 回归模型。与固定效应模型不同，随机效应模型不会为每个省估计一个单独的截距系数，而是假定每个省的截距服从一个给定的分布，通常是正态分布。与固定效应模型相比，随机效应模型的假定性更强，但是它能节省更多的自由度，所以是一个更加简约的模型。这种简约性表现在通过随机效应模型估计得到的标准误通常比通过固定效应模型得到的小。本章将同时汇报固定效应和随机效应两种模型的分析结果，并评估研究结论的稳健性。

六、分析结果

（一）描述性统计结果

表 2-2 对本章所使用的变量进行了统计描述，并分别使用“同住”和“不同住”样本对各变量的差异进行了统计检验，检验结果见显著度一栏。可以发现，在所有 1 119 对年轻已婚夫妇当中，与父母同住的有 448 对，同住率为 40.0%。在全社会的生育率普遍下降以后，这些年轻夫妇的兄弟姐妹的数量与以往相比已经大为减少，所以这个比例与以往的调查并不具有可比性。但是从表面上来看，同住率并不低。

表 2-2　对所有自变量和控制变量的统计描述

变量	类别/指标	总样本	不同住	同住	显著度
平均年龄（岁）	均值	33.1	34.0	31.6	***
	标准差	4.7	4.5	4.7	
夫妇收入总和（万元）	均值	4.7	4.8	4.5	
	标准差	4.9	4.7	5.1	
丈夫是否有工作（%）	否	20.9	19.7	22.8	
	是	79.1	80.3	77.2	
妻子是否有工作（%）	否	41.9	44.4	38.2	*
	是	58.1	55.6	61.8	
是否有 3 岁以下小孩（%）	否	80.2	87.2	69.6	***
	是	19.8	12.8	30.4	
是否雇佣保姆（%）	否	97.6	97.6	97.5	
	是	2.4	2.4	2.5	
是否有独立住房（%）	否	53.4	41.0	71.9	***
	是	46.6	59.0	28.1	

续表

变量	类别/指标	总样本	不同住	同住	显著度
住房面积（平方米）	均值	102.5	90.1	121.0	***
	标准差	81.0	69.2	92.9	
丈夫最大父母年龄（%）	60 岁以下	32.1	26.5	40.4	***
	60～79 岁	54.5	57.1	50.6	
	80 岁及以上	2.5	3.1	1.6	
	数据缺失	10.9	13.3	7.4	
妻子父母最大年龄（%）	60 岁以下	38.1	36.2	40.9	***
	60～79 岁	42.4	49.8	31.5	
	80 岁及以上	1.4	1.5	1.3	
	数据缺失	18.1	12.5	26.3	
丈夫父母婚姻状况（%）	在婚	68.4	66.5	71.1	**
	丧偶	18.7	17.7	20.1	
	全部去世	5.6	7.2	3.4	
	其他	7.3	8.6	5.4	
妻子父母婚姻状况（%）	在婚	67.3	70.1	63.2	***
	丧偶	14.1	16.2	10.9	
	全部去世	7.8	6.4	9.8	
	其他	10.8	7.3	16.1	
夫妇最高受教育年限（年）	均值	11.9	11.9	11.9	
	标准差	3.5	3.6	3.5	
丈夫户籍（%）	城市	71.4	68.0	76.6	**
	农村	28.6	32.0	23.4	
妻子户籍（%）	城市	64.9	64.1	66.1	
	农村	35.1	35.9	33.9	
丈夫是否外地人（%）	否	78.5	72.1	88.2	***
	是	21.5	27.9	11.8	
妻子是否外地人（%）	否	72.2	71.5	73.2	
	是	27.8	28.5	26.8	
丈夫是否有兄弟（%）	否	48.5	38.3	63.8	***
	是	51.5	61.7	36.2	
丈夫是否有姐妹（%）	否	43.6	42.5	45.3	
	是	56.4	57.5	54.7	
妻子是否有兄弟（%）	否	34.4	30.7	40.0	***
	是	65.6	69.3	60.0	
妻子是否有兄弟（%）	否	48.2	46.1	51.3	
	是	51.8	54.0	48.7	
样本量		1 119	671	448	

注：* $p<0.05$，** $p<0.01$，*** $p<0.001$。

从子女需求来看，与不同住夫妇相比，同住夫妇的平均年龄更小、收入更低，且丈夫没有工作的百分比更高，这说明经济状况不好的夫妇更有可能与父母同住。此外，与不同住夫妇相比，同住夫妇中的妻子参加工作和有三岁以下小孩的百分比都显著更高，而二者在雇佣保姆方面的百分比相差不大（样本中只有 27 对夫妇雇佣了保姆，计算结果可能不太稳定）。这些结果表明，当年轻夫妇在家务劳动和小孩照料方面有较强的需求时，更可能与父母同住。从住房产权状况来看，同住夫妇拥有当前住房产权的百分比与不同住夫妇相比要低很多，这表明有无独立住房是与父母同住的重要原因。

在控制变量方面，住房面积、夫妇双方父母的养老需求、夫妇各自的迁移流动特征和家庭人口特征都与是否同住显著相关，这与以往的研究结论是一致的。因为这些变量不是本章最主要的研究目标，所以此处不对它们一一进行描述。

（二）模型分析结果

表 2-3 汇报了模型估计结果。模型 1 使用的是省份固定效应 logit 模型。从该模型可以发现，在控制了其他变量以后，子女需求对同住有非常显著的影响。

表 2-3　固定效应和随机效应 logit 模型估计结果

	模型 1		模型 2	
	系数	标准误	系数	标准误
平均年龄	−0.071**	(0.027)	−0.080**	(0.027)
收入对数	−0.056	(0.062)	−0.057	(0.062)
丈夫是否有工作（否=0）	−0.369	(0.218)	−0.369	(0.215)
妻子是否有工作（否=0）	0.721***	(0.179)	0.728***	(0.178)
是否有 3 岁以下小孩（否=0）	1.032***	(0.213)	1.045***	(0.211)
是否雇佣保姆（否=0）	−0.318	(0.511)	−0.283	(0.506)
是否有独立住房（否=0）	−1.395***	(0.173)	−1.373***	(0.171)
住房面积	0.006***	(0.001)	0.006***	(0.001)
夫妇最高受教育年限	−0.060*	(0.028)	−0.061*	(0.028)
丈夫户籍（城市=0）	−0.675**	(0.241)	−0.661**	(0.237)
妻子户籍（城市=0）	0.059	(0.218)	0.009	(0.215)
丈夫是否外地人（否=0）	−1.175***	(0.242)	−1.139***	(0.240)
妻子是否外地人（否=0）	0.343	(0.204)	0.366	(0.202)
丈夫父母婚姻状况（在婚=0）				

续表

	模型 1		模型 2	
	系数	标准误	系数	标准误
丧偶	0.694***	(0.206)	0.678***	(0.205)
全部去世	−0.934*	(0.378)	−0.975**	(0.376)
其他	0.424	(0.570)	0.478	(0.558)
妻子父母婚姻状况（在婚=0）				
丧偶	−0.201	(0.237)	−0.200	(0.234)
全部去世	0.405	(0.293)	0.434	(0.293)
其他	0.137	(0.382)	0.106	(0.379)
丈夫父母最大年龄（60 岁以下=0）				
60～79 岁	0.202	(0.219)	0.220	(0.217)
80 岁及以上	−0.066	(0.587)	−0.085	(0.577)
数据缺失	−0.522	(0.499)	−0.541	(0.486)
妻子父母最大年龄（60 岁以下=0）				
60～79 岁	0.098	(0.221)	0.126	(0.219)
80 岁及以上	0.959	(0.652)	1.033	(0.663)
数据缺失	0.958**	(0.326)	0.996**	(0.324)
丈夫是否有兄弟（否=0）	−1.045***	(0.170)	−1.023***	(0.168)
丈夫是否有姐妹（否=0）	0.121	(0.171)	0.156	(0.169)
妻子是否有兄弟（否=0）	−0.397*	(0.177)	−0.357*	(0.175)
妻子是否有姐妹（否=0）	−0.154	(0.164)	−0.130	(0.162)
截距			3.672***	(1.034)
sigma _ u			0.563***	−0.153
模型卡方	383.4***		244.6***	
样本量	1 119		1 119	

注：* $p<0.05$，** $p<0.01$，*** $p<0.001$。

首先，从经济方面看，年龄较小的夫妇与父母同住的发生比（odds）显著更高，年轻夫妇的经济基础比较薄弱，他们更可能在经济上遭遇困难，所以也更加需要父母的帮助。不过，模型 1 中夫妇的收入和丈夫是否有工作没有对同住表现出显著的影响。一般来说，丈夫是家庭主要的经济来源，所以丈夫是否有工作和夫妇的收入具有较强的共线性。而在删除夫妇收入这个变量以后，模型分析结果显示，丈夫没有工作会显著地（p 值小于 0.05）增加与父母同住的发生比。这些结果均表明经济上有困难的夫妇与父母同住的可能性更高。

其次，从非经济方面来看，当妻子参加工作时，同住发生比会显著升高；当家中有 3 岁以下的小孩时，同住的发生比也会显著上升。是否雇佣保姆的统计检验结果并不显著，这可能与数据中雇佣保姆的夫妇数量太少（27 对）有关。这些结果均表明年轻夫妇在家务劳动和小孩照料方面对父母有较强的依赖。

最后，从住房来看，当夫妇拥有当前住房的产权时，与父母同住的发生比会显著降低。而且从回归系数看，这个变量的影响很大。计算结果表明，在控制了其他变量以后，拥有当前住房产权的夫妇与父母同住的发生比仅为没有产权的夫妇的 24.8%。这个结果充分说明，无力购买独立住房是年轻夫妇被迫选择与父母同住的重要原因。

从模型 1 中还可以发现，一些控制变量也对夫妇是否与父母同住具有显著影响。第一，住房面积越大，同住的可能性越高，这说明有足够大的住房是保证多代同住的一个必要条件。

第二，受教育程度较高的夫妇与父母同住的可能性显著更低。这与家庭现代化理论的预期相一致，因为夫妇的受教育年限越长，家庭观念也越开放，因而也越可能为了享有更多的私人空间而选择独自居住。

第三，丈夫是农村户口或者丈夫是外地人都会显著降低同住发生比，这反映出人口迁移流动对家庭居住方式的影响。迁移流动一方面在地理空间上疏远了子女与父母的关系；另一方面，迁移流动的经历也开阔了年轻夫妇的眼界，这会对他们的家庭观念产生影响。不过值得注意的是，丈夫经历迁移流动会显著降低同住发生比，而妻子的迁移流动状况却对同住没有显著影响。这个结果与中国家庭从夫居的居住传统有关。如果丈夫经历过迁移流动，从夫居的可能性就会大大降低，与父母同住的发生比便会受到很大影响；而从妻居的可能性本来就不高，即使妻子经历过迁移流动，同住发生比也不会因此下降太多。

第四，从模型 1 中还可以发现，父母婚姻状况也对是否同住有显著影响，丈夫父母丧偶会显著增加同住发生比，不过妻子父母丧偶对同住却没有显著影响。这再次说明了中国家庭在居住方式上的性别差异：同住主要是为了满足丈夫父母的需求，而不是妻子父母的需求。而且如果丈夫的父母全部去世，同住的发生比会显著降低，因为丈夫的父母全部去世后夫妇只有可能从妻居，而从妻居并不是中国家庭居住方式的主流选择。

第五，当丈夫或妻子有兄弟时，与父母同住的可能性会显著降低，但是否有姐妹却对同住没有显著影响。而且通过观察回归系数可以发现，丈夫是否有兄弟的影响要大于妻子是否有兄弟的影响，这再次说明当代中国城市家庭在居住方式上依然表现出明显的男性偏好，从夫居依然是社会的主流。

模型 2 的自变量与模型 1 完全相同，只是在设定时使用了随机效应模型。分析结果显示，省际随机效应的标准差为 0.563，且显著大于 0，这表明在不同的省之间，同住比例确实存在明显的差异。与固定效应模型（模型 1）相比，随机效应模型（模型 2）中各变量的回归系数以及统计检验结果并没有明显的不同，这充分说明本章通过模型分析得到的结果是非常稳健的（robust），它不会因为模型设定的不同而发生实质性的变化。

综上所述，本节的分析结果充分说明，夫妇自身的现实需求对家庭的居住选择具有非常显著的影响，这种需求一方面表现在夫妇在经济上尤其是住房上对父母的依赖，另一方面表现在夫妇需要父母分担家务和帮助照料小孩。这样，本章在之前提出的两个研究假设就得到了验证。

（三）对同住家庭的进一步分析

为了更加清楚地说明子女需求对家庭居住方式的影响，本节将对样本中的同住家庭在收入构成、住房所有权、家务分配以及小孩照料四个方面进行进一步分析。

表 2-4 分年龄组计算了所有同住家庭当中，丈夫、妻子和父母的收入占家庭总收入的比重。可以发现，随着夫妇平均年龄的增加，父母收入占家庭总收入的比重逐渐下降。在 30 岁及以下组，父母收入占家庭总收入的百分比为 36.9%；而在 36～40 岁组，该百分比下降到了 18.5%。由此可见，当夫妇年龄较小时，父母收入的相对贡献更大，这体现了年轻夫妇在经济方面对父母收入有更多的依赖。不过即使在 30 岁及以下组，父母收入占家庭总收入的百分比也没有超过 50%，这说明年轻夫妇也有一定的经济能力，依赖父母生活可能不是他们选择同住的主要原因。

表 2-4　按夫妇平均年龄分的同住家庭的收入构成状况（%）

年龄组	丈夫	妻子	父母	合计（样本量）
30 岁及以下	42.5	20.6	36.9	100.0（173）
31～35	49.7	29.8	20.5	100.0（145）
36～40	53.9	27.6	18.5	100.0（109）
合计	47.9	25.5	26.6	100.0（427）

不过，从房屋的所有权类型来看（见表 2－5），在 30 岁及以下组，住房为父母所有的百分比高达 62.4%，相比之下，住房为夫妇所有的百分比仅为 12.2%；在 31～35 岁组中，住房为父母所有的百分比虽有下降，但依然高达 52.6%；而到了 36～40 岁组，住房为父母所有的百分比才大幅降低。这个结果再次验证了上一节的研究结论，充分说明与父母分享住房是年轻夫妇选择同住的重要原因。

表 2－5　按夫妇平均年龄分的同住家庭的住房所有权状况（%）

年龄组	父母所有	夫妇所有	其他	合计（样本量）
30 岁及以下	62.4	12.2	25.4	100.0（181）
31～35	52.6	26.3	21.1	100.0（152）
36～40	32.2	46.9	20.9	100.0（115）
合计	51.3	25.9	22.8	100.0（448）

表 2－6 分年龄组描述了在所有同住家庭当中，丈夫、妻子和父母各自的家务劳动时间占家庭总家务劳动时间的比重。可以发现，在 35 岁以下的两个年龄组中，无论是工作日还是节假日，父母都承担了超过一半的家务劳动。从表 2－6 可以发现，在 30 岁及以下组，父母在工作日承担的家务劳动的百分比达到了 62.7%；即使在节假日，该百分比也高达 60.0%；在 31～35 岁组，父母在工作日所承担的家务劳动的百分比依然高达 59.6%；在节假日时，该比重虽有下降，但仍有 50.6%。这再次证明了年轻夫妇在家务劳动方面对父母的强烈依赖。

表 2－6　按夫妇平均年龄分的同住家庭的家务分配状况（%）

	年龄组	丈夫	妻子	父母	合计（样本量）
工作日	30 岁及以下	9.1	28.2	62.7	100.0（179）
	31～35	12.9	27.5	59.6	100.0（151）
	36～40	11.7	41.7	46.6	100.0（113）
	合计	11.1	31.4	57.5	100.0（443）
节假日	30 岁及以下	11.7	28.3	60.0	100.0（180）
	31～35	16.2	33.2	50.6	100.0（151）
	36～40	17.5	42.2	40.3	100.0（112）
	合计	14.7	33.5	51.8	100.0（443）

从表 2－6 中还可以发现，妻子在家务劳动方面依然承担了比丈夫更多的

责任。表 2-7 显示，当妻子参加工作时，丈夫所承担的家务劳动份额几乎没有任何变化，而父母所承担的份额却大幅增加（工作日上升了约 14 个百分点，节假日也上升了约 6 个百分点）。这充分说明当妻子工作的时候，原来由妻子承担的家务劳动在很大程度上被转移给了父母，父母的存在有效地缓解了妻子的工作-家庭冲突。

表 2-7 按妻子工作状态分的同住家庭的家务分配状况（%）

		丈夫	妻子	父母	合计（样本量）
工作日	妻子不工作	11.2	39.8	49.0	100.0（170）
	妻子工作	11.0	26.2	62.8	100.0（273）
	合计	11.1	31.4	57.5	100.0（443）
节假日	妻子不工作	14.3	37.7	48.0	100.0（168）
	妻子工作	14.9	30.9	54.2	100.0（275）
	合计	14.7	33.5	51.8	100.0（443）

最后，表 2-8 发现，当妻子不工作的时候，小孩由夫妇照料的百分比高达 74.7%，由父母照料的百分比为 25.3%。而当妻子工作时，小孩由夫妇照料的百分比下降到了 28.6%，而由父母照料的百分比则上升到了 64.9%。这个结果再次反映了父母在小孩照料方面对妻子而言具有替代功能。在传统家庭，照料小孩主要是妻子的责任，但是当妻子因为工作不能正常承担这种家庭责任的时候，父母的存在有效地解决了年轻夫妇的现实问题。

表 2-8 按妻子工作状态分的同住家庭小孩照料状况（%）

	父母	夫妇	其他	合计（样本量）
妻子不工作	25.3	74.7	0.0	100.0（75）
妻子工作	64.9	28.6	6.5	100.0（77）
合计	45.4	51.3	3.3	100.0（152）

七、结论与讨论

本章使用 2010 年 CFPS 的初访调查数据，研究了居住在城市的平均年龄在 40 岁以下的年轻夫妇的居住安排。这些夫妇自身的需求是他们选择与父母同住的主要原因，这种需求一方面表现为年轻夫妇在经济上尤其是住房上对父母的依赖，另一方面表现为他们需要父母分担家务和帮助照料小孩。本章的研究结论说明，家庭成员的现实需求对居住选择有着重要影响。不过，与以往的研究侧重于分析老年人的养老需求不同，本章从年轻子女的角度对这一命题进行了全新解读。不可否认，在老龄化压力日益严重且社会养老资源依然匮乏的当代中国，家庭依然发挥着不可忽视的养老功能，但是，仅从老年人需求的角度不能解释所有的同住现象。正如本章的分析结果所展现的那样，子女的需求也同样不能忽视。

父母的需求与子女的需求哪个更重要？笔者认为，这取决于子女和父母各自的年龄、社会经济资源和所处的人生发展阶段。当子女刚刚进入工作岗位、初为人夫（妻）或初为人父（母）的时候，沉重的工作压力和家庭负担会使他们迫切需要父母的帮助；与此相比，他们的父母正处于中年，不仅在经济条件上处于人生的顶峰，而且不需要子女的照顾。所以，就像本章的研究结果所展示的那样，这一时期的同住主要是为了满足子女的需求。但是，当子女度过了这段困难时期、步入中年且在经济条件上迎来人生顶峰的时候，父母却开始步入老年，经济收入和身体状况的全面下行会使他们对成年子女产生强烈的依赖，在这个时期，同住主要是为了满足老年人的需求。本章在进行模型分析时，发现如果丈夫的父母丧偶，同住的发生比会显著增加，这在一定程度上验证了父母需求的影响。

本章的研究还发现，随着我国高等教育的普及和人口流动的增加，同住家庭的比例在未来有逐渐降低的可能性。但正如上文所言，无论是从老年人的角度来看，还是从年轻子女的角度来看，当代中国城市中，大家庭依然发挥着不可替代的重要功能，所以从现实需求出发，大家庭在未来中国城市依然有继续存在下去的必要性。

首先，现代化过程本身就孕育了大家庭继续存在的可能性。一方面，现代社会高昂的生活成本是年轻人及其父母陷入生活困境的重要原因之一；另一方面，在现代社会，女性普遍参加工作，这也增加了年轻夫妇的家庭负担，造成他们在家务劳动和子女照料方面对父母的依赖。所以，现代化虽然与传统家庭有不兼容的一面，但也有相契合的一面；现代化一方面促进了大家庭的瓦解，另一方面又为大家庭的继续存在创造了新的生存空间。

其次，中国特殊的文化传统使得年轻子女及其父母在遭遇生活困难时，更倾向于通过家庭途径来寻求解决问题的办法。所以，从实用性的角度来说，传统文化一方面为家庭成员提供了应对现代社会生活困难的制度性的解决办法，另一方面也为家庭的这种适应性选择提供了文化上的正当性和合法性。在快速的现代化转型过程中，中国传统文化的约束力会削弱；但是，在迫切的现实需求面前，即便人们已经不再偏爱多代同堂的传统居住方式，还是会被迫选择同住。从这个角度来说，传统文化更像是一个工具箱，即使它已经不再对人们的行为具有约束力，也仍然可以为人所用（Logan & Bian，1999）。

最后，国家政策的变迁也是多代同住的大家庭在中国继续存在的一个重要原因。虽然在当代中国城市地区，国家政策对家庭居住方式的限制已经被大大削弱了，但是，国家在放松对经济和社会的全面管制的同时，也大量削减了公共服务的供给。与改革初期不同，在当代中国，国家政策对城市家庭的影响不在于它的存在，而在于它的缺失。现在，年轻人的工作已不再由国家分配，这虽然赋予了他们更多的选择自由，但也使他们面临更大的就业压力和失业风险。住房虽然已经可以自由买卖，但高昂的房价却使很多年轻人望而却步。限制虽减少了，压力却增大了。国家政策的调整使个人直接暴露在市场之下，而相关社会保障制度的缺失使个人在遭遇困难时只能求助于家庭。年轻夫妇也好，老年父母也罢，在面对残酷无情的市场时，他们从文化的故纸堆里找到了家庭这根救命稻草，顽强地同住下去，造就了中国城市家庭当今的局面。

第三章　与谁住和住多远

导读：以往关于中国家庭居住方式的研究大多以是否多代同住为因变量，分析受访者的个人特征、家庭特征和宏观层面的社会经济特征对同住的影响。但在当代中国，仅以是否同住为因变量显然已无法涵盖中国人多元化的居住选择。首先，根据中国的父系家庭传统，已婚夫妇通常与丈夫父母同住（从夫居），但近些年来，与妻子父母同住（从妻居）这种反传统的居住方式呈现出逐年递增的趋势。因此，区分从夫居和从妻居对于更加全面细致地研究多代家庭的当代发展以及父系家庭制度的变迁均有重要意义。其次，一些研究发现，虽然越来越多的年轻人选择婚后独立居住，但他们与父母的居住距离并不远，而两代人相邻而居有助于关系密切的家庭网络的形成，这对代际关系的维持和养老、抚幼等家庭功能的发挥都有重要意义。基于此，本章使用2010年中国家庭追踪调查（CFPS）数据，从“与谁住”和“住多远”两个角度分析了当代中国家庭多样化的居住选择。研究发现，当代中国家庭在居住方式上的性别差异依旧明显，但从妻居的增长已不容忽视。此外，相邻而居是不同住的小家庭最常见的居住选择，由此可见，家庭结构的核心化并不必然意味着家庭功能的弱化。最后，本章展望了中国家庭结构在未来的变动趋势，并讨论了家庭功能、代际关系和性别平等的发展等相关议题。

一、从夫居和从妻居

在传统社会，中国家庭普遍实行的是男娶女嫁的婚姻制度以及与此相适应的从夫居制（费孝通，1999）。根据这一家庭传统，儿子在结婚以后将连同媳妇一起住在父母家里；而女儿则要嫁到别人家去，与丈夫的父母共同生活。

如果家中只有一个儿子，那么这个儿子在结婚以后通常要与父母同住，并且要和媳妇一起负责对老年父母的赡养。如果家中有多个儿子，父母通常只会选择与其中的一个儿子同住，其余儿子在结婚以后另立门户，独自生活；不过在少数情况下，父母也会同时把多个儿子留在身边，组成联合家庭（费孝通，1983）。

但是，如果家庭中没有儿子，上文所述的从夫居制就很难实行下去。在这种情况下，为了保障家庭姓氏的延续以及避免出现老无所养的局面，中国父母通常有两种补救的办法。第一种办法是过继，也就是从别人家（通常是自己的兄弟家或同家族内部）领养一个男孩。这个被领养的男孩可以发挥儿子的作用，不仅要与养父同姓，而且要负责为养父母养老送终。费孝通（1983）曾经指出，过继是父系家庭制度影响下没有儿子的中国家庭应对养老困难的主要方法。即使采取过继的办法，女儿仍会按照父系家庭传统嫁到别人家去。

第二种办法是为女儿招一个上门女婿。在这种情况下，女儿在结婚以后将和女婿一起住在自己的父母家里，即从妻居。科恩（Cohen，1992）认为，从妻居作为对父系家庭制度影响下从夫居制的一种偏离，反映了中国家庭根据实际情况对家庭生活的“终极期望”进行现实调整的另一种家庭“实用管理”措施。它通常发生在没有儿子并且因为种种原因不能领养儿子的家庭，主要功能是保证家庭姓氏的延续和解决老年父母的赡养问题（李树茁、靳小怡、费尔德曼，2002）。然而在以父系家庭制度为主导的中国传统社会，上门女婿社会地位很低，甚至会受到严重的社会歧视，所以做上门女婿需要付出很高的心理成本。再加上在高生育率的背景下，没有儿子的家庭的比例非常低，所以在传统中国社会，家庭从妻居的比例并不高（李树茁、费尔德曼、李南，1999）。

虽然从妻居在中国传统社会并不普遍，但是在部分地区，从妻居却比较流行。例如，沃尔夫（Wolf，1989）的研究发现，从妻居在我国南部沿海地区和长江三角洲地区比较常见。费孝通（1999）也曾指出，入赘的风俗在我国西南一带的农村也颇为流行。其他学者也曾零星地发现，从妻居在我国中、西部的少数农村地区广泛存在（韩呈吉，1992；严梅福，1995）。不过，这些地区的从妻居与我国大部分地区的情况有所不同，它不是家庭在没有儿子的情况下的一种被动选择，而是在综合考虑各种经济因素以后做出的主动选择（Wolf，1989）。这些经济原因主要包括家庭缺少劳动力、招赘婚姻费用低、富裕家庭的女儿不愿外嫁、入赘的女婿致富能力强等（李树茁、靳小怡、费尔德曼，2002）。不过，这只能代表局部地区的特殊情况，整体而言，中国家庭从妻居的比例很低。

由于中国家庭从妻居的比例不高，学术界对它的关注也很少。长期以来，国内外学者在讨论中国的多代家庭时通常都默认它们的居住方式是从夫居，或者笼统地用是否多代同住进行测量，而很少对从夫居和从妻居进行严格区分。但近年来，部分调查研究却发现，中国家庭从妻居的比例随时间的推移呈明显的上升趋势（巫锡炜、郭志刚，2010）。而且有研究表明，从妻居对于稳定低生育率、降低男孩偏好和出生性别比、改善女孩和妇女的生活环境、缓解老龄化背景下没有儿子的老人的养老困难都有非常重要的作用（李树茁、靳小怡、费尔德曼，2006）。由此可见，对从妻居进行专门研究不仅有助于我们认识中国家庭的变迁规律，而且对研究生育行为、妇女地位、家庭养老等一系列重大问题也有一定的借鉴意义。

二、相邻而居和网络家庭

除了很少区分从夫居和从妻居之外，现有关于中国家庭结构的研究也很少关注不同住家庭在居住距离上的差异。对中国家庭变迁的研究发现，在快速的社会转型过程中，中国家庭已表现出非常明显的核心化趋势，已婚子女与父母同住的意愿和比例都在不断降低（阎云翔，1998；曾毅、王正联，2004；李树茁、靳小怡、费尔德曼，2002；王跃生，2014）。但是，与父母分开居住并不代表子女与父母的关系被隔断了。已有研究发现，与父母的居住距离是影响子女分家以后与父母互动频率的重要因素（Bian、Logan & Bian，1998）。如果不同住的子女与父母的居住距离较近，那么彼此仍然可以保持比较密切的联系，遇到困难的时候也能相互有个照应；但是，如果居住距离较远，代际互动和家庭网络的互助功能势必会受到影响，所以对居住距离进行分析具有非常重要的现实意义。

实际上，早在20世纪90年代初，一些学者就已关注到中国城市之中不同住子女与父母之间的频繁互动，并将这种“分而不离”的家庭形态命名为“网络家庭”（潘允康，1990；Unger，1993）。后续的研究发现，网络家庭不仅广泛存在于城市，在农村中也非常普遍（阎云翔，1998；王跃生，2010）。这些研究指出，在剧烈的社会变迁过程中，中国父母和子女独立居住的意愿在增强，已婚子女和父母分家的时间也不断提前，这导致中国家庭核心化的趋势日益明显。但是，子家庭和母家庭在文化上的不可分割性（麻国庆，1999）和现实生活中的种种需求（父母赡养、孙子女照料、情感交流等）都使得分家以后，子家庭和母家庭之间往往相邻而居，形成一张关系密切的家庭网。这种家庭网通常是由可能组成主干家庭和联合家庭的几个独立的核心家庭构成的一种特殊的社会组织，在某种程度上说，网络家庭是传统的联合大家庭和主干家庭在当代的自然延伸与发展。一般来说，处于家庭网络中的各个核心家庭是相对独立的。但是，在保持各自独立生活方式的前提下，核心家庭之间也能维持频繁的交往，并在遇到生活困难时实现相互救援。由此可见，网络家庭一方面满足了个体独立居住的主观愿望，另一方面也满足了家庭成员之间情感交流和互相帮助的客观需要，所以，其在快速转型的中国农村和城市都表现出了强大的生命力（王跃生，2010）。

综上所述，网络家庭这一概念突破了传统家庭结构研究仅关注“同一个屋檐下”的地理空间限制，与此同时，也将不同住子女与父母之间的居住距离纳入了学术研究的视野。虽然与多代同住的大家庭相比，网络家庭在形式上更加灵活多变，也更加适应现代社会的基本要求，但是在家庭网络内部，情感互动和互助功能的发挥必须以地理上的近距离居住为基本条件（潘允康，1990）。一些研究也发现，居住距离是影响子女和父母之间交往频率的重要因素（Bian、Logan & Bian，1998）。尽管居住距离对经济交往的影响较弱，但是它对日常生活方面的交往和情感交流的影响很大（杨菊华、李路路，2009）。所以在对是否同住进行分析之余，对已婚夫妇与双方父母的居住距离进行补充分析具有非常重要的现实意义。

三、社会变迁和个体需求

综上所述，当代中国家庭的居住选择是非常复杂多样的。有些家庭依然恪守从夫居的传统；有些家庭转而采用从妻居这一与父系家庭传统完全相悖的居住方式；还有些家庭选择“分而不离”的网络家庭方式，在保持两代人相对独立的前提下实现必要的情感交流和代际互助。既然当下中国人有如此之多的居住选择，那么影响最终决定的因素是什么呢？从现有研究看，这些因素可被概括为两类：一类与宏观层面的社会变迁有关，另一类则与微观层面的个体需求有关。

（一）社会变迁的影响

从宏观社会变迁的角度看，中国快速的现代化转型和人口转变是影响家庭居住选择的两个主要因素。

统计数据显示，自1978年改革开放以来，中国在经济增长、产业结构、劳动力就业结构、城乡家庭收入、高等教育、城市化率、医疗卫生水平、社会保障等方面都取得了举世瞩目的成就（国家统计局，2020），中国正在不断从一个落后的农业社会向发达的现代社会转变。古德（1986）认为，社会的现代化转型必然导致家庭结构的现代化，具体表现为多代同住的大家庭逐渐衰弱，家长权威不断丧失，代际关系日益松散，夫妻关系将取代代际关系成为家庭关系的主轴。对于古德的家庭现代化理论，我在之前各章已做过比较详尽的介绍，这里不再赘述。虽然这一理论自提出之日起就遭到了国内外学者的批判，而且很多经验研究也发现，中国家庭结构的转型过程也没有沿着古德所认为的从扩大家庭到核心家庭的单一路径发展（唐灿，2010；Cherlin，2012），但不可否认的是，工业化、现代化、城市化以及由此带来的物质的繁荣、消费水平的提高、传统家庭观念的衰弱和个体主义价值观念的兴起等都对中国人的居住选择产生了极为深远的影响（阎云翔，2012；Chen，1985）。在这样的背景下，从夫居已不再是年轻人婚后的唯一选择，从妻居、独立居住等新型居住方式逐渐为人们所接受。综上所述，中国快速的现代化转型是家庭居住选择日益多元化的一个重要原因。

除了现代化，推动中国家庭变迁的另一股力量来自人口要素的转变。传统中国社会的生育率较高，人口的流动性较小。高生育率不仅使大多数老年人有多个成年子女，而且几乎可以保证每个家庭都有儿子；而不流动意味着社会的通婚半径较小，大多数子女在结婚以后都会住在父母身边。这些都是以从夫居为典型表现的多代同住的大家庭制度在传统中国社会得以延续的非常重要的人口学基础。但是在当代中国，这种高生育率和不流动的人口环境已经发生了改变。

首先，从生育率的角度看，自 20 世纪 70 年代计划生育政策实施以来，中国家庭的生育水平迅速降低。在 1970 年，中国的总和生育率依然维持在 6 左右的高水平（中国人口和计划生育年鉴，2006）；但是到 20 世纪 90 年代，总和生育率已经下降到更替水平（约 2.1）以下（郭志刚，2004）。第七次人口普查数据显示，2020 年中国的总和生育率只有 1.30，这意味着中国已步入“极低”生育率国家的行列（国家统计局，2021a）。生育率的急剧下降不仅意味着家庭生育数量的减少及多代同住机会的减少，而且意味着一个家庭生育男孩的可能性大为降低。如果家中没有男孩，从夫居的传统居住方式也就无从谈起。如今，在计划生育政策实施以后出生的一代人有一部分已经结婚，他们会对当下和未来的家庭结构产生非常重要的影响。

其次，从迁移流动的角度看，在 20 世纪 90 年代以前，由于受到户籍管理制度的限制，无论从农村到城市还是在农村和城市内部，人口迁移流动的规模都非常小（段成荣、杨舸、张斐等，2008）。但是，随着中国经济改革的加速和国家户籍管理制度的放松，中国流动人口的数量在迅速增加。2000 年全国第五次人口普查数据显示，我国流动人口的数量已经超过 1 亿；2010 年全国第六次人口普查时，流动人口的数量已增加到 2.2 亿；2020 年全国第七次人口普查时，流动人口的规模更是增加到史无前例的 3.76 亿（国家统计局，2021b）。人口迁移流动的增加会直接拉大代际空间距离，一些老人会因为子女流出而被迫独自生活甚至远离所有子女居住（张文娟、李树茁，2004）。此外，随着流动人口在迁入地安家落户，本地人和外地人通婚的情况也会越来越多。当一个外地的新郎娶了本地的新娘，住在女方家里就会成为一个自然而然的选择。所以，人口迁移流动的增加不仅会降低子女与父母同住的可能性，而且会对从夫居和从妻居的选择产生重要影响。

（二）个体需求的影响

除了宏观层面的社会变迁，微观层面的个体需求也对家庭的居住选择具有重要影响。在当代中国，这种需求一方面来自老人的养老需求，另一方面来自年轻子女在经济、住房、家务劳动和小孩照料等方面对父母的依赖。

首先，从老年人需求的角度看，一些研究指出，中国在快速的现代化转型过程中，并未像西方国家那样建立起一套完善的社会养老体系，这导致当下中国家庭依然发挥着不可替代的养老功能（Logan、Bian & Bian，1998；杜鹏，1998），且与子女同住或近距离居住是老年人获取子代支持的必要条件（Bian、Logan & Bian，1998；鄢盛明、陈皆明、杨善华，2001）。研究发现，老年人的养老需求主要表现在需要子女提供经济支持、生活照料和情感慰藉三个方面。在农村，这三个方面的支持水平都与家庭居住方式密切相关（Silverstein、Cong & Li，2006）。在城市，由于养老金的覆盖面较广且保障水平较高，老年人在经济方面对子女的依赖程度较轻，但子女依然是老年人获取生活照料和情感慰藉的主要来源（杜鹏，1998），所以，老年人的养老需求依然是影响城市家庭居住安排的一个重要因素（郭志刚，2002）。

其次，从子女需求的角度看，年轻子女在经济、住房、家务劳动和小孩照料等方面的需求对中国家庭居住选择的影响正变得越来越重大。针对西方社会的研究发现，父母与子女同住主要是为了帮助经济上有困难的子女。而且，近年来新闻媒体和一些学者反复提到的年轻人的"啃老"问题似乎也预示着，子女需求是研究当代中国家庭居住方式时一个不可忽略的重要维度（宋健、戚晶晶，2011）。本书第二章曾经提到，在中国，子女需求的影响主要表现在以下两个方面。

一是子女在住房上对父母的依赖。很多研究认为，改革初期严重的住房短缺是导致子女结婚后继续与父母同住的重要原因（Whyte，2005；Logan、Bian & Bian，1998）。虽然在住房商品化改革之后，国家增加了对房地产市场的投资，改革初期住房短缺的状况得到了一定程度的缓解。但是在高昂的房价面前，很多年轻夫妇只能望而却步，因为无力购买独立的住房，已婚夫妇只能被迫选择与父母同住。

二是子女需要父母帮助做家务和照顾小孩。在传统的中国家庭，丈夫在外工作挣钱，妻子在家料理家务和照顾小孩，"男主外，女主内"，分工很明确。但随着妻子逐渐走出家门参加工作，双职工家庭在家务劳动和小孩照料问题方面的压力就显得日益突出。这时，如果老年父母能够在家中帮忙料理家务和照看小孩，就能有效地缓解年轻夫妇的工作家庭冲突（Morgan & Hirosima，1983）。

综上所述，中国家庭的居住选择是在综合考虑所有家庭成员的主观意愿、家庭人口构成的客观限制和不同成员的现实需求之后做出的复杂决定。虽然在社会急剧变迁的背景下，中国人多代同住和从夫居的传统观念已经有所淡化，快速的人口转变过程也在根本上动摇了大家庭赖以存在的人口基础，但两代人依旧迫切的现实需求使得多代同住或相邻居住依然有继续存在的必要性。我们认为，在当代中国社会，无论是老年人还是年轻夫妇，当他们在生活上遇到困难时，多代同住或近距离居住的可能性都会显著增加。而且，家庭的居住决策也会综合考虑夫妇双方家庭的需求，如果丈夫的父母表现出强烈的需求，从夫居或与丈夫父母相邻而居的可能性就会增加；反之，如果妻子的父母表现出强烈的需求，从妻居或与妻子父母相邻而居的可能性也会增加。接下来，本章将使用 2010 年 CFPS 数据详细描述当代中国家庭多样化的居住方式，并从社会变迁和个体需求两个方面研究受访者及其家庭的特征对居住方式的影响。

四、数据、变量与分析方法

（一）数据

本章将使用 2010 年 CFPS 数据进行研究。本书第二章曾对该数据做过详尽介绍，此处不再重复。值得一提的是，CFPS2010 详细询问了受访者及其配偶与双方父母的居住方式，包括是否同住和居住距离，因而满足本研究对因变量的要求。

在具体分析时，本章以已婚夫妇为分析单位。为了保证每对夫妇都有从夫居和从妻居的可能性，分析时只保留了夫妻双方都有父母在世的样本。另外，为了综合考虑夫妇双方的特征对居住方式的影响，本研究在分析时只保留了丈夫和妻子都回答了成人问卷的样本。经过上述限定以后，满足分析要求的夫妇有 5 131 对。在去除缺失值以后，样本量下降为 4 948；由于子女与不同住父母的居住距离也存在一定程度的缺失，所以在对居住距离进行研究时，样本量进一步下降为 4 638。

（二）变量

本章的因变量有四个。第一个是已婚夫妇是否与双方父母同住，它包括三个类别：独立居住、从夫居和从妻居。

第二和第三个因变量分别是已婚夫妇与丈夫父母和妻子父母的居住距离。它包含六个类别，由近到远依次为：同住、同村/街、同县/区但不同村/街、同市但不同县/区、同省但不同市、外省。

第四个因变量是已婚夫妇与双方父母的相对居住距离，它是在比较夫妇与双方父母的实际居住距离以后得到的。相对居住距离包括三个类别：与丈夫父母住得更近、与双方父母住得一样近、与妻子父母住得更近。

在自变量方面，如前文所述，中国家庭的居住方式是在综合考虑家庭所处的社会经济环境、家庭实际面临的经济和人口条件、家庭成员多方面的现实需求以后做出的理性选择。为了反映这一复杂的家庭决策过程，本章考虑了很多自变量，这些自变量的操作化及其理论含义见表 3-1。

表 3-1　自变量的操作化及其理论含义

变量	操作化方法	理论含义
地区	分东部、中部和西部三个地区	现代化水平：东部＞中部＞西部
城乡	二分变量，农村＝0，城镇＝1	现代化水平：城镇＞农村
妻子受教育年限	根据妻子受教育程度转换得到	妻子受教育年限越长，受现代家庭观念的影响越大
夫妻受教育年限之差	丈夫的受教育年限－妻子的受教育年限	测量妻子在夫妻之间讨价还价的能力
丈夫是否有兄弟	二分变量，否＝0，是＝1	测量丈夫和妻子的兄弟状况，反映家庭生育率的影响
丈夫兄弟数量	连续变量	
妻子是否有兄弟	二分变量，否＝0，是＝1	
妻子兄弟数量	连续变量	
丈夫是否迁移流动	二分变量，否＝0，是＝1	测量丈夫和妻子的迁移流动状况
妻子是否迁移流动	二分变量，否＝0，是＝1	
夫妇平均年龄	夫妇双方年龄的均值	年龄越小的夫妇越需要父母的帮助
是否有当前住房产权	二分变量，否＝0，是＝1	测量夫妇是否拥有独立的住房
住房面积	当前住房面积	有足够大的住房是保证同住的一个必要条件

续表

变量	操作化方法	理论含义
是否有 3 岁以下小孩	二分变量，否=0，是=1	测量夫妇在小孩照料方面对父母的依赖
丈夫父母的婚姻状况	包括在婚、丧偶和其他三类	测量父母需求，父母丧偶更需要子女的照料
妻子父母的婚姻状况	包括在婚、丧偶和其他三类	

注：(1) 在 CFPS 调查所涉及的 25 个省中，东部省份包括北京、天津、河北、辽宁、上海、江苏、浙江、福建、山东和广东；中部省份包括黑龙江、山西、吉林、安徽、江西、河南、湖北和湖南；西部省份包括四川、重庆、贵州、云南、陕西、甘肃和广西。(2) 城乡按照国家统计局统计设计管理司设定的城乡代码分为城镇（包含市和镇）和农村。(3) 受教育年限和受教育程度的转换方法是：文盲为 0 年，小学为 6 年，初中为 9 年，高中为 12 年，大专为 15 年，本科为 16 年，研究生为 19 年，博士为 23 年。(4) 夫妇的迁移流动状况根据两个标准判断。首先，如果夫妇各自的户口所在地与居住地不在同一个区县，则将其视为流动人口。其次，如果夫妇 12 岁时的居住地与当前的居住地不在同一个地级市，也将其视为流动人口。(5) CFPS 询问了当前住房登记的第一、第二和第三所有者，如果夫妇出现在上述名单之中就视为拥有当前住房产权。有住房产权说明夫妇有属于自己的独立住房。(6) 在父母的婚姻状况中，“其他”这个类别包括离婚和同居两种情况，因为数据中回答这两个类别的案例数很少，分析时不足以作为单独的一类，所以将之合并为“其他”。另外，父母的婚姻状况存在一定程度的缺失，为了避免损失过多的案例，这些缺失值也归入“其他”。不过在分析时设置“其他”这个类别只是为了尽可能地降低数据的缺失和稀疏性所带来的问题，其本身没有特别清晰的理论含义。

（三）分析方法

在模型分析部分，本章针对因变量的不同类型使用了两种分析方法。

首先，是否与双方父母同住是一个三分类的定类变量（nominal variable），比较适合使用多项 logit 模型（multinomial logit model）进行分析。在使用多项 logit 模型进行分析之前，首先需要为因变量选择一个参照类，然后将因变量的其他类别分别与参照类进行比较。如果我们以因变量的第 1 个类别为参照类，那么模型表达式如下所示：

$$\log\left(\frac{\Pr(y=j)}{\Pr(y=1)}\right)=\sum_{k=0}^{K}\beta_{jk}\cdot x_k$$

回归系数 β_{jk} 表示自变量 x_k 增加一个单位，因变量等于类别 j 而不是类别 1 的对数发生比率（log odds ratio）。由于从夫居代表了中国传统的家庭居住方式，本章在分析时将选用从夫居作为因变量的参照类。

其次，已婚夫妇与双方父母的实际居住距离和相对居住距离都是包含多个类别的定序变量（ordinal variable），所以比较适合使用次序 logit 模型（ordinal logit model）进行分析。与多项 logit 模型不同，次序 logit 模型利用了因变量所包含的顺序信息，它的表达式如下所示：

$$\log\left(\frac{\Pr(y \geqslant j)}{\Pr(y < j)}\right) = \sum_{k=0}^{K} \beta_k \cdot x_k$$

其中，回归系数 β_k 表示自变量 x_k 增加一个单位，因变量 y 的得分大于等于某一类别与小于该类别相比的对数发生比率。所以，β_k 为正值，自变量 x_k 越大，因变量 y 得高分的概率也越大。以实际居住距离为例，β_k 为正值，自变量 x_k 越大，夫妇与父母的居住距离越远。

五、分析结果

（一）描述性统计结果

表 3－2 分地区和城乡描述了 2010 年 CFPS 数据中所有已婚夫妇从夫居、从妻居和独立居住的百分比。就全国来看，夫妇独立居住的比例为 67.8%，从夫居的比例为 28.7%，从妻居的比例明显低于从夫居，只有 3.5%，从夫居和从妻居之比约为 8∶1。由此可见，在当代中国，从妻居仍然不是家庭居住方式的主流。

表 3－2　从夫居和从妻居：分地区和城乡（%）

是否同住	地区			城乡		合计
	东部	中部	西部	农村	城镇	
独立居住	71.7	71.4	57.6	62.3	73.0	67.8
从夫居	25.7	25.6	37.0	34.4	23.4	28.7
从妻居	2.6	3.0	5.4	3.3	3.6	3.5
从夫居/从妻居	10.0	8.6	6.9	10.4	6.4	8.3
样本量	2 043	1 557	1 348	2 572	2 376	4 948

分地区来看，东部和中部地区的夫妇独立居住的比例明显高于西部地区；分城乡来看，城镇夫妇独立居住的比例明显高于农村夫妇。这说明在现代化程度越高的地区，夫妇独立居住的比例也越高。就从妻居来看，西部地区从妻居的比例最高，从夫居和从妻居之比也最小。这主要是因为很多西部省份都存在招赘的婚俗，而且西部地区的少数民族较多，而少数民族的文化习俗与汉族有明显不同（韩呈吉，1992；严梅福，1995；Wolf，1989）。分城乡来看，虽然城镇夫妇从妻居的比例仅略高于农村，但从夫居和从妻居之比却

明显比农村小，这说明城镇当中与父母同住的夫妇更有可能选择从妻居。

表 3－3 和表 3－4 分地区和城乡描述了已婚夫妇与丈夫父母和妻子父母的居住距离。可以发现，就全国来看，已婚夫妇与丈夫父母同住或者在同村/街居住的比例非常高，两者合计约占总体的 70%，而在同省但不同市和不同省居住的比例合计不到 10%，这说明大多数夫妇与丈夫父母的居住距离很近。

表 3－3　与丈夫父母的居住距离：分地区和城乡（%）

与丈夫父母居住距离	地区			城乡		合计
	东部	中部	西部	农村	城镇	
同住	28.0	26.3	38.3	36.5	24.4	30.2
同村/街	46.6	34.0	41.0	51.8	29.3	40.1
同县/区但不同村/街	12.9	15.5	12.9	7.1	20.1	13.9
同市但不同县/区	6.2	11.4	3.3	1.6	12.8	7.5
同省但不同市	2.7	8.4	3.0	1.2	8.5	5.0
外省	3.7	4.4	1.6	1.8	4.9	3.4
样本量	1 885	1 482	1 271	2 395	2 243	4 638

表 3－4　与妻子父母的居住距离：分地区和城乡（%）

与妻子父母居住距离	地区			城乡		合计
	东部	中部	西部	农村	城镇	
同住	2.5	3.0	5.5	3.2	3.8	3.5
同村/街	21.6	15.3	20.3	22.4	15.4	18.8
同县/区但不同村/街	49.7	46.7	51.1	55.9	42.5	48.9
同市不但同县/区	12.7	20.2	11.2	8.1	21.8	15.2
同省但不同市	5.1	9.2	7.1	5.5	8.9	7.3
外省	8.4	5.6	4.8	4.9	7.6	6.3
样本量	1 885	1 482	1 271	2 395	2 243	4 638

不过，已婚夫妇与妻子父母的居住距离却要远得多。从表 3－4 可以发现，与表 3－3 中的同类型情况相比，已婚夫妇与妻子父母住在不同省、同省但不同市、同市但不同县/区的比例较高，而与妻子父母同住和在同村/街居住的比例合计仅为 22.3%，明显较低。不过，如果我们将前三类合并，可以发现已婚夫妇与妻子父母住在同一个县/区的比例超过了 70%，这说明总体而言，他们与妻子父母的居住距离并不远，家庭网络的互助功能依然可以实现。

最后，分地区来看，东部和中部地区的夫妇与丈夫父母和妻子父母的居住距离都明显大于西部地区的夫妇；分城乡来看，城镇夫妇与丈夫父母和妻子父母的居住距离都明显大于农村夫妇。这说明在现代化水平越高的地区，夫妇与双方父母的居住距离越远。

表3-5分地区和城乡描述了已婚夫妇与双方父母的相对居住距离。与表3-2对从夫居和从妻居的描述结果相同，当代中国家庭的居住方式依然呈现出非常明显的性别差异。全国有65.3%的夫妇与丈夫父母住得更近，与双方父母住得一样近的比例为22.3%，而与妻子父母住得更近的比例只有12.5%。

表3-5 与双方父母的相对居住距离：分地区与城乡（%）

与双方父母的相对居住距离	地区			城乡		合计
	东部	中部	西部	农村	城镇	
与丈夫父母住得更近	66.7	58.5	73.3	78.1	53.6	65.2
与双方父母住得一样近	24.8	25.1	15.2	14.9	29.0	22.3
与妻子父母住得更近	8.6	16.4	11.5	7.0	17.4	12.5
样本量	1 885	1 482	1 271	2 395	2 243	4 638

分地区来看，东部和中部地区的夫妇与双方父母住得一样近或者与妻子父母住得更近的比例高于西部地区；分城乡来看，城镇夫妇与双方父母住得一样近或者与妻子父母住得更近的比例也明显高于农村夫妇。这些结果表明，在现代化水平越高的地区，家庭在居住方式上的性别差异越小。

最后，表3-6从独立居住、从夫居和从妻居三个角度描述了样本中已婚夫妇的一些基本特征。可以发现，与独立居住的夫妇相比，从夫居和从妻居的夫妇的平均年龄较小。在从妻居的夫妇当中，妻子的平均受教育年限最长，且夫妻在受教育年限上的差距最小。在从妻居和独立居住的夫妇当中，丈夫有兄弟的百分比高于从夫居的夫妇，且丈夫兄弟的数量也都多于从夫居的夫妇；而妻子有兄弟的百分比则在从妻居的夫妇当中最低，且从妻居的夫妇当中妻子兄弟的数量也最少。丈夫经历过迁移流动的百分比在从妻居的夫妇当中最高，在从夫居的夫妇当中最低。在独立居住的夫妇当中，有住房产权的占比最高，而且，有3岁及以下小孩的夫妇的占比最低，这反映了子女需求对居住方式的影响。从父母需求的角度来看，丈夫父母丧偶的百分比在从夫居的夫妇当中最高，而在从妻居的夫妇当中最低；妻子父母丧偶的百分比则在从夫居的夫妇当中最低，而在独立居住和从妻居的夫妇当中较高。最后，无论从夫居还是从妻居，其住房面积都大于独立居住的夫妇。这些结果与之前的理论预期是完全一致的。

表 3-6　夫妇特征的描述性统计

变量名	类别/指标	独立居住	从夫居	从妻居	全部样本
平均年龄（年）	均值	42.4	35.2	36.1	40.1
	标准差	9.4	9.4	9.0	9.9
妻子受教育年限（年）	均值	8.9	8.4	9.7	7.7
	标准差	4.2	3.8	4.3	4.6
夫妻教育差（年）	均值	1.2	0.8	0.5	1.1
	标准差	3.7	3.6	3.6	3.7
丈夫是否有兄弟（%）	有	77.5	52.0	75.1	70.1
	无	22.5	48.0	24.9	29.9
丈夫兄弟数量（人）	均值	1.5	0.8	1.3	1.3
	标准差	1.2	1.0	1.1	1.2
妻子是否有兄弟（%）	有	81.6	78.8	34.2	79.2
	无	18.4	21.2	65.8	20.8
妻子兄弟数量（人）	均值	1.5	1.3	0.6	1.4
	标准差	1.2	1.0	1.0	1.1
丈夫是否迁移流动（%）	是	15.8	6.1	35.0	13.7
	否	84.2	93.9	65.0	86.3
妻子是否迁移流动（%）	是	20.5	18.5	21.7	20.0
	否	79.5	81.5	78.3	80.0
是否有住房产权（%）	是	73.84	38.71	36.85	62.47
	否	26.16	61.29	63.15	37.53
是否有 3 岁以下小孩（%）	无	10.9	29.3	31.5	16.9
	有	89.1	70.7	68.5	83.1
丈夫父母的婚姻状况（%）	在婚	53.1	55.0	59.8	53.8
	丧偶	36.7	42.8	25.4	38.1
	其他	10.2	2.2	14.8	8.1
妻子父母的婚姻状况（%）	在婚	52.5	65.0	58.2	56.3
	丧偶	38.4	23.8	37.5	34.2
	其他	9.1	11.2	4.3	9.5
住房面积（平方米）	均值	112.2	141.7	144.6	121.8
	标准差	81.0	90.6	108.2	86.1
样本量（人）		2 868	1 874	206	4 948

（二）从夫居还是从妻居

为了综合考虑多个变量对家庭居住方式的影响，本章还使用多项 logit 模型分析了已婚夫妇选择从夫居、从妻居还是独立居住的影响因素，模型设定时以从夫居作为参照类，输出结果见表 3-7。

表 3-7　从夫居、从妻居和独立居住的多项 logit 模型输出结果

	模型 1				模型 2			
	独立居住/从夫居		从妻居/从夫居		独立居住/从夫居		从妻居/从夫居	
地区（西部=0）								
东部	0.310*	(0.125)	−0.544*	(0.256)	0.551***	(0.130)	−0.498+	(0.283)
中部	0.242+	(0.124)	−0.346	(0.264)	0.275*	(0.128)	−0.408	(0.289)
城镇	0.512***	(0.100)	0.582**	(0.222)	0.469***	(0.111)	−0.071	(0.255)
妻子教育年数					0.033*	(0.014)	0.110**	(0.036)
夫妻教育差					0.022	(0.016)	0.043	(0.037)
丈夫迁移流动					0.934***	(0.211)	2.408***	(0.323)
妻子迁移流动					−0.140	(0.135)	−0.802*	(0.325)
丈夫有兄弟					0.618***	(0.155)	1.061***	(0.331)
丈夫兄弟数量					0.371***	(0.074)	0.416**	(0.139)
妻子有兄弟					−0.048	(0.153)	−1.975***	(0.421)
妻子兄弟数量					−0.016	(0.061)	−0.090	(0.253)
平均年龄	0.079***	(0.007)	0.026+	(0.015)	0.064***	(0.008)	0.036*	(0.016)
有住房产权	1.249***	(0.101)	−0.092	(0.242)	1.193***	(0.106)	−0.183	(0.273)
有 3 岁以下小孩	−0.255*	(0.130)	0.227	(0.249)	−0.273*	(0.130)	0.320	(0.263)
丈夫父母婚姻状况（在婚=0）								
丧偶	−1.171***	(0.109)	−0.901**	(0.315)	−1.070***	(0.338)	−1.070**	(0.338)
其他	0.807***	(0.251)	1.927***	(0.371)	2.206***	(0.412)	2.206***	(0.412)
妻子父母婚姻状况（在婚=0）								
丧偶	0.236*	(0.117)	0.673**	(0.258)	0.301*	(0.122)	0.882**	(0.294)
其他	−0.702***	(0.160)	−1.160*	(0.474)	−0.670***	(0.170)	−1.552**	(0.557)
住房面积	−0.005***	(0.001)	0.000	(0.001)	−0.005***	(0.001)	0.001	(0.001)
截距	−2.249***	(0.271)	−3.003***	(0.547)	−2.852***	(0.328)	−4.267***	(0.709)
伪 R-square	0.194				0.268			
W 卡方	674.43***				867.74***			
自由度	22				36			
样本量	4 948				4 948			

注：括号中的是标准误；+$p<0.1$，* $p<0.05$，** $p<0.01$，*** $p<0.001$。

从模型 2 可以发现，在控制其他变量以后，与从夫居相比，东部和中部地区的夫妇选择独立居住的发生比（odds）显著高于西部地区的夫妇，城镇夫妇选择独立居住的发生比显著高于农村夫妇。这很好地验证了家庭现代化理论，说明在现代化程度越高的地区，夫妇独立居住的可能性越大。模型 2 还显示，西部地区的夫妇比东部地区的夫妇更可能选择从妻居而不是从夫居。这虽然与家庭现代化理论的预期不同，但是考虑到西部地区特殊的文化风俗，这个结果并不奇怪。

比较令人费解的是，在控制了其他变量以后，城镇夫妇相对从夫居而言选择从妻居的发生比与农村夫妇没有显著差异，这与之前的描述性统计结果有很大不同。为了对这一现象进行探究，我从模型 2 中删除了与夫妇的受教育程度、迁移流动状况和兄弟状况相关的几个变量，得到了模型 1。可以发现，在删除这些变量以后，城乡人口在从夫居和从妻居的选择上表现出非常显著的差异。这说明模型 2 中城乡差异的消失与夫妇的受教育程度、迁移流动状况和兄弟状况这三个因素有关，下文将对这三个因素分别加以讨论。

首先，从夫妇的受教育程度来看，妻子的受教育程度越高，夫妇选择独立居住或从妻居的可能性越大。这说明，妻子的受教育程度对家庭居住方式的选择具有非常重要的影响。这可能是由以下几个原因造成的。第一，家庭现代化理论认为，教育会改变个人的家庭观念，所以妻子的受教育程度越高，独立居住或从妻居的可能性越大。第二，妻子的受教育程度在某种程度上反映了妻子的家庭背景，而家庭条件较好的女儿外嫁的可能性较小（Chu、Xie & Yu，2011）。第三，妻子的受教育程度高说明父母早年对女儿进行了大量的教育投资，这有助于增强女儿在结婚以后与父母同住的意愿。第四，较高的受教育程度也增强了妻子在夫妻之间讨价还价的能力，进而提高了夫妇从妻居的可能性。不过，从夫妻受教育程度之差的统计检验结果来看，妻子的相对地位对居住方式的影响并不大，所以，妻子的受教育程度对居住方式的影响主要是前三种原因造成的。

其次，从夫妇的迁移流动状况来看，如果丈夫经历过迁移流动，独立居住和从妻居的发生比都会显著上升。妻子的迁移流动状况对独立居住和从夫居的选择没有显著影响；但是，如果妻子经历过迁移流动，夫妇更可能选择从夫居而不是从妻居。这些结果充分说明，人口的迁移流动对家庭的居住选择具有非常重要的影响。一方面，迁移流动降低了与本地父母同住的可能性；另一方面，迁移流动也显著改变了从夫居和从妻居的选择，无论是外地的新郎娶了本地的新娘，还是外地的新娘嫁给了本地的新郎，住在本地父母家里的可能性都更高。

最后，从夫妇的兄弟状况来看，如果丈夫有兄弟，夫妇选择独立居住或从妻居的可能性会显著增加；而且丈夫的兄弟数量越多，独立居住或从妻居的可能性越大。妻子是否有兄弟和妻子的兄弟数量对从夫居和独立居住的选择没有显著影响；但是与从夫居相比，如果妻子有兄弟，从妻居的可能性会显著降低。这些结果充分说明，夫妇双方的家庭人口状况是影响居住选择的重要因素。一方面，丈夫有兄弟会显著降低从夫居的可能性；另一方面，从妻居仍是家庭没有儿子时的一种替代选择，而且从妻居一般要以丈夫家里有多个儿子为条件。

通过上述分析可以发现，妻子的受教育程度较高、丈夫经历过迁移流动和妻子没有兄弟的夫妇选择从妻居的可能性最大。而我们知道，城市里妻子的受教育程度普遍高于农村，城市中经历过迁移流动的人口数量也大于农村，而且由于现代化进程和计划生育政策在城乡之间的差异，城市中人口的生育率也低于农村，所以城市中妻子没有兄弟的情况更加普遍。这三个因素导致城镇夫妇更可能选择从妻居而不是从夫居。所以当我们将这三个因素控制住以后（模型 2），城乡人口在从夫居和从妻居的选择上就没有明显的差异了。

模型 2 的分析结果还显示，子女和父母双方的现实需求也对家庭的居住选择具有显著的影响。首先，从子女的需求来看，年龄较小、没有属于自己的住房以及有 3 岁以下小孩的夫妇更可能选择从夫居而不是独立居住。这说明，年纪轻、自身经济实力不足、需要与父母分享住房和依靠父母照顾小孩是夫妇选择从夫居的重要原因。而且分析结果显示，年轻夫妇更可能选择从夫居而不是从妻居。这可能与中国传统的家庭观念有关。根据中国的父系家庭传统，如果年轻夫妇在生活上遇到困难，男方家里有责任提供更多的帮助，所以与从妻居相比，年轻夫妇选择从夫居的可能性更大。

其次，从双方父母的需求来看，如果丈夫父母中的一方去世，夫妇选择独立居住的可能性会显著降低，这说明满足父母的养老需求是夫妇做出从夫居选择的重要原因。而且分析发现，父母的需求对从夫居和从妻居的选择也具有非常重要的影响，丈夫的父母丧偶会降低从妻居的发生比，而妻子的父母丧偶会增加从妻居的发生比。这说明家庭的居住选择会同时考虑双方父母的需求，即如果丈夫的父母表现出强烈的需求，从夫居的可能性会显著增加；同样，当妻子的父母有强烈的需求时，从妻居的可能性也会显著增加。需要说明的是，虽然分析结果表明“其他”这个类别也对家庭的居住选择具有显著影响，但是因为这个类别包含了同居、离婚和数据缺失三种情况，本章不对它的含义进行解释。

最后，与很多研究的结论相同，模型 2 也发现住房面积对家庭的居住方式有显著影响。住房面积越大，夫妇更可能选择从夫居而不是独立居住；不过，住房面积对从夫居和从妻居的选择没有显著影响。这说明有一个足够大的住房无论对从夫居而言还是对从妻居而言都是非常必要的。

（三）居住距离

除了对是否与双方父母同住进行研究以外，本章还使用次序 logit 模型分析了已婚夫妇与双方父母的实际居住距离和相对居住距离，结果见表 3-8。

第一，研究发现，在现代化程度较高的东部和中部地区以及城镇地区，夫妇与双方父母的居住距离较远；而且在城镇地区，夫妇与妻子父母住得更近的可能性较大。这就再次验证了现代化理论，说明在现代化程度较高的地区，父母和子女之间的联结纽带较弱，而且家庭在居住方式上的性别差异也较小。

第二，研究还发现，妻子的受教育程度越高，与丈夫父母的居住距离越远，而且妻子的受教育程度越高，夫妇与妻子父母住得更近的可能性越大。这与上文对是否同住的分析结果是完全一致的。不过，模型分析结果显示，夫妇在受教育年限上的差距越大，与丈夫父母的居住距离越远。这虽然与家庭现代化理论的预期一致，但是却与相对资源理论的预期相反。相对资源理论认为，夫妇与双方父母的居住距离是夫妻之间讨价还价的结果，所以丈夫相对妻子的社会经济地位越高，与丈夫父母的居住距离越近。但是在中国的背景下，从夫居代表了一种相对传统的家庭居住方式，所以，受教育程度较低的夫妇反而更有可能选择从夫居。受教育程度较高的夫妇在家庭观念上比较开放，所以即使丈夫的受教育程度比妻子高很多，为了获得更多的私人空间，他们依然会倾向于远离自己的父母居住。

表 3-8 对居住距离的序次 logit 模型输出结果

	与丈夫父母的居住距离		与妻子父母的居住距离		与双方父母的相对居住距离	
地区（西部=0）						
东部	0.209*	(0.103)	0.158	(0.106)	−0.056	(0.139)
中部	0.314**	(0.110)	0.264*	(0.118)	0.181	(0.150)
城镇	0.695***	(0.091)	0.350***	(0.089)	0.602***	(0.115)
妻子教育年数	0.090***	(0.013)	0.007	(0.012)	0.085***	(0.016)
夫妻教育差	0.044***	(0.013)	0.023+	(0.013)	0.017	(0.016)
丈夫迁移流动	2.483***	(0.230)	−0.978***	(0.226)	2.018***	(0.223)
妻子迁移流动	0.040	(0.143)	3.122***	(0.201)	−0.707***	(0.208)
丈夫有兄弟	0.529***	(0.130)	−0.159	(0.138)	0.377*	(0.176)
丈夫兄弟数量	0.189***	(0.052)	0.061	(0.058)	0.099	(0.068)
妻子有兄弟	−0.379**	(0.135)	0.354*	(0.143)	−0.717***	(0.162)
妻子兄弟数量	−0.006	(0.050)	−0.084	(0.060)	0.022	(0.076)
平均年龄	0.031***	(0.007)	−0.008	(0.006)	0.018*	(0.008)
有住房产权	0.788***	(0.096)	−0.016	(0.101)	0.437***	(0.119)
有 3 岁以下小孩	−0.249+	(0.128)	−0.032	(0.134)	0.027	(0.164)
丈夫父母婚姻状况（在婚=0）						
丧偶	−0.716***	(0.099)	−0.106	(0.095)	−0.242*	(0.122)
其他	0.581**	(0.207)	−0.330	(0.239)	0.981***	(0.204)
妻子父母婚姻状况（在婚=0）						
丧偶	0.227*	(0.092)	0.063	(0.097)	0.212+	(0.112)
其他	−0.670***	(0.174)	0.503***	(0.156)	−0.800***	(0.220)
住房面积	−0.004***	(0.001)	−0.002***	(0.000)	−0.002***	(0.001)
截距 1	1.624***	(0.279)	−3.236***	(0.296)	2.461***	(0.351)
截距 2	3.954***	(0.291)	−1.112***	(0.274)	4.105***	(0.359)
截距 3	5.141***	(0.301)	1.436***	(0.285)		
截距 4	6.189***	(0.324)	2.835***	(0.318)		
截距 5	7.415***	(0.376)	3.993***	(0.336)		
拟 R-square	0.166		0.111		0.145	
W 卡方	690.53***		352.89***		409.12***	
自由度	19		19		19	
样本量	4 638		4 638		4 638	

注：括号中的是标准误；$+p<0.1$，$^{*}p<0.05$，$^{**}p<0.01$，$^{***}p<0.001$。

第三，夫妇双方的兄弟状况也会影响与双方父母的居住距离。丈夫有兄弟会显著增加与丈夫父母的居住距离；而妻子有兄弟不仅会显著增加与妻子父母的居住距离，而且会显著缩短与丈夫父母的居住距离。就相对居住距离来看，当丈夫有兄弟的时候，夫妇与妻子父母住得更近的发生比会显著上升，而妻子有兄弟会显著降低与妻子父母住得更近的可能性。

第四，夫妇的迁移流动状况也是非常重要的影响因素。丈夫迁移流动会显著增加与丈夫父母的居住距离，并且缩短与妻子父母的居住距离；妻子迁移流动虽然不会缩短与丈夫父母的居住距离，但是会显著增加与妻子父母的居住距离。而且夫妇双方的迁移流动特征对相对居住距离也具有非常显著的影响，这与之前对是否同住的研究结论是完全吻合的。

第五，夫妇自身的现实需求也表现出非常重要的影响。回归结果显示，年龄较小、没有独立住房并且有 3 岁以下小孩需要照顾的夫妇与丈夫父母的居住距离比较近。不过，夫妇自身的需求对与妻子父母的居住距离没有显著影响。这说明中国传统的家庭伦理在当代中国依然在起作用，当夫妇在生活上遇到困难时，他们更有可能向男方父母寻求帮助。对相对居住距离的分析也发现，当夫妇表现出比较强烈的需求时，他们与丈夫父母住得更近的可能性较大。

第六，从父母需求的角度来看，丈夫的父母丧偶不仅会显著缩短与丈夫父母的居住距离，而且会显著增大与丈夫父母住得更近的可能性；而妻子的父母丧偶不仅会显著增加与丈夫父母的居住距离，而且会显著增大与妻子父母住得更近的可能性。这些结论充分表明，家庭的居住方式是在综合考虑双方父母的现实需求以后做出的理性选择。

第七，住房面积越大，夫妇与双方父母的居住距离越短。结合上文对是否同住的分析结果，这主要是因为住房面积越大，夫妇越可能与父母同住。而且分析显示，住房面积越大，夫妇与妻子父母住得更近的可能性越小。这主要是因为夫妇从夫居的比例大于从妻居，所以当住房很大的时候，他们更可能是与丈夫父母同住，而不是与妻子父母同住。

六、结论与讨论

本章使用 CFPS 在 2010 年的初访调查数据，从是否同住和居住距离两个方面研究了当代中国家庭的居住方式。为了对性别差异进行更为深入的研究，本章在分析是否同住时区分了从夫居和从妻居；在研究居住距离时也综合考虑了已婚夫妇与双方父母的实际居住距离和相对居住距离。

研究发现，当代中国家庭的居住方式依然表现出非常明显的性别差异。不仅夫妇从妻居的比例明显低于从夫居，而且从居住距离上看，大多数已婚夫妇与丈夫父母住得更近，只有少数夫妇与双方父母住得一样近或者与妻子父母住得更近。由此可见，中国家庭从夫居的传统并未在快速的社会变迁过程中发生根本性的变化。除此之外，对居住距离的研究还发现，已婚夫妇与双方父母的居住距离并不远，有接近85%的已婚夫妇与丈夫父母在同一个县/区居住，与妻子父母在同一个县/区居住的比例也超过了70%。所以，虽然近年来中国家庭出现了较为明显的核心化趋势，但大多数子女在结婚以后仍然住在父母身边，这就为父母和子女之间互助功能的发挥提供了必要的条件。本书第四章将会更加深入地评估这种“分而不离”的居住方式对老年人主观福祉的影响。

本章还借助统计模型分析了受访夫妇及其父母的各种特征对居住方式的影响。研究发现，当代中国家庭的居住方式是在综合考虑家庭实际所处的社会环境、家庭人口状况和家庭成员的现实需求后做出的理性选择。

首先，模型分析结果验证了经典的家庭现代化理论。该理论认为，社会生产方式和家庭观念的变革会降低多代同住的可能性，并缩小从夫居和从妻居之间的性别差异。分析结果显示，无论是地区之间和城乡之间的比较，还是对夫妇受教育程度的研究结果，都有力地支持了上述理论。所以笔者认为，随着中国社会现代化程度的进一步提高，家庭核心化的趋势还会有所发展。而且随着女性受教育程度的不断提高，中国家庭在居住方式上的性别差异将会逐渐缩小。

其次，模型分析结果也充分说明，夫妇双方的家庭人口状况对居住方式的选择具有极为重要的影响。一方面，从夫居的可能性随着丈夫兄弟数量的增加而降低，另一方面，从妻居主要发生在妻子没有兄弟的情况下，并且要以丈夫有兄弟为条件。在生育率持续下降的背景下，丈夫和妻子的兄弟数量都会减少。根据本章的研究结果，这意味着未来每对夫妇从夫居的可能性都会增加。但是就从妻居而言，生育率降低所带来的影响是非常微妙的。因为一方面，妻子没有兄弟会增加从妻居的机会，但是另一方面，丈夫兄弟数量的减少则会降低这种可能性。一个比较有意思的问题是，当夫妇双方都是独生子女时，他们会选择从夫居还是从妻居？因为样本中独生子女夫妇的比例不高，所以本章没有讨论这个问题，但是随着未来越来越多的独生子女进入婚育年龄，这个问题会变得越来越重要。

再次，模型分析结果也充分证明了迁移流动对中国家庭居住方式的影响。迁移流动不仅大大降低了已婚夫妇与父母同住的可能性，而且对从夫居和从妻居的选择也产生了重要的影响。所以，随着未来人口迁移流动的增加，不仅夫妇独立居住的比例会越来越高，而且从夫居和从妻居的格局也会发生相应的改变。

最后，模型分析结果也充分表明，当代中国家庭的居住方式是在综合考虑夫妇双方及其父母的现实需求后做出的理性选择。一方面，在社会养老制度不够完善的背景下，老年人在经济支持、生活照料和情感慰藉等方面依然对子女有非常强烈的依赖，这是他们选择与子女同住的重要原因。另一方面，在房价居高不下和妻子普遍参加工作的背景下，已婚夫妇在住房和小孩照料两个方面对父母的依赖也在增强。所以在很多情况下，多代同住不是为了方便老年人养老，而是为了方便子女"啃老"。综上所述，多代家庭在当今中国社会依然发挥着非常重要的功能，所以它在未来还有继续存在的可能性和必要性。

第四章　空巢是问题吗

导读：学术界通常认为，多代同住是中国老年人获取子女经济支持、生活照料和情感慰藉的前提和基础。但是，随着中国家庭的小型化与核心化，家庭养老赖以存在的这种结构性基础已然发生变化。在老龄化的背景下，这一变化无疑加重了人们对养老问题的担忧。人们将子女全部离家之后老年父母独自生活的凄凉景象称作“空巢”，其背后暗含的空巢对老年人主观福祉的负面影响不言而喻。然而，近年来的多项研究却发现，空巢并未像人们想象的那样对老年人的晚年生活产生显著的负面影响。这一研究结论遭到了很多学者的批评和质疑，其中虽有不少方法层面的严肃讨论，但也不乏因观点不和而对这一结论进行的“口诛笔伐”。本章将在回顾现有研究的基础上进一步讨论空巢对老年人主观福祉的影响。本章认为，现有关于空巢的研究大多忽视了老年人的主观居住意愿。实际上，空巢有主动空巢和被动空巢之分，这两种不同性质的空巢对老年人的意义差别很大。此外，现有研究也很少考虑非同住子女与老年人之间的频繁互动，如果将上一章讨论的家庭网络的互助功能纳入进来，我们就能更好地解释为何很多研究发现空巢没有对老年人的生活产生预期的负面影响。本章使用 2005—2014 年四轮中国老年健康影响因素跟踪调查（CLHLS）数据，并结合固定效应模型对空巢和老年人主观福祉之间的因果关系进行了全面客观的评估。研究发现，当下约 90%的空巢是与老年人的主观意愿相符的，且空巢老人与不同住子女之间也存在非常密切的互动，这使得空巢没有对中国老年人的主观福祉造成显著的负面影响。这些发现对于我们更加全面客观地认识空巢现象、避免将空巢问题化具有重要意义。

一、人人避之不及的空巢

不知从何时起，空巢作为一个“问题”引起了社会各界的普遍关注。不断上升的老龄化比例、家庭结构的核心化趋势以及社会各界关于孝道沦丧和对老年人晚年生活的普遍担忧交织在一起，形成了一种普遍的悲观情绪，即生活在空巢家庭的老年人晚景凄凉，不仅在生活上无法得到子女的及时帮助，在经济上和情感上也会蒙受巨大损失。总之，这种观点认为，空巢是一个严重的社会问题，或者说空巢对老年人的晚年生活极为不利。这种观点不仅在报刊媒体上和人们的日常讨论中极为盛行，而且也暗含在政府出台的各种政策文件之中。2011年，国务院印发的《中国老龄事业发展“十二五”规划》指出，中国的“老龄化进程与家庭小型化、空巢化相伴随”，强调要“重点关注高龄、空巢、患病等老年人的心理健康状况”，要“加强弱势老年人社会保护工作，把高龄、孤独、空巢、失能和行为能力不健全的老年人列为社会维权服务重点对象”。2017年，国务院又印发了《“十三五”国家老龄事业发展和养老体系建设规划》，指出2020年“独居和空巢老年人将增加到1.18亿人左右”，并认为“形势严峻”，因此，未来一定要“大力发展居家社区养老服务”，并主要为“失能、独居、空巢老年人”等重点人群服务。从这些政府文件的表述中不难发现，空巢是与高龄、患病、孤独、失能等概念并列的，而且这些文件也明确指出，空巢老人是弱势的，是有问题的，是需要重点帮扶的。

社会各界对空巢家庭的普遍悲观情绪也为相关学术研究奠定了基调。在很长一段时期内，空巢家庭都以“问题家庭”的面目出现在各种学术刊物上。大多数研究认为，中国有历史悠久的家庭养老传统，多代同住是老年人最合意的居住方式，也是老年人获取子女经济支持、生活支持和情感支持的重要前提（Chen & Silverstein，2000；鄢盛明、陈皆明、杨善华，2001）。但是，随着中国家庭的小型化与核心化，越来越多的老年人开始与子女分开居住（曾毅、王正联，2004；王跃生，2014），这种家庭结构的变动必然会对老年人的晚年生活产生不利影响。一些研究关注到空巢没有对西方国家的老年人造成类似的负面影响。例如在美国，很多研究发现，空巢与非空巢老人在身心健康上的差异很小，甚至还有不少研究发现，与子女同住反而对老年人的健康不利（Waite & Hughes，1999；Hughes & Waite，2002；Hays，2002）。但大多数研究认为，这主要是中西方不同的文化背景造成的（Silverstein、Corg & Li，2006）。美国没有多代同住的传统，且社会养老体系也较为发达，所以空巢没有对美国老年人造成显著的负面影响。但中国不一样，中国老年人偏好与子女共同生活，且在当前，家庭养老也在整个养老体系中扮演着极为重要的角色，在中国，空巢对老年人的生活是不利的。因而，社会各界都要重视这一问题，不仅要鼓励子女多关心老年人，而且要做好空巢老人的日常帮扶工作，以缓解空巢对老年人的负面影响。

二、令人困惑的研究发现

综上所述，社会各界弥漫着一股对空巢家庭的悲观情绪，且早期的学术研究也发现了空巢老人在身心健康方面不如非空巢老人的经验证据，但近年来，很多实证研究却得出了比较模糊，甚至完全相反的研究结论。举例来说，陈绯念和肖特使用1998年CLHLS数据开展了研究，发现独居老人在生活满意度、主观幸福感和精神抑郁状况等方面的表现都比与家人同住的老人差。但是，在与家人同住的老人中，与子女同住和只与配偶同住的老人在各种身心健康指标上并无明显差异（Chen & Short，2008）。王金凤及其同事从2008年CLHLS数据中发现，与子女同住对老年夫妇的身心健康没有显著影响（Wang、Chen & Han，2014）。在最近的一项研究中，任强和唐启明（2014）从2010年CFPS数据中发现，与独立居住的老年夫妇相比，与子女同住的老年夫妇生活满意度更差，幸福感更低，精神抑郁状况也更为严重，且这种现象在家中没有同住孙子女的情况下表现得更加明显。

综上所述，近年来的很多研究发现与早期学术界关于空巢问题的研究结论很不一致，而且与人们通常认为的空巢对老年人不利的观点不符，因此，学术界对这些研究的批评也很激烈。一些学者从方法层面对上述研究提出了质疑。他们指出，这些研究大多是基于单一时点的横截面数据得出的，而横截面数据在因果推断上的劣势使得研究者很难厘清居住安排与老年人福祉之间的复杂关系，甚至可能得出完全相反的结论（沈可、程令国，2012；江克忠、陈友华，2016）。大量的研究发现，现实生活中很多老人之所以选择与子女同住，是因为自身的健康状况不佳，需要子女照料（郭志刚，2002；Zimmer，2005；杨恩艳、裴劲松、马光荣，2012）。所以，与子女同住的老人健康状况较差可能不是子女照顾不周的结果，而是这些老人的健康状况本身就很差。如果我们不对这种反向因果问题加以统计控制，就很有可能低估同住对老年人身心健康的积极影响。

在某种程度上说，上述质疑是有道理的。长期以来，从统计相关跨越到因果推断始终是实证研究者难以攻克的一道难题，在研究者仅能获取到横截面数据的情况下，这个问题更难解决。忽略变量、自选择和反向因果问题的情况始终存在。当我们研究空巢对中国老年人身心健康的影响时，这些潜在的问题是无法回避的。但是，如果我们仔细品读上述研究所使用的方法，可以发现学者们在进行数据分析时已经非常清楚地意识到了这些潜在问题对研究结论的干扰，并有意识地使用了很多方法对研究结论的稳健性进行检验。例如，几乎所有研究都对老年人的年龄、婚姻状况、经济状况和健康状况进行了统计控制，因此，如果真的存在忽略变量或反向因果问题，这些问题也已经在很大程度上被排除掉了。

除此之外，随着近年来针对中国老年人的追踪调查数据的增加，已有多项研究使用此类数据研究了空巢对老年人身心健康和主观福祉的影响。与那些基于横截面数据的研究结论相同，这些研究或发现空巢对老年人的身心健康和主观福祉没有影响（Li、Zhang & Liang，2009），或发现有显著的积极影响（刘宏、高松、王俊，2011）。因此，空巢对老年人不利的假设再次被证伪。与横截面数据不同，追踪调查数据可以观察到老年人居住方式的动态变化以及与之相伴的身心健康的变化，研究者可以借此更好地厘清空巢与老年人福祉之间的复杂关系。而且，使用追踪调查数据，研究者也可通过固定效应模型来控制所有不随时间变化的受访者特征，所以它在避免忽略变量偏差方面也具有横截面数据无法比拟的优势。

虽然目前已有多项基于追踪调查数据的实证研究很好地在方法层面回应了相关质疑，但这些研究并未得到学术界的广泛认可，一些学者依然坚守着空巢对老年人不利的假设，并对最新的研究结论持高度怀疑的态度。笔者认为，在科学的研究方法和充分的经验证据面前，与其固守陈旧的理论，不如开拓思路，思考为何空巢没有像人们认为的那样对中国老年人的晚年生活造成显著的负面影响。在本章接下来的部分，我将结合现有研究提出两种可能的理论解释，并使用 2005—2014 年四轮 CLHLS 数据对这两个解释进行检验。

三、为何空巢不是问题

为何空巢没有损害中国老年人的身心健康和主观福祉？要回答这个问题，必须首先在理论上厘清空巢与老年人健康与福祉之间的复杂关系。纵观国内外相关研究，学者们就此提出了两种截然不同的理论观点。“代际支持论”者认为，与子女同住有助于老人获得子女的经济支持、生活照料和情感慰藉，所以多代同住对老年人的身心健康有积极影响。而“代际冲突论”者却认为，多代同住容易引发代际冲突，由此产生的消极影响可能抵消甚至超过子女照料带来的积极影响，导致老年人身心健康状况的恶化。针对中国的研究大多从代际支持论出发，认为在孝道和多代同住的大家庭传统的影响下，代际支持是影响多代同住和老年人福祉之间关系的主要因果机制（Chen & Short，2008）。沿着这一思路，一个必然的推论就是空巢会对中国老年人的身心健康和主观福祉造成显著的负面影响。

如果我们仔细品读代际支持论者的论证逻辑，可以发现，这一观点背后暗含着两个基本假设：第一，大多数中国老年人偏好与子女同住，如果他们与子女分开居住，那么他们很可能是被迫的；第二，与子女分开居住会妨碍老年人获取子女的各种支持，这会导致老年人的身心健康受损。但是，考虑到近几十年来中国在经济、社会和人口结构等方面的快速变迁，这两个假定并不必然成立。

（一）越发独立的居住偏好

现有关于空巢家庭的研究大多强调中国老年人与子女同住的比例随时间的推移出现了较为明显的下降，但却很少研究老年人的居住偏好是否也在同步发生变化。实际上，我们可以从多个理论推知，中国社会的快速变迁和老年人实际居住方式的变化很可能会导致老年人的主观居住偏好发生改变。

首先，家庭现代化理论认为，随着一个社会的工业化、现代化和城市化的快速发展，人口的流动性将迅速增加，独立自主的价值观也将占据社会主流，这将深刻改变人们对多代同堂的居住偏好，进而推动大家庭向小家庭转变（Thornton & Fricke，1987；Goode，1963）。其次，认知协调理论也认为，随着人们实际居住方式的改变，其主观偏好也会同步发生变化，以获得主观与客观的一致，或者说避免认知上的紧张或失调（Festinger，1957；Sereny，2011）。

上述理论观点得到了一些实证研究的支持。例如，早在1990年代，就有多项基于中国城市家庭的调查研究显示，城市老人正变得越来越偏好独立居住。罗根和边馥琴基于中国九个城市60岁以上老年人的调查数据发现，44%的中国老年人倾向于和子女分开居住（Logan & Bian，1999）。另一项基于上海老年人的调查研究也发现，79%的男性老年人和65%的女性老年人偏好独立居住（Treas & Wang，1993）。此外，也有少数关于农村的田野观察发现，不少农村老人也变得期望与子女分开居住（阎云翔，1998）。由于农村人的家庭观念通常比城市人传统，所以，如果农村老人的居住偏好发生了改变，那么这种改变必然是极为深刻的。

不过略有遗憾的是，目前关于中国老年人居住偏好的研究大多使用的是局部地区的调查数据，且调查年代较早。因此，我们目前还无法在全国层面得知老年人的居住偏好的最新发展。考虑到中国不断加速的社会变迁步伐，我们认为，老年人的居住偏好很有可能已朝着独立自主的现代化方向发生了更大程度的变化。因此，假定大多数中国老年人依然偏好与子女同住，或者假定空巢背离了老年人的主观意愿，都是不符合实际的。如果空巢不是被迫，而是出于老年人的主观意愿，那么我们就有理由认为，空巢家庭的大规模出现没有对老年人的主观福祉造成显著的负面影响。因此，我们提出以下研究假设：

> 假设1：中国老年人对多代同住的偏好随着时间的推移发生了明显的变化，如果老年人偏好与子女分开居住，那么空巢就不会损害老年人的主观福祉。

（二）依旧频繁的代际交往

除了老年人对多代同住的偏好发生变化之外，另一个值得关注的现象是不同住子女与空巢老人之间依旧有着频繁的代际交往。代际支持论者认为，与子女分开居住不利于老年人获得子女的各种支持，这一观点虽有一定道理，且得到了一些实证研究的支持（鄢盛明、陈皆明、杨善华，2001），但是，过分强调多代同住也使研究者容易忽视不同住家庭中老年人与子女之间的频繁互动以及这种互动对老年人的重要意义和价值。事实上，正如本书第三章以及其他同类研究所指出的那样，中国大多数空巢老人与子女的居住距离并不远，这种“分而不离”的居住形态使得代际情感交流和互帮互助功能在很大程度上得到了维持。

举例来说，雷晓燕等使用 2011 年 CHARLS 数据对中国老年人的居住方式进行了详细描述（Lei、Strauss & Tian，et al.，2015）。他们发现，在不与子女同住的空巢老人之中，超过 90%的人有至少一个子女住在身边（住在同一个区/县），这意味着一旦空巢老人的生活遇到困难，相邻而居的子女有条件提供及时的帮助。使用同一数据，赫勒伊特斯（Gruijters，2017）进一步研究了中国老年人与子女间的代际交往。他发现，空巢老人与不同住子女的平均见面频率高达每年 74 次，通过电话、短信等其他方式的联系频率也达到了每年 68 次。换句话说，空巢老人与子女之间保持着每周一次以上的面对面互动和其他互动，这已足够满足老年人的日常情感沟通需要。事实上，早在 20 世纪 90 年代，一些研究者就已经观察到了空巢老人与不同住子女之间的频繁互动（Unger，1993；潘允康，1990）。他们将这种基于亲属网络的多个核心家庭之间的交往形态称作“网络家庭”。这种家庭形态不仅可以满足老年人的养老需求和子女在家务劳动和小孩照料等方面的需求，而且为每个核心小家庭提供了相对独立的生活空间。因此，网络家庭兼具传统大家庭与现代小家庭的优势，并在当代中国城市和农村都展现出了强大的生命力。

综合上述对中国家庭居住方式和代际交往的描述性研究以及国内外学者对网络家庭的推崇，我们认为，空巢老人与子女之间的关系并未因为两代人分开居住而遭到实质性的破坏。就像多代同住家庭中子女对老年人的支持有助于促进老年人的身心健康和主观福祉一样，不同住子女对空巢老人的支持也能达到类似的效果。如果大多数空巢老人依然能够维持与子女的频繁互动并得到子女的支持，那么空巢对代际支持的负面影响就不会很大，这可能是以往研究没有发现空巢损害中国老年人身心健康的另一个重要原因。因此，我们提出以下研究假设：

假设 2：大多数空巢老人依然维持着与子女的频繁互动，如果空巢老人依旧能得到子女的充分支持，那么与子女分开居住就不会损害他们的主观福祉。

四、数据、变量与分析方法

（一）数据

本章将使用 CLHLS 数据研究空巢对中国老年人主观福祉的影响。CLHLS 是由北京大学健康老龄与发展研究中心负责设计与实施的一项专门针对老年人的大型全国性追踪调查项目。该调查于 1998 年正式启动，分别在 2000 年、2002 年、2005 年、2008 年、2011 年和 2014 年进行了六轮跟踪调查（Zeng、Poston、Vlosky，et al.，2008）。本研究使用的是从 2005 年起的四轮跟踪调查数据，选择这部分数据主要有两个原因。首先，2005 年之前的各轮调查都没有询问老年人的居住偏好，而分析老年人居住偏好的变化是本研究的一个核心问题。其次，2005 年之前的各轮调查仅访问了年龄在 80 岁以上的高龄老人，从 2005 年开始，CLHLS 将受访者的年龄范围扩大到了 65 岁及以上。考虑到以往研究大多以 65 岁为界来定义老年人，且低龄老人与高龄老人在健康状况、经济状况和观念态度等方面均存在较大差异，所以，将 80 岁以下的低龄老人也纳入研究范围可以更加完整和全面地分析空巢对中国老年人主观福祉的影响。

2005 年的 CLHLS 样本总共包含 15 638 名 65 岁及以上的老年人，这些老年人来自全国 22 个省、市、自治区的 631 个村居委会，样本覆盖范围约占全国总人口的 85%（Wang、Chen & Han，2014）。在后续的各轮调查中，所有在 2005 年接受调查的老年人都要再次接受追访，但考虑到很多老年人因为死亡、失能或其他原因无法再次接受调查，CLHLS 在每轮追踪调查中都会补充一些新的老年人样本，以使其每次调查的样本对全国老年人具有代表性（Gu、Feng & Yeung，2019）。此外，为了满足对高龄老人的分析需求，CLHLS 对 80 岁及以上的老年人进行了过额抽样。对 CLHLS 调查数据的更加详细的介绍请参见曾毅等人的报告（Zeng、Poston、Vlosky，et al.，2008）。

为了满足研究问题的需要，本章仅保留了调查时至少有一个在世成年子女的老年人样本，符合这一要求的老年人有 21 980 人。其中，12 344 人是在 2005 年初次接受调查，7 371 人是在 2008 年初次接受调查，1 371 人是在 2011 年初次接受调查，894 人是在 2014 年初次接受调查。此外，由于 CLHLS 是一个追踪调查，很多初次接受调查的老年人也会出现在后续的调查中。表 4－1 列出了每轮新增的调查样本在后续各轮再次接受调查的人数。举例来说，表 4－1 第二行显示，在 12 344 名于 2005 年初次接受调查的老年人中，有 5 681 人在 2008 年再次接受了调查，2 943 人在 2011 年接受了第三次调查，1 728 人在 2014 年接受了第四次调查。表 4－1 中其他各行的数据也可通过同样方式得到解释，而最后一行显示是每轮调查包含的总样本量。此外，从表 4－1 还可以发现，CLHLS 数据的样本失访问题比较严重，只有 9 596 名老年人接受了两轮及以上的调查（大约只占总样本的一半）。这主要是因为老年人的死亡率较高，且 CLHLS 对高龄老人进行了过额抽样。由于本章将要使用的固定效应模型需要对变量进行两次及以上测量，因此在模型分析时，我们仅将这 9 596 名接受过两次及以上访问的老年人作为样本。但是，为了使各年份的统计描述结果对全国老年人具有代表性，我们在描述老年人的居住方式、居住偏好和代际交往随时间的变化时依然会使用包含全部 21 980 个老年人的样本。

表 4－1　各轮 CLHLS 数据的样本量及其构成

初次调查年份＼调查年份	2005	2008	2011	2014	合计
2005	**12 344**	5 681	2 943	1 728	22 696
2008	—	**7 371**	3 079	1 679	12 129
2011	—	—	**1 371**	836	2 207
2014	—	—	—	**894**	894
合计	12 344	13 052	7 393	5 137	37 926

注：主对角线上各元素之和为 21 980，即本研究的总样本量。

（二）变量

本研究的因变量是老年人的主观福祉。在以往关于多代同住和老年人福祉的研究中，学者们使用过多个与福祉相关的测量指标，如幸福感、满意度、自评健康、抑郁程度、身体失能状况和死亡率等（Chen & Silverstein，2000；Silverstein、Cong & Li，2006；Chen & Short，2008；Li & Zhang，2009；Wang、Chen & Han，2014；任强、唐启明，2014；沈可、程令国，2012；江克忠、陈友华，2016）。本研究以老年人的主观福祉为因变量，主要有两个原因。首先，主观福祉在以往的研究中被广为使用，且在 CLHLS 数据中得到了很好的测量。其次，与客观的身体健康指标相比，主观福祉与多代同住之间的因果方向更加明确。正如陈绯念和肖特所言，失能、患病等身体健康问题往往是导致老年人与子女同住的重要因素，而主观层面的幸福感和满意度等指标则更可能是多代同住的结果，而不是其原因，因此，使用这类指标能很好地规避反向因果问题（Chen & Short，2008）。

CLHLS 数据中包含六个与老年人主观福祉相关的问题，具体如下所示：

（1）您觉得您现在的生活怎么样？

（2）不论遇到什么事您是不是都能想得开？

（3）您是不是觉得与年轻时一样快活？

（4）您是不是经常感到紧张、害怕？

（5）您是不是经常觉得孤独？

（6）您是不是觉得越老越不中用？

上述六个问题均采用 5 点 Likert 量表测量，得分越高，表示受访者在相关问题上的感受越强烈。对比上述六个问题可以发现，前三个问题与老年人的积极情绪有关，而后三个则与消极情绪有关。参照陈绯念和肖特的做法，我们将受访者在前三个问题上的得分相加，得到一个反映其积极情绪的综合指标（科隆巴赫信度系数为 0.50），该指标的取值在 3 至 15 之间，分值越高，表示老年人的精神状况越好（Chen & Short，2008）。与之类似，我们还将受访者在后三个问题上的得分相加，得到一个反映其消极情绪的综合指标（科隆巴赫信度系数为 0.64），该指标的取值也在 3 至 15 之间，但分值越高，表示老年人的精神状况越差。

本研究的核心自变量是老年人的居住方式、居住偏好以及代际交往。具体来说，通过一个二分变量来测量老年人的居住方式，该变量取值为 1 表示与子女同住，取值为 0 表示不同住。老年人的居住偏好取自问题“您希望采用哪一种居住方式”。如果老年人选择“与子女一起居住”，则编码为“偏好与子女同住”，反之编码为“偏好分开居住”。此外，参考塞雷尼和顾大男的做法，我们还生成了一个新变量以标识老年人的居住偏好与居住方式是否吻合。该变量包括四个类别：与子女同住且偏好与子女同住、与子女同住但偏好分开居住、与子女分开居住且偏好分开居住、与子女分开居住但偏好同住（Sereny & Gu，2011）。代际交往包括三个取值类别：与子女同住、与子女分开居住但交往密切、与子女分开居住且交往很少。通常，当老年人与子女同住时，代际交往最密切，如果老年人与子女分开居住，代际交往就要视情况而定。CLHLS 通过两个问题询问老年人与不同住子女间的交往：一是“是否常来看您”，二是“是否常通信联系”。如果受访者在这两道题目中的一个回答“是”，则视为交往密切，如果两道题目都回答“否”，则视为交往很少。

除了上述核心自变量之外，本研究在模型分析时还纳入了三组控制变量。

一是与老年人家庭成员和子女状况相关的控制变量，包括是否与配偶同住、是否与孙子女同住、是否与其他人同住、在世成年女儿数和在世成年儿子数。

二是与老年人健康相关的控制变量，包括：PADL 受损情况、IADL 受损情况和认知能力得分。PADL 受损情况通过受访者在独立完成洗澡、穿衣、上厕所、室内活动、吃饭、控制大小便这六类活动上的能力来测量。如果受访者在这六类活动上不需要任何帮助，取值为 1；如果需要部分帮助，取值为 2；如果完全无法自理，取值为 3。我们将受访者在这六道题目上的得分相加，得到一个反映其 PADL 受损情况的综合得分，该分值越高，表明 PADL 受损越严重。IADL 受损情况的测量方法与之类似。CLHLS 询问了受访者在独自到邻居家串门、独自外出买东西、独自做饭、独自洗衣服、连续走 2 里[①]路、提起大约 10 斤重的东西、连续蹲下站起三次、独自乘坐公共交通工具出行这八个项目上的完成能力。每个项目的分值也是从 1（能）到 3（不能），

① 2 里即为 1 千米。

我们将这八道题的得分相加，得到一个反映其IADL受损情况的综合得分，该分值越高，表明IADL受损越严重。最后，认知能力得分是通过23道与认知能力相关的题目来测量的。这些题目涉及的范围很广，包括一般能力、反应能力、注意力、计算能力、记忆力、语言理解与自我协调能力等多个方面。

三是其他可能会对我们估计多代同住和老年人主观福祉之间的因果关系产生干扰的变量，包括家庭收入对数、闲暇活动参与情况、居住地和调查年份。其中，闲暇活动参与情况是根据受访者在做家务、户外活动、种花养宠物、阅读书报、饲养家禽家畜、打牌或打麻将、看电视听广播、参加社会活动这八类闲暇活动上的参与频率来测量的。受访者按照1（几乎每天）到5（不参加）对这八类活动上的参与频率打分，将这八项活动的得分相加，可得到一个反映其闲暇活动参与情况的总分，该总分越高，表明闲暇活动越丰富、越频繁。

最后需要说明的是，所有不随时间变化的受访者特征（如性别、出生年、民族、受教育年限、职业类型等）均没有被包含在模型中，这主要是因为本章将使用的固定效应模型可以内在地控制所有这些特征。虽然如此，为了使读者能够更加全面地了解样本的基本情况，我们依然对这些非时变变量进行了统计描述，具体结果如表4-2所示。除了这些非时变变量之外，表4-2也描述了所有随时间变化的个体特征在受访者初次接受调查和最后一次接受调查时的情况。

表4-2　对受访者初次接受调查与最后一次接受调查时基本特征的统计描述（N=9 596）

变量	初次接受调查	最后一次接受调查
时变变量		
积极情绪	10.8（2.0）	10.8（2.1）
消极情绪	6.5（2.3）	6.8（2.3）
与配偶同住（%）	45.2	35.8
与孙子女同住（%）	37.4	34.4
与其他人同住（%）	4.1	2.8
在世成年女儿数	1.8（1.3）	1.8（1.3）
在世成年儿子数	2.1（1.2）	2.0（1.2）
PADL受损情况	6.2（1.0）	6.9（2.1）
IADL受损情况	10.9（4.4）	13.4（5.8）
认知能力得分	19.9（4.1）	18.3（5.5）

续表

变量	初次接受调查	最后一次接受调查
闲暇活动参与情况	28.4 (5.9)	30.3 (6.6)
家庭收入对数	8.6 (1.6)	9.6 (1.6)
居住地（%）		
城市	19.0	21.0
乡镇	19.1	30.0
农村	61.9	49.1
非时变变量		
男性（%）	47.7	47.7
出生年	1 925.9 (10.7)	1 925.9 (10.7)
汉族（%）	93.3	93.3
受教育年限	2.5 (3.7)	2.5 (3.7)
60 岁前职业（%）		
专业技术人员或管理人员	8.7	8.7
办事人员、服务人员与工人	14.2	14.2
农民	65.7	65.7
其他职业	4.4	4.4
无业或缺失	7.1	7.1

注：对于连续变量，括号中给出了标准差。

（三）分析方法

本章的数据分析包含两个部分。在第一部分，我们将描述中国老年人的居住方式、居住偏好以及代际交往情况随时间的变动趋势。在第二部分，我们将使用固定效应模型分析多代同住对老年人主观福祉的影响，并分析这种影响是否会随老年人的居住偏好和代际交往情况的变化而变化。

固定效应模型是针对追踪调查数据的一种常用分析方法。该方法使用自变量随时间的变化来预测因变量的变化，因此，在使用该模型时，所有变量都需要有至少两个时点上的测量。本研究所使用的因变量、自变量和所有控制变量都是时变变量，因此满足固定效应模型对变量类型的基本要求。

与其他方法相比，固定效应模型的优势在于，它可以在估计自变量对因变量的因果效应的同时排除所有非时变变量的干扰。通过在模型中引入个体层次的固定截距系数，它可以内在地控制所有不随时间变化的个体特征（Rabe-Hesketh & Skrondal，2012）。在本研究中，这些不随时间变化的个体特征既包括性别、出生年、民族、受教育年限和职业等数据中有测量且在以往研究中通常作为控制变量被加以控制的变量，也包括受访者在青年和中年时期的健康状况、居住方式、代际关系等数据没有测量且以往的研究很少控制的变量。如果模型缺乏对这些变量的有效控制，分析结果有可能会产生严重的忽略变量偏差，这也是以往基于横截面数据的研究总是在方法上遭人诟病的重要原因之一。但是，通过使用固定效应模型，本研究可以控制所有这些不随时间变化的个体特征，这也是追踪调查数据相较于横截面数据更有优势的原因之所在（Wooldridge，2010）。

在汇报分析结果之前，还需要讨论两个涉及统计分析的问题。首先，非随机的样本失访始终是研究者分析追踪调查数据时的一个严峻挑战。换句话说，如果拥有某些特征的受访者更可能退出调查，那么就可能使基于剩余样本的统计分析产生偏差。为了评估样本失访对本研究结论的影响，我们使用多分类 logit 模型研究了 CLHLS 数据中的样本失访模式。结果显示，当前一期的受访者的特征确实会对受访者下一期是否再次接受调查具有显著影响，因此，CLHLS 数据中的样本失访是非随机的。不过，一旦控制了其他因素，老年人的居住方式、居住偏好以及与不同住子女的代际交往情况都对因死亡导致的样本失访没有显著影响。对于因其他原因导致的样本失访来说，老年人的居住方式和居住偏好所产生的影响也不显著，只有代际交往有一定的解释力。总的来说，我们可以认为，CLHLS 数据的样本失访情况是独立于研究的核心自变量的。换句话说，只要我们在模型中纳入全部控制变量，因样本失访导致的估计偏差问题就可以忽略不计。

其次，与统计分析相关的另一个问题是加权。由于 CLHLS 数据对 80 岁及以上的高龄老人进行了过额抽样，所以，我们需要对数据加权，以使分析结果对全国老年人总体有更好的代表性。本研究在描述性统计部分使用了权重，但是在固定效应模型分析部分没有使用权重。这主要是因为，CLHLS 数据仅提供了横截面权重，因此，同一个受访者的权重在不同调查年份会有所不同。而在固定效应模型中，受访者的权重必须是恒定不变的。尽管我们在模型分析时没有加权，其结果依然可以被接受，这主要有三个原因。首先，有研究发现，描述性统计分析对加权比较敏感，而模型分析则不太敏感（Chambers & Skinner，2003）。所以，是否对固定效应模型加权对分析结果影响不大。其次，CLHLS 数据的权重是基于受访者的年龄和性别生成的（Zeng、Poston、Vlosky，et al.，2008），这两个变量在进行固定效应模型分析时都已经被内在地控制住了。最后，研究发现，老年人的居住方式对主观福祉的影响并不会随性别和年龄的变化而变化（见表 4-5）。综合上述三点，我们认为，本研究基于未加权的固定效应模型得到的分析结果依然是稳健的。

五、分析结果

（一）描述性统计结果

表 4-3 描述了中国老年人的居住方式、居住意愿以及代际交往情况随时间的变动趋势。可以发现，2005 年有 59.0%的老年人与子女同住，随着时间的推移，这一比例不断下降。到 2014 年，与子女同住的老年人比例已下降到 48.9%，十年间下降了约 10 个百分点。与此同时，老年人偏好与子女同住的百分比也在随时间的推移不断下降，在十年间下降了约 10 个百分点。如果我们将老年人的居住方式与居住偏好交叉分类，可以发现，大多数老年人的居住方式与偏好是吻合的。尽管随着时间的推移，与子女同住且偏好与子女同住的老年人比例从 2005 年的 48.5%下降到了 2014 年的 38.0%，而与子女分开居住且偏好分开居住的老年人比例从 2005 年的 32.0%上升到了 2014 年的 40.4%。在历年的调查中，大概都有 10%的老年人与子女分开居住但偏好与子女同住（被迫空巢）。但不可忽视的是，也有约 10%的老年人与子女同住但偏好与子女分开居住。这些老年人在总体中所占的比重与被迫空巢的老年人相当，但却很少得到既往研究的关注。

此外，从表 4-3 中还可以发现，尽管老年人与子女同住的百分比随时间呈明显的下降趋势，但他们与子女的交往并未因此受到负面影响。分析结果显示，中国老年人与子女分开居住但交往密切的百分比从 2005 年的 35.7%上升到 2014 年的 48.4%，这一趋势与多代同住比例的下降保持同步。与子女分开居住且交往很少的老年人很少，在历年调查中，这类老年人所占的百分比都在 5%以下。

表 4-3　不同调查年份中国老年人的居住方式、居住偏好和代际交往情况

变量	2005	2008	2011	2014
与子女同住（%）	59.0	55.5	52.6	48.9
偏好与子女同住（%）	57.5	55.5	51.8	48.7
居住方式与居住偏好交叉分类（%）				
与子女同住且偏好与子女同住	48.5	45.5	41.2	38.0
与子女同住但偏好分开居住	10.5	10.0	11.5	10.9
与子女分开居住且偏好分开居住	32.0	34.5	36.7	40.4
与子女分开居住但偏好同住	9.0	10.0	10.6	10.7
居住方式与代际交往交叉分类（%）				
与子女同住	59.0	55.5	52.6	48.9
与子女分开居住但交往密切	35.7	41.4	44.0	48.4
与子女分开居住且交往很少	5.3	3.1	3.3	2.7
样本量	12 344	13 052	7 393	5 137

（二）模型分析结果

表 4-4 使用固定效应模型对老年人主观福祉的影响因素进行了统计分析。结果显示，在控制了很多时变变量并内在控制了所有不随时间变化的个体特征以后，与子女同住对老年人的积极情绪和消极情绪都没有显著影响。因此，与以往的很多研究相同，我们也没有发现多代同住对中国老年人的主观福祉有促进作用。

尽管多代同住对老年人的主观福祉没有影响，但从表 4-4 可以发现，与配偶、孙子女和其他人同住却能显著降低老年人的消极情绪，而且，与孙子女同住还对老年人的积极情绪有显著的提升作用，这与多代同住的影响形成了巨大反差。除此之外，儿女数量的增加也能有效提升老年人的积极情绪，且老年人的主观福祉与生活自理能力、认知功能、闲暇活动的参与状况和家庭的经济状况都有非常密切的关系。最后，中国老年人的主观福祉也呈现出明显的地区差异和时间差异。与居住在城市的老年人相比，居住在乡镇和农村的老年人的积极情绪显著更低，而消极情绪则显著更高。此外，与 2005 年时相比，老年人在 2008 年的主观福祉水平较低，但在之后，其主观福祉水平呈现出显著的上升趋势。

表 4-4 对老年人主观福祉的固定效应模型分析结果（N=9 596）

	积极情绪	消极情绪
自变量		
与子女同住	−0.013 (0.048)	−0.078 (0.055)
控制变量		
与配偶同住	0.068 (0.056)	−0.633*** (0.065)
与孙子女同住	0.096* (0.044)	−0.272*** (0.051)
与其他人同住	0.008 (0.097)	−0.415*** (0.112)
在世成年女儿数	0.078** (0.026)	−0.045 (0.030)
在世成年儿子数	0.068* (0.030)	−0.043 (0.035)
PADL 受损情况	−0.068*** (0.012)	0.047** (0.014)
IADL 受损情况	−0.033*** (0.005)	0.063*** (0.006)
认知能力得分	0.041*** (0.004)	−0.027*** (0.005)
闲暇活动参与情况	0.031*** (0.003)	−0.009* (0.004)
家庭收入对数	0.064*** (0.011)	−0.009 (0.012)
居住地（城市=0）		
乡镇	−0.202** (0.076)	0.213* (0.088)
农村	−0.213** (0.077)	0.285** (0.089)
调查年份（2005=0）		
2008	−0.603*** (0.035)	0.087* (0.040)
2011	0.237*** (0.043)	0.007 (0.049)
2014	0.309*** (0.050)	0.021 (0.058)
截距	9.597*** (0.204)	6.684*** (0.236)

注：括号中为标准误；* $p<0.05$，** $p<0.01$，*** $p<0.001$。

表 4-4 的分析结果充分说明，多代同住对中国老年人的主观福祉没有影响。但是，这只是一个平均意义上的结论，还需要进一步研究多代同住的影响是否在不同人群之间存在异质性。通常来说，女性、高龄、居住在农村和不与配偶同住的老年人更加需要子女的照料，因此也更可能从多代同住中获益。然而，我们对不同子样本进行固定效应模型分析以后却发现（见表 4-5），多代同住的影响在所有人群中都不显著，即便对那些在代际支持理论看来更加需要子女支持的老年人来说也是如此，这进一步证实了前文的研究结论。

表 4-5　多代同住对老年人主观福祉的影响的异质性分析（N=9 596）

	积极情绪		消极情绪	
	系数	标准误	系数	标准误
城市	−0.194	0.119	−0.039	0.128
乡镇	0.010	0.128	−0.076	0.149
农村	−0.008	0.073	−0.095	0.085
男性	0.001	0.070	−0.106	0.079
女性	−0.002	0.066	−0.077	0.078
年龄小于 80 岁	−0.083	0.079	−0.088	0.090
年龄大于等于 80 岁	−0.010	0.067	−0.049	0.077
有同住配偶	0.045	0.066	−0.145	0.078
无同住配偶	−0.142	0.085	0.110	0.095

注：所有控制变量都已纳入模型，受篇幅所限，表中仅汇报与子女同住的回归系数；* $p<0.05$，** $p<0.01$，*** $p<0.001$。

接下来，我们在模型中纳入了老年人的居住偏好。从表 4-6 可以发现，不论老年人是否与子女同住，只要其实际居住方式与居住偏好相吻合，就能显著提升其积极情绪，并降低其消极情绪。对那些实际居住方式与居住偏好不吻合的老年人来说，无论其是否与子女同住，都对主观福祉有显著的负面影响。由此可见，是否与子女同住本身并不重要，重要的是老年人的主观意愿与实际居住方式之间的匹配度。从表 4-3 的描述性统计结果中可以发现，虽然随着时间的推移，中国老年人与子女分开居住的比例在上升，但他们的居住偏好与实际居住方式之间的匹配度并未发生明显变化。从这个角度来说，中国家庭的核心化或空巢化不会对老年人的主观福祉造成实质性的伤害，因此，假设 1 得到了数据的支持。

表 4-6 老年人居住偏好的调节效应（N=9 596）

	积极情绪	消极情绪
居住方式与居住偏好交叉分类（与子女同住且偏好与子女同住=0）		
与子女同住但偏好分开居住	−0.118*	0.124*
	(0.051)	(0.058)
与子女分开居住且偏好分开居住	0.035	0.080
	(0.053)	(0.061)
与子女分开居住但偏好同住	−0.171**	0.213**
	(0.062)	(0.072)
控制变量	已控制	已控制
截距	9.625***	6.561***
	(0.208)	(0.241)

注：受篇幅所限，表中没有汇报控制变量的回归系数；括号中为标准误；* $p<0.05$，** $p<0.01$，*** $p<0.001$。

最后，我们还在固定效应模型中纳入了老年人与不同住子女的交往情况。从表 4-7 可以发现，如果老年人与子女分开居住，但依然与子女维持密切的交往，那么他们的主观福祉就不会受到损害。但是，如果老年人与子女分开居住以后很少与子女来往，那么空巢的负面影响就会显现出来。总而言之，空巢本身并不是问题，因空巢导致的代际关系的疏远才会产生问题。从表 4-3 可以发现，在老年人与子女分开居住的趋势日益明显的背景下，依然与子女维持密切交往的空巢老人占到了绝大多数。从这个角度说，我们认为空巢并没有从根本上威胁到老年人与子女之间的关系。所以，假设 2 也得到了数据的支持。

表 4-7 老年人与不同住子女交往情况的调节效应（N=9 596）

	积极情绪	消极情绪
居住方式与代际交往交叉分类（与子女同住=0）		
与子女分开居住但交往密切	0.032	0.063
	(0.048)	(0.056)
与子女分开居住且交往很少	−0.179*	0.234*
	(0.091)	(0.106)
控制变量	已控制	已控制
截距	9.601***	6.592***
	(0.208)	(0.240)

注：受篇幅所限，表中没有汇报控制变量的回归系数；括号中为标准误；* $p<0.05$，** $p<0.01$，*** $p<0.001$。

六、结论与讨论

多代同住通常被认为对中国老年人的主观福祉有显著的积极影响，但近年来的多项研究却得出了与之相悖的研究结果。本章从中国老年人越发独立的居住偏好和依旧频繁的代际交往出发，研究了空巢没有像理论所预期的那样损害老年人主观福祉的原因。基于2005—2014年四轮CLHLS数据，我们描述了中国老年人的居住方式、居住偏好以及与不同住子女之间交往情况随时间的变动趋势，并使用固定效应模型分析了多代同住对老年人主观福祉的影响，以及这种影响如何随老年人的居住偏好和代际交往情况的变化而变化。

研究发现，随着时间的推移，中国老年人独立居住的趋势日益明显，但他们与子女分开居住的偏好也在同步上升。这一发现与现代化理论所认为的社会的现代化转型会改变人们传统的家庭观念和居住偏好的观点相符（Goode，1963）。与此同时，我们的发现也验证了认知协调理论，该理论认为，人们会逐渐调整主观认知，以使其与客观环境的变化相一致（Festinger，1957）。更加重要的是，本章对居住偏好的统计描述挑战了中国老年人依旧偏好与子女同住的传统观点。我们发现，随着越来越多的老年人偏好独立居住，空巢老人之中出于被迫而与子女分开居住的比例并不高，大多数老年人的居住方式与其居住偏好是吻合的，这就在根本上挑战了空巢会损害中国老年人主观福祉的理论假设。

除此之外，我们在描述性统计部分还发现，当前绝大多数空巢老人依旧与子女之间维持着非常密切的交往。因此，与子女分开居住并没有割裂他们与子女的关系。这一发现与以往研究所认为的中国城市和农村都存在异常活跃的家庭网络相一致（Unger，1993；王跃生，2010）。这种网络建立在亲属关系之上，并以多个核心家庭之间的频繁互动和日常互助为主要特征。但是，本章的研究发现却与以往很多研究认为的空巢会妨碍老年人获取子女支持的观点相抵触，因此，本章也对空巢会损害老年人主观福祉的理论假设提出了质疑。

就空巢对老年人主观福祉的影响来说，我们发现，这种影响并不存在。即便对那些代际支持论者通常认为的更可能从多代同住中获益的老年人（如女性、高龄、居住在农村、不与配偶同住的老年人）来说，空巢的影响也不显著。因此，本章的模型分析结果验证了近年来与此相关的多项研究发现（Chen & Short，2008；Li、Zhang & Liang，2009；任强、唐启明，2014；刘宏、高松、王俊，2011）。但是，这一发现因为与中国的孝道文化和崇尚多代同住的大家庭传统不符，也经常遭到学术界的批评和质疑。为了回应这些批评和质疑，本章结合中国老年人越发独立的居住偏好和依旧频繁的代际交往对空巢的影响进行了更加深入的研究。

我们发现，尽管多代同住对老年人的主观福祉没有解释力，但老年人的居住方式与居住偏好之间的匹配度却对其主观福祉有显著影响。与那些实际与子女同住且偏好与子女同住的老年人相比，不与子女同住且偏好分开居住的老年人在积极情绪和消极情绪两个方面均没有表现出明显的劣势；但是，与子女同住但偏好分开居住或者分开居住但偏好同住的老年人的主观福祉水平却明显偏低。由于空巢老人中被迫与子女分开居住的百分比只有约10%，且这一百分比并未随时间呈明显的上升趋势，因此我们认为，因空巢导致的老年人问题在很大程度上被夸大了。此外，在实际与子女同住的老年人之中，也有大约10%的老年人偏好与子女分开居住，这些老年人的主观福祉也受到了明显的损害，但他们的问题却很难受到以往研究的重视。基于此，我们认为，未来关于中国老年人居住方式的研究需要对被迫空巢和被迫同住这两个问题给予同等程度的关注。

此外，研究还发现，多代同住对老年人主观福祉的影响也会随代际交往情况的变化而变化。跟那些与子女同住的老年人相比，不同住但与子女交往频繁的老年人在积极情绪和消极情绪两个方面均无明显劣势，但不与子女同住且很少与子女交往的老年人却表现出显著较低的主观福祉水平。因此，空巢对老年人的影响不能一概而论，老年人与子女的交往情况是一个重要的调节因素。根据本章的描述性研究，绝大多数空巢老人都与子女保持着非常密切的交往，因此，即便空巢对老年人的主观福祉有害，这种损害也仅局限在很少一部分人之中。

本章的研究结果对中国和世界范围内的家庭变迁和老年人福祉相关的研究议题都有重要的理论意义。在中国和世界上其他很多国家，快速的经济发展和社会转型推动了家庭的变迁，很多家庭传统已与过去完全不同，但也有一些家庭传统被延续了下来，并在快速的社会转型过程中表现出强大的韧性，而这种家庭韧性在一定程度上为家庭成员，特别是生活于其中的老年人提供了必要的保障（Hermalin & Yang，2004）。本章发现，中国老年人的实际居住方式和主观居住偏好均随时间的推移发生了重大变化，但居住方式和居住偏好之间的高匹配度和代际频繁交往却没有随时间推移被明显削弱，这在很大程度上使得中国老年人依旧能够维持相对较高的主观福祉水平。尽管我们目前尚不清楚中国老年人是通过何种方式实现这种主客观的平衡和代际关系的平稳发展的，但我们的这项研究已充分说明，在面对家庭变迁和老年人福祉这样的复杂问题时，研究者必须要保持一种多元和综合的理论视角，并对任何非预期的结果持开放的态度。

此外，本研究在方法层面也对现有的研究有所贡献。基于 2005—2014 年四期 CLHLS 数据，本章的研究相较于那些使用横截面调查数据的研究来说，在探讨多代同住对老年人主观福祉的因果影响方面有明显的改进。此外，本章的研究使用的固定效应模型可以内在地控制所有不随时间变化的个体特征，因而也在很大程度上避免了以往研究都难以解决的忽略变量偏差问题。

尽管本研究在理论和方法两个层面都对现有研究有所拓展，但它也存在一些局限。首先，因为数据的限制，本研究仅考虑了空巢老人与不同住子女之间的交往频率，而没有考虑经济和生活照料等其他方面的代际支持。尽管以往的研究发现，子女对老年人的经济支持和工具性支持不像情感支持那样总是对老年人的主观福祉有显著的提升作用（Chen & Silverstein，2000；Gruijters，2017），但是，将多种形式的代际支持全部考虑进来无疑对拓展现有研究大有裨益。

其次，本研究的核心问题是探索多代同住没有对中国老年人的主观福祉产生积极影响的原因。为了简化这一问题的复杂性，我们没有区分老年人与儿子同住和与女儿同住之间的差异。但是，有一些研究表明，与女儿同住对老年人的主观福祉更加有利（Chen & Short，2008），但考虑到与女儿同住这一非传统的居住方式在中国并不常见，我们没有对之进行专门分析。此外，CLHLS 也没有询问老年人从夫居和从妻居的偏好，因此，我们也无法从这个角度探讨老年人的居住偏好是否得到了满足。未来的研究需要对从夫居和从妻居之间的差异以及中国老年人在居住方式上的性别偏好问题进行更加深入的分析。

最后，本研究所使用的数据也存在一些缺陷。例如，CLHLS的样本失访问题比较严重。尽管对样本失访问题的补充分析表明，该问题不会对本研究的结论造成严重干扰，但如果能够获得更加完整的数据，分析结果无疑会更加可靠。除此之外，本研究也可能会因为没有对所有时变变量加以统计控制或没有考虑模型中各变量的测量误差问题而使研究结论产生一定程度的偏差。固定效应模型虽然能够避免因忽略非时变变量而产生成的估计偏差，但是，如果模型忽略了一些重要的时变变量，或者对时变变量的测量不够精确，估计结果依然会存在偏差。总而言之，尽管CLHLS数据已经被多项研究证明拥有较高的数据质量（Gu、Feng & Yeung，2019；Zeng、Poston、Vlosky，et al.，2008），但本研究的结论依然需要在未来经受更多实证研究的检验。

家庭养老篇

第五章　谁在养老

导读： 儿子和女儿在赡养父母时的性别差异是本章关注的核心问题。在传统中国社会，由于缺乏必要的社会养老制度，来自子女的经济支持和生活照料是老年人晚年生活的主要依靠。不过，在父系家庭制度的影响下，赡养老人的家庭责任通常落在儿子的肩膀上。但近年来的一些研究却发现，这种以儿子为核心的传统赡养模式在当代中国已经发生了变化。为了深入研究这一问题，本章从经济支持和生活照料两个角度对儿子和女儿的赡养行为进行了系统的比较研究。考虑到中国从夫居的居住传统，研究区分了性别对赡养行为的直接影响以及性别通过居住方式对赡养行为的间接影响。另外，在研究方法方面，本章使用了家庭内部比较法，以尽可能地控制家庭层面未被观测到的异质性对研究结论的干扰。基于2010年中国家庭追踪调查（CFPS）数据，我们发现，在当代中国家庭，儿子在赡养父母时的总效应依然大于女儿，但这主要是因为他们更可能与父母同住；一旦控制了子女与父母的居住方式这一变量，儿子的直接效应便仅在经济支持一个方面大于女儿，而在生活照料方面，女儿的直接效应已经显著超过了儿子。分城乡看，这种“儿子出钱、女儿出力”的性别分工模式主要体现在农村；在城市，女儿在经济支持和生活照料两个方面的直接效应都已超过儿子。由此可见，中国传统的以儿子为核心的赡养方式虽然没有彻底瓦解，但已发生了明显的变化，快速的人口转变和女性受教育程度的提高是导致这些变化的重要原因。最后，本章还结合儿子和女儿养老功能的变化对父系家庭制度的变迁和女儿家庭地位的提升等问题进行了讨论。

一、儿子养老还是女儿养老

传统中国社会一直以儒家思想为指导，长期以来形成了以家庭养老为主要特征的赡养制度。在儒家文化体系之中，为人子女最基本的行为准则是“孝”，即对父母的绝对尊重和服从；而子女尽孝的目的是“报”，即报答父母的养育之恩。这样，父母对子女的抚育和子女对父母的赡养之间就建立起了因果关联，这就是费孝通（1983）所说的中国养老的“反馈模式”。

但儒家文化强调的“孝”和“报”的观念一旦加入性别因素就会令人产生疑惑——同样深受父母养育之恩的儿子和女儿理应承担同等的责任或义务，但在现实生活中，赡养父母的责任通常落在儿子的肩膀上（唐灿、马春华、石金群，2009；Lee、Parish & Willis，1994）。那么儿子的赡养责任又是从何而来呢？

（一）儿子的赡养责任

根据很多学者的研究，儿子的赡养责任根植于父系家庭制度对继承资格的规定（唐灿等，2009；王跃生，2006）。在传统中国家庭，儿子不仅能够继承家庭的姓氏，而且更重要的是能够继承父母的财产。不过，儿子继承权的取得必须以履行相应的家庭义务为前提，这种家庭义务在父母年老时是赡养，在父母去世以后是丧葬和祭祀（费孝通，1983）。所以，从本质上看，儿子的赡养责任是为了获取财产的继承资格而与父母签订的一份家庭协议（陈皆明，1998）。而且这种协议一旦达成，就会产生一系列的连锁反应。首先，它会打破子女养育中性别平等的天平，导致父母对儿子的强烈偏好，如更偏好生儿子，对儿子进行更多的教育投资等（杨菊华，2012；叶华、吴晓刚，2011）。其次，它也会激励父母在子女成年以后给予儿子更多的帮助。例如在中国，父母通常要负责帮儿子完婚、帮儿子做家务和照顾孙子女（许琪，2017）。而父母在子女养育和子女成年以后对儿子的特殊照顾又会反过来强化儿子的赡养责任，增强儿子回馈父母的可能性。

综上所述，在传统中国社会，有两套逻辑共同支撑着儿子的养老责任。一套是建立在责任和权利对等基础上的交换逻辑，从这个角度看，“传男不传女”的单系继承制度是儿子赡养父母的根本原因。另一套是儒家文化所强调的“孝”和“报”的情感逻辑，由于父母在子女养育和子女成年以后给予了儿子更多的恩惠，所以儿子会感到有更强烈回馈父母的的责任。总而言之，前一套逻辑为儿子养老提供了制度上的保障，而后一套逻辑为儿子养老提供了伦理基础。

(二) 作为补充的女儿养老

在父系家庭制度的影响下，儿子承担着主要的赡养责任，但这种赡养制度必须以家家户户都有儿子为前提。一旦家庭没有儿子，或者儿子由于各种原因不能或不愿意赡养父母，这种单一依靠儿子的传统赡养制度就难以维持。这时，将原本不承担赡养责任的女儿也纳入养老就会成为家庭应对养老困难的一种替代性的办法。不过在传统中国社会，父母依靠女儿养老的情况是非常少见的。

首先，传统中国社会的生育率较高，这保证了几乎家家户户都有儿子，即使没有儿子，父母也可以按照一定的宗法原则从兄弟或同宗的亲属那里过继一个儿子，因没有儿子而需要依靠女儿养老的情况是很罕见的。其次，传统中国社会的人口流动很少。按照费孝通（1999）的说法，中国乡土社会是一个“生于斯又死于斯”的社会。在人口流动很少的情况下，绝大多数儿子在结婚以后都会留在父母身边，这就大大增强了依靠儿子养老的可及性。最后，在传统中国社会，孝敬父母不仅是为人子女最基本的行为规范和道德准则，而且被封建统治者上升为治理国家和维护社会稳定的根本。在这种意识形态的支配下，子女不孝就是大逆不道，不仅会受到道德舆论的强烈谴责，而且会受到国家法律的严厉制裁，所以儿子不孝的情况在传统中国社会也是比较罕见的。

二、女儿养老功能的提升

综上所述，在传统中国社会，儿子在赡养父母方面发挥着不可替代的核心作用；女儿养老的现象虽然存在，但它仅是儿子养老的一个必要补充，并不是家庭养老的主流选择。不过，近年来的多项研究却发现，依靠女儿养老的现象已经越来越普遍。例如，谢宇和朱海燕从 1999 年在上海、武汉和西安三地进行的抽样调查数据中发现，与已婚儿子相比，已婚女儿能够为父母提供更多的经济支持（Xie & Zhu，2009）。唐灿等人（2009）对浙东农村的调查更是发现，依靠女儿养老的现象并非仅存在于现代化程度较高的城市地区，在相对闭塞的农村，女儿也已在赡养父母时发挥着越来越重要的作用。由此可见，女儿的养老功能在当代中国城市和农村都出现了较为明显的提升。结合现有研究，我们认为，人口环境变化和女性受教育程度提高是导致女儿养老功能提升的两个主要原因。

（一）人口环境变化

上文的分析已经指出，在传统中国社会，儿子养老的顺利实现在很大程度上得益于高生育和不流动的人口环境。不过在当代中国，这种单一依靠儿子养老的传统赡养方式所赖以生存的人口环境已经发生了非常深刻的变化。

首先，自从20世纪70年代的计划生育政策执行以来，中国家庭的生育率已经大幅下降。郭志刚（2004）发现，20世纪90年代以后，中国的总和生育率已经下降到更替水平以下，此后还在不断降低。第七次人口普查数据显示，我国2020年的总和生育率只有1.30（国家统计局，2021a），中国已步入“极低”生育率国家的行列。生育率的下降不仅意味着家庭生育子女数量的减少，而且意味着生育儿子机会的减少。所以与传统社会相比，当代中国家庭没有儿子的比例已经大幅增加。在城市普遍实行独生子女政策的情况下，没有儿子的家庭将占到一半左右。如果家庭没有儿子，那么单纯依靠儿子的传统赡养方式就失去了赖以生存的基础，在这种情况下，依靠女儿养老就会自然而然地成为家庭养老的唯一选择。

其次，随着中国现代化进程的加速和户籍管理制度的放松，中国流动人口的规模也在迅速增加。在2000年，我国流动人口的总量已经超过1亿，在2020年，流动人口的规模更是达到了惊人的3.76亿（国家统计局，2021b）。在少子化的背景下，人口迁移流动的增加无疑会加重家庭养老资源的流失，并进一步降低依靠儿子养老的可及性。本书第三章发现，人口迁移流动不仅会降低男性婚后从夫居的可能性，而且会显著增加与父母的居住距离，所以，人口迁移流动的增加对依靠儿子养老的传统是非常不利的。不过，人口迁移流动对女儿养老却可能产生积极影响。一方面，人口迁移流动的增加扩大了社会的通婚半径，有迁移流动经历的男性选择从妻居的可能性会显著增加。另一方面，女儿外出工作也会增加自身的经济收入，这就提高了女儿赡养父母的经济能力。而且，女性在迁移流动过程中也会接触到新的生活方式和家庭观念，这也会促进她们性别平等意识的形成（金一虹，2010）。

综上所述，生育率下降和人口迁移流动增加所引起的家庭养老资源的萎缩已经在根本上威胁到了依靠儿子养老的现实基础。所以，在快速的人口转变过程中，单纯依靠儿子养老的赡养制度已经难以为继。这时，将原本不承担正式赡养责任的女儿也纳入进来，就会成为很多父母在无儿可依情况下的必然选择。

（二）女性受教育程度提高

在上文，笔者结合中国快速的人口转变过程分析了家庭单纯依靠儿子养老的现实危机，并探讨了依靠女儿养老的必要性。但是，要将这种必要性转化成可行性还需满足两个条件：一是女儿有养老的意愿，二是女儿有养老的能力。那么在当代中国，女儿的养老意愿和养老能力又从何而来呢？

根据前文所做的分析，子女参与养老主要有两种原因：一是为了继承父母的财产，二是为了报答父母的养育之恩。所以，女儿养老意愿的形成很可能是因为这两种原因发生了变化。不过，从很多已有的研究文献来看，第一种原因并不能有效促使女儿产生养老意愿。虽然在法律层面，我国的《中华人民共和国民法典》和《中华人民共和国婚姻法》都已规定女儿与儿子享有平等的财产继承资格；但是在实践层面，这种法律规定并未得到落实，由儿子继承家庭财产仍是当前民间主流的财产继承制度（唐灿、马春华、石金群，2009）。所以从这个角度看，继承家庭财产并不是女儿养老的主要原因。

在排除这种理论解释之后，报答父母的养育之恩就成为女儿养老唯一合理的解释。谢宇和朱海燕的研究认为，女儿养老的伦理基础在于女儿与父母的亲密关系（Xie & Zhu，2009）；唐灿等人（2009）也认为，儿子养老是出于责任，而女儿养老是出于情分。在笔者看来，女儿和父母之间亲密关系的建立或者说情分的形成都必须以父母早年对女儿无私的付出为前提。而且无论是对台湾地区还是对大陆的研究都发现，中国父母早年对子女的投资是保障子女回报的最为行之有效的家庭策略（Lee、Parish & Willis，1994；陈皆明，1998）。所以笔者认为，父母在子女养育过程中对女儿投资的增加是激发女儿养老意愿的主要原因。

从理论上看，父母对子女的投资包括多种形式，其中最重要的是对子女的营养和教育方面的投资（Chu & Yu，2009）。在基本的温饱问题尚不能被解决的困难时期，子女的营养和健康问题是父母养育子女时的头等大事。在旧社会，由于基本的生存资料极其匮乏，有些中国父母采取“溺杀女婴”这种极端的方法来保障儿子的生存。这背后除了延续家庭血脉等文化原因，更重要的是出于对“养儿防老”这种切身利益的考虑。但是，在 1949 年中华人民共和国成立以后，人民群众最基本的生存问题已经得到了明显改善，所以“溺杀女婴”的现象在当代中国社会已经基本消失了。

在基本的生存问题得到解决之后，教育问题就上升到了第一位。在过去，受“女子无才便是德”等传统观念的影响，中国父母很少投资女儿的教育。而且中国父母也没有动力让女儿读书，因为根据中国的父系家庭传统，女儿终将出嫁，成为“别人家的人”，所以对女儿进行教育投资是不能收到长远回报的。在这些因素的共同影响下，中国女性的受教育程度一直低于男性（叶华、吴晓刚，2011）。不过，近年来的很多研究发现，在中华人民共和国成立以后，男女在教育获得上的差距明显缩小（吴愈晓，2012；张兆曙、陈奇，2013；叶华、吴晓刚，2011）。男女在教育方面的平等化预示着中国父母在教育投资中对女儿的歧视在削弱。根据投资与反馈之间的因果关联，这无疑会刺激女儿在父母晚年提供更多的经济回报和生活照料。

父母对女儿的教育投资不仅会激发女儿养老的意愿，而且能提高女儿养老的经济能力。在现代社会，教育在决定个人收入、职业地位等方面的作用正变得越来越重要（Deng & Treiman，1997），所以接受教育不仅意味着女性能在劳动力市场上获得更高的经济回报（Xie & Hannum，1996），同时也意味着女性能够拥有更多的经济资源，并以此来回馈父母。这样，在儿子养老出现危机的情况下，女儿养老就不仅具有理论上的必要性，同时也具备了现实操作的可行性。

三、与女儿养老相关的三个问题

综上所述，随着中国家庭生育率的下降、人口迁移流动的增加和女性受教育程度的提高，依靠女儿养老已成为越来越多中国家庭的现实选择。但现有关于女儿养老问题的研究或基于田野观察，或基于局部地区的抽样调查数据，使用全国层面有代表性的数据对这一问题的研究依然非常匮乏。除此之外，现有研究在以下三个方面也有值得改进之处。

（一）经济支持和生活照料

就家庭养老的内容来看，子女对父母的赡养至少应包括经济支持和生活照料两个方面，而现有关于家庭养老问题的研究主要关注的是子女对父母的经济支持，而较少考虑子女对父母的生活照料。而且，从以往的研究成果看，儿子和女儿在这两个方面发挥的作用和扮演的角色可能并不相同。

针对欧美发达国家的研究发现，儿子更可能提供经济支持，而女儿更可能提供生活照料（Horowitz，1985；Montgomery & Kamo，1989）。对此，学术界提出了两种理论解释。一是性别角色理论，该理论认为，社会对男性和女性有不同的角色期待，所以在赡养父母时，儿子更可能表现出一些男性化的行为，如提供经济支持；而女儿更愿意承担一些女性化的工作，如家务劳动和生活照料。二是资源禀赋理论，该理论认为，儿子通常掌握较多的经济资源，所以更适合扮演支持者的角色；而女儿通常具有较多的弹性时间，所以更适合承担照顾者的角色。

不过，对台湾地区的一项研究却发现，儿子在经济支持和生活照料两个方面都比女儿做得多。研究者认为，这主要是受到东亚社会所特有的父系家庭传统的影响（Lin、Goldman、Weinstein，et al.，2003）。不过到目前为止，还很少有学者对大陆的情况进行系统研究。虽然从文化渊源上看，大陆与台湾地区同样受到父系家庭制度的影响，但很多研究却发现，由于两个社会在现代化水平、文化观念的传统性和社会制度等方面都存在非常明显的差异，大陆的家庭制度在很多方面都比台湾地区表现得更加脱离传统（Chu、Xie & Yu，2011；Whyte，2005）。所以，当代大陆家庭在赡养方式上也可能表现出与台湾地区家庭完全不同的性别分工模式。

基于此，本章将从经济支持和生活照料两个方面对儿子和女儿的养老功能进行更加全面和系统的比较。

（二）居住方式的影响

与西方国家的核心家庭模式不同，中国人有多代同堂的居住传统。虽然很多研究发现，自20世纪90年代以来，中国家庭出现了明显的核心化趋势，但如今仍有很多老年人选择与子女同住（曾毅、王正联，2004）。王跃生（2014）

从历次人口普查数据中可以发现，2010 年中国 65 岁以上老年人与子女同住的比例依然高达 51.69%。即使在不同住的情况下，大多数老年人也会选择与子女相邻居住，以实现家庭网络的互助功能（Lei、Strauss、Tian，et al.，2015）。由于家庭居住安排对子女的赡养行为具有非常重要的影响（鄢盛明、陈督明、杨善华，2001；杨菊华、李路路，2009），所以很多学者在进行研究时，都对子女与父母的居住方式进行了统计控制。

然而在现实生活中，家庭的居住方式是充满选择性的，子女的性别、年龄和社会经济地位等个体特征都会对其产生影响（Chu、Xie & Yu，2011）。在父系家庭制度的影响下，子女性别对中国家庭居住方式的影响显得尤为重要。自古以来，中国实行的是男娶女嫁的婚姻制度以及与之配套的从夫居制，所以在同等情况下，儿子与父母同住的可能性大大高于女儿（许琪，2013）。即使子女不与父母同住，儿子与父母的居住距离也比女儿近得多（Chu、Xie & Yu，2011）。这种居住方式上的性别差异很有可能对儿子和女儿的赡养行为产生影响。

具体来说，笔者认为在从夫居的文化背景下，子女性别对赡养行为的影响是通过两条路径实现的（见图 5-1）。第一条是直接效应，即图 5-1 中的 a，它表示儿子和女儿与父母的居住方式完全相同时赡养行为上的性别差异。从这个角度看，中国特殊的父系家庭制度规定儿子须承担不可推卸的赡养责任，所以儿子的直接效应应该大于女儿。第二条是通过居住方式产生间接效应，即图 5-1 中的 b∗c，它表示子女与父母的居住方式不同导致的赡养行为上的差异。从这个角度看，中国家庭从夫居的居住传统导致父母通常选择与儿子同住，而与父母同住又会增加儿子在各个方面赡养父母的可能性，所以儿子的间接效应也应大于女儿。而性别的总效应则是直接效应和间接效应之和，即 a+b∗c。

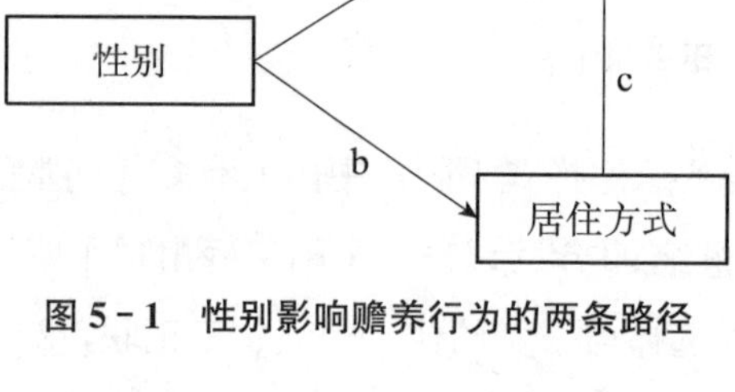

图 5-1　性别影响赡养行为的两条路径

在以往的研究中，研究者们往往会对家庭的居住方式进行统计控制。例如，在谢宇和朱海燕的研究中，他们对与父母同住的子女和不同住的子女分别进行回归分析，从而对两种居住类型下的性别差异进行比较（Xie & Zhu，2009)。这种研究虽然很有意义，但需要注意的是，在控制居住方式以后，研究者实际上分析的是性别对赡养行为的直接效应，而要想对总的性别差异进行更加全面的解读，则还需综合考虑性别通过居住方式产生的间接效应。基于此，本章将分别在控制与不控制居住方式的情况下，对性别的直接效应和总效应进行系统的比较。

（三）家庭内部比较和家庭之间比较

在理想情况下，要想对儿子和女儿的赡养行为进行严格的比较研究需要掌握所有子女对父母的赡养信息，并且在既有儿子又有女儿的老人中，比较是儿子给父母提供的赡养多还是女儿给父母提供的赡养多。但是由于数据的限制，以往的调查通常只能获得某一个子女对父母的赡养信息。在这种情况下，对性别差异的比较研究实际上是在家庭之间进行的，而这种立足于家庭之间的比较方法具有明显的缺陷。

首先，这种方法忽视了当前绝大多数中国老人都有多个子女的客观事实(在本章所使用的样本中，只有一个子女的老人占比仅为 15.3%)。其次，它也给我们的因果推论带来了困难。也就是说，即使我们通过分析发现 A 的儿子给 A 的帮助多于 B 的女儿给 B 的帮助，我们也很难判断这是子女的性别不同造成的，还是 A 和 B 这两人的个体差异造成的。虽然我们可以对父母的一些特征进行统计控制，但是因为无法控制所有父母层面的特征，我们的结论依然存在出错的风险。

相比之下，如果能够同时得到多个子女对父母的赡养信息，我们就可以在同一个家庭内部比较是儿子给父母提供的赡养多还是女儿给父母提供的赡养多。也就是说，我们可以在父母都是 A 的情况下，比较是儿子给 A 提供的赡养多还是女儿给 A 提供的赡养多。与家庭之间比较的分析方法不同，这种立足于家庭内部比较的分析方法可以最大可能地控制家庭层面未观测到的异质性（即无法测量的父母特征），从而提高分析结果的可靠性。

不过，由于这种分析方法对数据的要求较高，目前相关领域对其的应用比较罕见（Zhu，2008）。而本章所使用的2010年CFPS数据询问了所有子女对父母的赡养行为，为使用该方法创造了条件。

四、数据、变量与分析方法

（一）数据

本章使用的是2010年CFPS数据。我们曾在本书第二章详细介绍过该数据，此处不再重复。就本章的研究问题而言，CFPS的最大优势在于它同时收集了多个子女对老人的赡养行为，这在国内其他同类调查中是绝无仅有的，也为本章深入比较儿子和女儿的赡养功能提供了方便。

为了满足在家庭内部比较的分析要求，本章仅保留了样本中既有儿子又有女儿的老年人样本。此外，为了保证所有子女都有赡养父母的经济能力，我们还删除了样本中年龄在18岁以下的未成年子女。最后，由于CFPS对同一户中的每个家庭成员都进行了访问，所以很多有配偶的老人及其配偶都在成人样本当中，为了避免对这些老年夫妇的成年子女重复计算，我们只留下了这些夫妇中的一方进行分析。经过上述处理并去除缺失值以后，进入分析的父母数量为2 468人，其18岁及以上的成年子女共9 076人，平均每个父母有3.7个子女。

（二）变量

本章的因变量有三个，分别是子女是否给父母提供经济支持、是否帮父母做家务和是否照顾父母，这三个因变量都是二分变量。

在自变量方面，本章主要考察子女性别对赡养行为的影响。除此之外，在模型分析时还纳入了多个子女特征作为控制变量，包括子女的年龄、婚姻状况、受教育年限、职业类型以及与父母的居住距离。虽然从理论上看，父母的特征也会影响子女的赡养行为，但本章使用的固定效应模型已经内在地控制了所有父母层面的变量，所以在进行模型分析时已无须纳入它们。不过，为了使读者对本章所用的数据有更加全面的了解，我们对父母和子女的特征都进行了统计描述。对父母特征的描述性统计见表5－1，对子女特征的描述性统计见表 5－2。

表 5－1　父母特征的描述性统计

变量名	类别/指标	农村	城市	合计
性别（%）	男	45.5	43.4	44.8
	女	54.5	56.6	55.2
年龄（年）	均值	68.8	69.6	69.0
	标准差	6.4	6.2	6.4
婚姻状况（%）	有配偶	61.7	69.3	63.9
	无配偶	38.3	30.7	36.1
受教育年限（年）	均值	2.2	5.2	3.0
	标准差	3.3	4.9	4.1
生活自理能力（分）	均值	46.0	46.6	46.1
	标准差	8.1	7.4	7.9
自评健康（%）	健康	30.2	28.5	29.7
	一般	34.1	44.9	37.4
	比较不健康	11.6	10.4	11.2
	不健康	19.4	13.8	17.7
	非常不健康	4.7	2.4	4.0
儿子数（人）	均值	1.9	1.6	1.8
	标准差	1.0	0.8	0.9
女儿数（人）	均值	1.9	1.7	1.9
	标准差	1.0	0.9	1.0
是否与子女同住（%）	是	62.6	45.6	57.5
	否	37.4	54.4	42.5
样本量（人）		1 777	691	2 468

注：(1) 表中结果已加权；城乡根据父母的户籍划分。(2) 原始数据中对婚姻状况的测量包括未婚、在婚、同居、离婚和丧偶五类，研究在使用数据时将在婚视作“有配偶”，将丧偶、离婚、未婚和同居四类合并为“无配偶”。因为数据中回答离婚、未婚和同居的样本量非常小，所以合并成一类。未婚者的子女可能来自领养。(3) 生活自理能力是综合受访老人在吃饭、烹调、出行、购物、参加户外活动、清洁卫生和洗衣这七项活动上的能力受损状况得到的，我们将原始数据中老年人在这七道题上的得分加总，得到一个反映其生活自理能力的总分，总分越高，表示其生活自理能力越好。

表 5－2　子女特征的描述性统计

变量名	类别/指标	农村			城市		
		儿子	女儿	合计	儿子	女儿	合计
年龄（年）	均值	40.8	40.8	40.8	42.5	42.6	42.6
	标准差	7.7	7.8	7.7	7.1	7.7	7.4
是否结过婚（%）	是	92.3	97.8	95.1	4.9	2.2	3.5
	否	7.7	2.2	4.9	95.1	97.8	96.5
受教育年限（年）	均值	7.3	6.0	6.7	10.4	10.1	10.3
	标准差	4.2	4.3	4.3	3.4	3.4	3.4

续表

变量名	类别/指标	农村			城市		
		儿子	女儿	合计	儿子	女儿	合计
职业类型（%）	无工作	9.1	24.7	16.9	21.5	47.5	34.9
	非农工作	53.1	26.7	39.8	74.7	47.3	60.6
	农业工作	37.8	48.6	43.3	3.8	5.2	4.5
居住距离（%）	同住	34.7	2.7	18.6	21.9	9.8	15.6
	同村/街	35.6	18.2	26.9	18.0	15.5	16.7
	同县/区不同村/街	10.4	49.1	29.8	30.1	33.2	31.8
	同市不同县/区	5.7	10.1	7.9	16.4	25.4	21.0
	同省不同市	5.0	8.4	6.7	4.1	8.2	6.2
	不同省	8.6	11.5	10.1	9.5	7.9	8.7
样本量（人）		3 437	3 346	6 783	1 118	1 175	2 293

注：表中结果已加权。

从表 5-2 可以发现，无论在农村还是城市，儿子和女儿与父母的居住方式都有非常明显的差异。不仅儿子与父母同住的比例明显大于女儿，而且在不同住的子女当中，儿子与父母住得较近的比例也明显高于女儿。由此可见，中国家庭从夫居的居住传统并未发生根本的变化。在下文中，我们将会深入分析这种居住方式上的性别差异对儿子和女儿赡养行为的影响。

（三）分析方法

在技术层面，为了实现在家庭内部比较的研究目标，本章将以固定效应模型作为主要的统计分析方法。这种方法能够充分利用多个兄弟姐妹的信息，从而对很多家庭层面不可观测的异质性进行统计控制。当因变量为二分变量时，固定效应模型的表达式如下所示：

$$logit(p_{ij}) = \log\left(\frac{p_{ij}}{1-p_{ij}}\right) = \sum_{k=0}^{K}\beta_k \cdot x_{kj} + \alpha_i$$

该表达式中，i 是父母的下标，j 是子女的下标。p_{ij} 表示父母 i 的第 j 个子女向父母 i 提供赡养的概率。x_{kj} 是 k 个子女层面的自变量，如子女的性别、年龄等，β_k 是其回归系数。α_i 是父母 i 的固定系数，它代表了父母 i 自身的异质性。

与经典的 logistic 回归相比，固定效应模型最大的特点是增加了α_i，这相当于对每个父母使用一个虚拟变量。而且，由于α_i的存在，模型不再需要考虑父母层面的自变量，如父母的性别、年龄、婚姻状况等，因为α_i已经包含了所有这些变量的影响。事实上，即使在模型中考虑这些变量，它们也会因为完全共线性而被自动排除在模型之外。不过，父母特征与子女特征的交互项依然可以进入模型。

五、分析结果

（一）描述性统计结果

表5-3分城乡和是否同住描述了儿子和女儿向父母提供经济支持和生活照料的情况，其中生活照料分家务劳动和照顾父母两个方面。首先，就全国来看，儿子在经济支持、家务劳动和照顾父母三个方面的比例都高于女儿；但是就显著性来看，儿子仅在经济支持一个维度上显著高于女儿，在家务劳动和照顾父母两个方面，儿子和女儿的差异是比较小的。

表5-3 儿子和女儿向父母提供经济支持和生活照料的百分比（%）

城乡	是否同住	经济支持			家务劳动			照顾父母		
		儿子	女儿	Sig	儿子	女儿	Sig	儿子	女儿	Sig
全国	同住	36.1	27.8		19.7	29.2	*	30.3	41.1	*
	不同住	33.5	29.9	*	10.1	10.4		18.6	19.5	
	合计	34.3	29.8	**	13.1	11.3	+	22.3	20.5	
农村	同住	38.2	24.5	*	17.3	10.2	+	29.6	32.8	
	不同住	35.8	30.2	**	8.4	8.2		17.6	17.3	
	合计	36.7	30.1	***	11.5	8.2	**	21.7	17.7	**
城市	同住	26.8	30.1		30.3	43.0		33.6	47.1	
	不同住	28.2	29.0		14.0	16.8		21.1	25.6	
	合计	27.9	29.1		17.5	19.4		23.8	27.7	

注：表中结果已加权；$+p<0.1$，$^{*}p<0.05$，$^{**}p<0.01$，$^{***}p<0.001$。

其次，分城乡来看，儿子和女儿的作用有明显不同。在农村，儿子在经济支持、家务劳动和照顾父母三个方面的作用依然显著大于女儿；但是在城市，儿子和女儿的作用是旗鼓相当的，而且从数值上看，女儿在所有三个方面的作用都已略微超过了儿子。这在一定程度上说明，在现代化程度较高和人口转变速度较快的城市地区，女儿的养老功能体现得更加明显。

最后，从表5-3中还可以发现一个非常有意思的现象：如果我们仅就合计这一行来看，在全国样本中，儿子在家务劳动和照顾父母方面的作用都略高于女儿，但是无论在与父母同住的子女中进行比较，还是在不与父母同住的子女中进行比较，女儿在这两个方面都比儿子做得多。这种现象在统计学中被称作辛普森悖论（Simpson's parodox），即条件分布与边缘分布的结果相互矛盾。出现这个悖论的原因在于：儿子更可能与父母同住，而与父母同住是帮父母做家务和照顾父母的一个重要前提。所以，尽管在同住和不同住的情况下，女儿的作用都比儿子大，但是因为儿子与父母同住的比例更高，所以当我们把同住与不同住的子女合在一起进行比较的时候，会发现儿子的作用反而比女儿大。在下文的模型分析部分，笔者还将对这个问题进行更加深入的研究。

（二）儿子养老还是女儿养老

为了对儿子和女儿的赡养行为进行更为严格的比较研究，本章使用了固定效应模型，模型输出结果见表 5－4 和表 5－5。在表 5－4 中，我们除了纳入子女性别这一核心自变量之外，还控制了子女的年龄、婚姻状况、受教育年限和职业类型。可以发现，在控制这些变量以后，儿子在经济支持、家务劳动和照顾父母三个方面的作用都显著大于女儿。不过，由于表 5－4 并未控制子女与父母的居住距离，所以它研究的是子女性别对赡养行为的总效应。通过上述分析，我们可以得到以下结论，即在儿女双全的情况下，儿子在赡养父母时的总效应依然显著大于女儿，中国传统的以儿子为核心的赡养制度依然得到了保留。

表 5－4　固定效应模型输出结果（不控制居住距离）

	经济支持		家务劳动		照顾父母	
	系数	SE	系数	SE	系数	SE
儿子	0.689***	0.084	0.547***	0.094	0.544***	0.087
年龄	−0.020*	0.009	−0.045***	0.011	−0.038***	0.009
结过婚	0.883***	0.191	0.755**	0.264	0.248	0.217
受教育年限	0.038**	0.014	−0.040*	0.018	0.001	0.015
职业类型						
无工作（参照类）						
非农工作	0.597***	0.142	0.313*	0.147	−0.218+	0.131
农业工作	0.229	0.166	0.529**	0.189	0.194	0.158
似然比卡方	166.00***		74.33***		60.13***	
自由度	6		6		6	
父母数	2 468		2 468		2 468	
子女数	9 076		9 076		9 076	

注：回归结果已加权；+$p<0.1$，* $p<0.05$，** $p<0.01$，*** $p<0.001$。

然而，当我们继续控制子女与父母的居住距离以后可以发现，性别的回归系数在三个模型中都发生了非常剧烈的变化（见表5-5）。首先，就经济支持来看，虽然儿子的核心作用依然显著存在，但是与表5-4相比，效应值出现了非常明显的下降。其次，就家务劳动和照顾父母这两个方面来看，儿子的核心作用不仅荡然无存，而且出现了女儿超过儿子的现象。

表5-5 固定效应模型输出结果（控制居住距离）

	经济支持		家务劳动		照顾父母	
	系数	SE	系数	SE	系数	SE
儿子	0.212*	0.104	−0.277*	0.128	−0.670***	0.137
年龄	−0.005	0.009	−0.022	0.014	−0.010	0.012
结过婚	1.386***	0.206	2.252***	0.324	2.027***	0.277
受教育年限	0.059***	0.015	−0.014	0.023	0.008	0.020
职业类型						
无工作（参照类）						
非农工作	0.569***	0.154	0.109	0.202	−0.162	0.181
农业工作	0.272	0.176	0.189	0.241	0.064	0.210
居住距离						
同住（参照类）						
同村/街	−1.573***	0.148	−2.277***	0.194	−2.731***	0.188
同县/区不同村/街	−1.437***	0.159	−3.118***	0.208	−3.659***	0.221
同市不同县/区	−1.437***	0.203	−2.906***	0.235	−3.785***	0.280
同省不同市	−1.849***	0.234	−4.891***	0.442	−4.990***	0.366
不同省	−1.732***	0.196	−4.773***	0.403	−5.006***	0.322
似然比卡方	340.43***		623.43***		840.82***	
自由度	11		11		11	
父母数	2 468		2 468		2 468	
子女数	9 076		9 076		9 076	

注：回归结果已加权；* $p<0.05$，** $p<0.01$，*** $p<0.001$。

为什么在控制子女与父母的居住距离以后，性别的系数会出现如此剧烈的变化呢？我们知道，如果 x 和 y 的关系因为 z 的存在而发生了变化，那么这个 z 必须满足两个基本条件：第一，z 必须对 y 有显著影响；第二，z 必须与 x 高度相关。而居住距离正是这样一个 z。首先，从表5-5可以发现，与父母同住可以大大增加对父母的经济支持和生活照料，而且与父母住得越近，照顾父母的可能性越大。其次，从表5-2可以发现，儿子不仅与父母同住的比例大大高于女儿，而且与父母的居住距离也比女儿近。所以，儿子更可能赡养父母的一个重要原因是他们更可能与父母同住，而且与父母的居住距离较近，而居住空间上的便利大大增加了他们赡养父母的可能性。所以，一旦我们将居住方式上的性别差异控制住，儿子在赡养行为上的性别优势就会大大降低，甚至出现女儿反超儿子的现象。

正如图 5-1 所示，性别对赡养行为的影响是通过两条途径实现的：首先，性别会对赡养行为产生直接影响；其次，性别也会通过居住方式对赡养行为产生间接影响。从前文的分析结果可以发现，如果就间接影响来说，在当代中国家庭，儿子的核心作用依然非常突出；但是就直接影响来看，性别差异所造成的结果已经发生了非常明显的变化：儿子的性别优势仅体现在经济支持这一个维度，而在家务劳动和照顾父母这两个方面，女儿的作用已经超过了儿子。由此可见，中国传统的以儿子为核心的赡养制度已经发生了明显的转变。而且从分析结果看，这种转变更多地体现在家务劳动等女性化的照料行为当中。结合性别角色理论和资源禀赋理论，这可能与社会对女性的性别角色期待和女性在时间方面的资源优势有关。

（三）女儿养老的城乡差异

众所周知，中国是一个城乡分化较为严重的国家，城乡之间在文化观念、经济发展水平、人口转变速度、社会保障水平等方面都存在较大的差异。之前的描述性统计分析也发现，儿子和女儿的赡养行为在城乡之间也存在明显的差异。为了对这个问题进行更加深入的研究，我们在模型中增加了城乡和子女性别的交互项（结果见表 5-6）。在增加这个交互项以后，子女性别的主效应反映的是农村中的情况，而性别与城乡的交互项反映的是城乡之间的差异性。

表 5-6　固定效应模型输出结果（城乡差异）

	经济支持		家务劳动		照顾父母	
	系数	SE	系数	SE	系数	SE
儿子	0.439***	0.121	−0.242	0.174	−0.257	0.161
儿子 * 城市	−0.818***	0.210	−0.071	0.241	−1.268***	0.247
年龄	−0.005	0.009	−0.022	0.014	−0.011	0.012
结过婚	1.397***	0.207	2.252***	0.324	1.986***	0.276
受教育年限	0.052***	0.016	−0.014	0.023	−0.009	0.020
工作类型						
无工作（参照类）						
非农工作	0.601***	0.156	0.108	0.202	−0.146	0.184

续表

	经济支持		家务劳动		照顾父母	
	系数	SE	系数	SE	系数	SE
农业工作	0.312+	0.178	0.191	0.242	0.138	0.212
居住距离						
同住（参照类）						
同村/街	−1.548***	0.149	−2.269***	0.196	−2.694***	0.191
同县/区不同村/街	−1.282***	0.165	−3.097***	0.220	−3.475***	0.224
同市不同县/区	−1.331***	0.204	−2.906***	0.236	−3.942***	0.291
同省不同市	−1.755***	0.236	−4.887***	0.443	−5.003***	0.385
不同省	−1.643***	0.195	−4.763***	0.405	−4.946***	0.325
似然比卡方	355.44***		623.52***		867.65***	
自由度	12		12		12	
父母数	2 468		2 468		2 468	
子女数	9 076		9 076		9 076	

注：回归结果已加权；$+p<0.1$，$^{*}p<0.05$，**，$p<0.01$，$^{***}p<0.001$。

首先，就经济支持来看，性别的主效应显著为正，这说明在农村，儿子在经济支持方面的直接效应依然非常突出。不过性别和城乡的交互效应显著为负，这说明在城市，儿子和女儿在经济支持上的差异比农村小。如果我们将性别的主效应和与城乡的交互效应相加，可以发现，城市中女儿在经济支持方面的直接效应已经超过了儿子，这也验证了谢宇和朱海燕的研究结论（Xie & Zhu，2009）。

其次，从家务劳动和照顾父母两个方面看，性别的主效应在这两个模型中都为负，但二者都不显著。这说明在农村，女儿在生活照料方面给予父母的帮助与儿子大体相当，但略多于儿子。就城乡之间的差异性来看，性别和城乡的交互项在家务劳动方面并不显著，但是在照顾父母方面显著为负，这说明，女儿在照顾父母方面的作用在城市家庭表现得更加突出。

上述分析结果表明，儿子和女儿的赡养行为在城乡之间确实存在非常明显的差异。农村中大体上表现出“儿子出钱、女儿出力”的分工合作的赡养模式；然而在城市，女儿在经济支持和生活照料两个方面的作用都已显著超过了儿子。由此可见，儿子和女儿在赡养父母时的角色转变在城市地区表现得更加明显。

谢宇和朱海燕（Xie & Zhu，2009）的研究指出，中国城市快速的现代化进程改变了城市家庭传统的家庭观念，而且城市中女性社会经济地位的迅速提高不仅增强了女性参与家庭事务的主观意愿，而且赋予了女性赡养父母的经济能力，所以城市中性别角色的转换会比农村更加明显。除此之外，唐灿等人（2009）的研究还指出，生育率的下降和男性外出务工造成的传统养老资源的萎缩也是导致老人不得不依靠女儿养老的重要原因。由此可见，一方面是快速的现代化过程中女性地位的迅速崛起，而另一方面，人口转变也赋予了女性更多的赡养父母的家庭使命。而且，无论从现代化的程度还是人口转变的速度来看，城市都明显走在了农村的前面。所以，城乡之间在现代化和人口转变等方面的巨大差异很有可能是导致城乡家庭在赡养老人时表现出不同的性别分工模式的主要原因。

（四）女儿养老的原因分析

前文曾指出，家庭生育率的下降、人口迁移流动的增加以及女性受教育程度的提高是女儿养老功能提升的三个主要原因。为了对这一观点进行检验，我们在模型中分别纳入了子女性别和兄弟姐妹数量、子女性别和居住距离以及子女性别和受教育年限的交互项，分析结果分别见表 5-7、表 5-8 和表 5-9。

表 5-7 固定效应模型输出结果（兄弟姐妹数量的影响）

	经济支持		家务劳动		照顾父母	
	系数	SE	系数	SE	系数	SE
儿子	−0.614*	0.271	−0.602+	0.361	−0.963**	0.366
儿子 * 兄弟姐妹数	0.218***	0.066	0.076	0.088	0.081	0.088
年龄	0.009	0.009	−0.020	0.013	−0.014	0.011
结过婚	1.235***	0.186	2.166***	0.306	1.584***	0.258
受教育年限	0.059***	0.014	−0.011	0.021	0.017	0.019
工作类型						
无工作（参照类）						
非农工作	0.362**	0.137	0.028	0.192	−0.345*	0.169
农业工作	0.156	0.163	0.174	0.231	−0.013	0.200
居住距离						
同住（参照类）						
同村/街	−1.755***	0.139	−2.342***	0.183	−2.685***	0.171
同县/区不同村/街	−1.532***	0.147	−3.330***	0.201	−3.579***	0.203
同市不同县/区	−1.516***	0.185	−2.885***	0.221	−3.672***	0.249
同省不同市	−1.892***	0.209	−5.050***	0.436	−4.858***	0.342
不同省	−1.696***	0.176	−4.494***	0.346	−5.029***	0.308
似然比卡方	395.64***		730.24***		985.55***	

续表

	经济支持		家务劳动		照顾父母	
	系数	SE	系数	SE	系数	SE
自由度	12		12		12	
父母数	753		596		758	
子女数	2 804		2 170		2 744	

注：回归结果已加权；$+p<0.1$，$^{*}p<0.05$，$^{**}p<0.01$，$^{***}p<0.001$。

表 5－7 在模型中纳入了子女性别与兄弟姐妹数量的交互项。可以发现，在所有三个模型当中，该交互项的回归系数都是正值，这说明在兄弟姐妹数量较多的家庭，儿子在养老中发挥的作用相对较大，而在兄弟姐妹数量较少的家庭，女儿的赡养责任会有所增加。所以，前文的假设得到了数据的支持。不过，从模型对交互项的统计检验结果来看，性别与兄弟姐妹数量的交互效应只在经济支持这一个方面是统计显著的。我们认为，这可能是由以下两个原因造成的。

首先，一般而言，家务劳动和照顾父母这两种赡养行为只要有一个子女愿意承担就可以。所以，女儿在这两种作用不会随着兄弟姐妹数量的降低而发生特别显著的变化。但是父母在经济支持方面的养老需求通常需要多个子女共同承担，所以子女数量越少，女儿参与的必要性越强。

其次，在儿女双全的情况下，“儿子出钱、女儿出力”是当代中国家庭比较流行的性别分工模式。所以无论子女数量是多是少，家务劳动和照顾父母始终都是女儿的责任，所以女儿在这两个方面的作用不会随着子女数量的变化而有太大的变化。但是为父母提供经济支持通常是儿子的责任，所以如果子女数量少，儿子不能独自承担这种责任，那么女儿的参与就会显得非常必要。

表 5－8 在模型中纳入了子女性别和居住距离的交互项。可以发现，在所有三个模型中，该交互项都是负值，这说明在子女与父母住得较近的情况下，儿子的养老作用更大；但是在与父母住得较远的子女当中，女儿的养老作用体现得更加明显。不过，与上文对兄弟姐妹数量的分析结果类似，性别和居住距离的交互项也只在经济支持这一个维度上是统计显著的。我们认为，这主要是因为家务劳动和照顾父母这两种赡养行为在较大程度上受到了居住距离本身的限制，而经济支持受居住距离的限制较小，即使子女与父母住得较远，也能提供经济上的帮助。所以，经济支持能够更好地反映子女的养老意

愿随着居住距离的远近而发生变化。

表 5-8 固定效应模型输出结果（居住距离的影响）

	经济支持		家务劳动		照顾父母	
	系数	SE	系数	SE	系数	SE
儿子	0.620***	0.167	−0.237	0.209	−0.439*	0.221
儿子*居住距离	−0.185**	0.061	−0.042	0.094	−0.103	0.088
年龄	0.007	0.009	−0.021	0.013	−0.015	0.011
结过婚	1.251***	0.187	2.195***	0.305	1.604***	0.258
受教育年限	0.064***	0.014	−0.009	0.021	0.016	0.019
工作类型						
无工作（参照类）						
非农工作	0.351*	0.137	0.029	0.192	−0.353*	0.169
农业工作	0.091	0.163	0.177	0.231	−0.048	0.201
居住距离						
同住（参照类）						
同村/街	−1.514***	0.154	−2.296***	0.214	−2.546***	0.204
同县/区不同村/街	−1.211***	0.185	−3.272***	0.252	−3.391***	0.263
同市不同县/区	−1.171***	0.224	−2.812***	0.280	−3.473***	0.302
同省不同市	−1.442***	0.260	−4.977***	0.478	−4.607***	0.412
不同省	−1.134***	0.254	−4.385***	0.431	−4.717***	0.405
似然比卡方	393.58***		729.69***		986.09***	
自由度	12		12		12	
父母数	753		596		758	
子女数	2 804		2 170		2 744	

注：回归结果已加权；* $p<0.05$，** $p<0.01$，*** $p<0.001$。

我们认为，居住距离可以在一定程度上反映子女的迁移流动状况对赡养行为的影响。虽然外出工作可以同时增加儿子和女儿的经济收入，提高他们赡养父母的经济能力，但是从理论上来看，迁移流动对儿子和女儿养老意愿的影响是不同的。迁移流动使儿子脱离了父母的管束，这会降低儿子赡养父母的可能性；但是，迁移流动的经历却使女性有机会接触到现代社会的生活方式，这会从根本上改变她们传统的家庭观念。所以对女儿来说，迁移流动不仅会增强她们赡养父母的经济能力，而且会提高她们赡养父母的主观意愿。所以我们会发现，随着与父母居住距离的增加，女儿与儿子在经济上赡养父母的差异会缩小。

最后，表 5-9 在模型中纳入了子女性别与受教育年限的交互项。可以发现，该交互项在三个模型中都显著为负，这充分说明，随着受教育程度的提高，女儿在经济支持、家务劳动和照顾父母三个方面相对儿子的作用都会体现得越来越明显。经过计算，当子女的受教育年限达到 12 年（高中）的时候，儿子和女儿在经济支持方面已经不存在显著差异；当子女的受教育年限达到 9 年（初中）的时候，儿子和女儿在家务劳动方面的性别差异也会消失。而且，随着受教育年限的继续增加，女儿在这两个方面的作用都会超过儿子。在照顾父母方面，由于子女性别的主效应本身就不显著，所以，即使在没有接受任何教育（文盲）的情况下，儿子和女儿的作用也相差无几；而显著为负的交互效应同样说明，随着受教育程度的提高，女儿在照顾父母方面的作用也会超过儿子。

表 5-9　固定效应模型输出结果（受教育年限的影响）

	经济支持		家务劳动		照顾父母	
	系数	SE	系数	SE	系数	SE
儿子	0.685***	0.193	1.108***	0.307	−0.047	0.234
儿子 * 受教育年限	−0.058**	0.020	−0.149***	0.029	−0.075**	0.024
年龄	0.007	0.009	−0.022+	0.013	−0.016	0.011
结过婚	1.289***	0.186	2.249***	0.308	1.630***	0.258
受教育年限	0.094***	0.018	0.063*	0.026	0.053*	0.022
工作类型						
无工作（参照类）						
非农工作	0.366**	0.138	−0.054	0.197	−0.359*	0.169
农业工作	0.169	0.164	0.148	0.237	−0.062	0.201
居住距离						
同住（参照类）						
同村/街	−1.721***	0.139	−2.340***	0.185	−2.660***	0.172
同县/区不同村/街	−1.504***	0.148	−3.150***	0.204	−3.499***	0.204
同市不同县/区	−1.505***	0.186	−2.896***	0.228	−3.686***	0.251
同省不同市	−1.929***	0.209	−5.008***	0.444	−4.886***	0.348
不同省	−1.663***	0.177	−4.475***	0.353	−4.952***	0.306
似然比卡方	392.68***		765.97***		994.46***	
自由度	12		12		12	
父母数	753		596		758	
子女数	2 804		2 170		2 744	

注：回归结果已加权；$+p<0.1$，$^{*}p<0.05$，$^{**}p<0.01$，$^{***}p<0.001$。

综上所述，女性受教育程度的提高是导致她们在养老中的参与度越来越高的重要原因。这一方面可以归结于教育对女性传统观念的改变；另一方面，女性受教育程度的提高也能从一个侧面说明，父母早年对女儿的教育投资在增加。由于投资和反馈之间具有因果关联，父母早年教育投入的增加会显著提升女儿回馈父母的主观意愿。最后，受教育程度的提高也会提升女性的社会经济地位和赡养父母的经济能力，所以女性的受教育程度越高，赡养父母的可能性越大。

六、结论与讨论

本章使用 CFPS 在 2010 年的初访调查数据从经济支持和生活照料两个方面对儿子和女儿的赡养功能进行了系统的比较研究。研究发现，在当代中国家庭，儿子在赡养父母时的总效应依然大于女儿，但这在很大程度上是因为他们更可能与父母同住；一旦我们将性别通过居住方式所产生的间接影响控制住，儿子便仅有经济支持这一个方面的直接效应超过女儿，在生活照料方面，女儿的直接效应已经显著超过了儿子。分城乡的比较研究发现，这种“儿子出钱、女儿出力”的性别分工模式主要体现在农村；在城市，女儿在经济支持和生活照料两个方面的直接效应都已超过了儿子。所以，中国传统的以儿子为核心的赡养方式虽然没有彻底瓦解，但确实已经发生了非常明显的变化，家庭生育率的下降、人口迁移流动的增加以及女性越来越高的受教育水平是导致这些变化的重要原因。本章的这些发现不仅有助于我们认识中国家庭的变迁规律，而且在老龄化的背景下，它对中国日益严重的养老问题也具有极为重要的参考价值。

第一，在现代化和人口转变的宏观背景下，中国父系家庭制度的变迁一直是国内外学者极为关注的研究问题。本章关注的焦点虽然仅集中在家庭养老这一个领域，但它对我们认识父系家庭制度在其他领域的变迁同样具有非常重要的启发意义。因为从理论上看，儿子的赡养责任不仅是他们获取财产继承权的必要前提和基础（唐灿、马春华、石金群，2009），而且在很大程度上导致了中国父母在生育观念上对男孩的偏好（莫丽霞，2005）以及在子女养育和代际交往中对女儿的歧视（叶华、吴晓刚，2011）。随着女儿养老功能的提升，中国传男不传女的单系继承制度是否会发生相应的变化？女儿工具性意义的提升会对父母的性别偏好产生什么影响？这些都是极富理论意义和现实意义的重要问题。所以，观察中国赡养制度的变化很有可能会成为我们认识整个父系家庭制度变迁的突破口。

第二，中国从夫居的居住传统虽然有利于儿子履行赡养父母的责任，但却在很大程度上限制了女儿的养老功能。本章发现，在与父母的居住方式完全相同的情况下，儿子能够提供更多的经济支持，但女儿能够提供更好的生活照料。所以笔者认为，老人应该根据自身的需求做出最适合自己的居住选择。在农村社会养老制度尚不健全的情况下，老人在经济上对子女的依赖度依然很高，所以农村老人选择与儿子同住具有一定的经济理性成分。但是在城市，养老金的覆盖率和保障标准都比较高，老人不仅具备了一定的自养能力，甚至还能帮助经济上有困难的子女（Xie & Zhu，2009；宋健、戚晶晶，2011）。所以，城市老人在经济上对子女的依赖已大为降低，相比之下，他们在生活照料方面的需求正变得越来越重要。所以对城市老人而言，与女儿同住可能是一个更加理想的选择。

第三，本章在分析时将样本限定在多子女家庭，这一方面是为了满足家庭内部比较的研究需要，另一方面也是基于当前大多数中国老人都有多个子女的客观事实。研究发现，在多子女的情况下，兄弟姐妹可以根据自身的角色定位和资源优势在赡养父母时进行合理的劳动分工。例如，“儿子出钱、女儿出力”就是当前中国家庭普遍实行的一种性别分工模式。但是随着中国生育率的持续下降，未来将有越来越多的老人只有一个子女，这势必会打破已有的兄弟姐妹之间的分工模式，造成独生子女“既要出钱、又要出力”的不利局面。所以，独生子女家庭的大量出现将对中国传统的赡养制度构成强烈的冲击，女儿的参与虽有助于缓解家庭的养老危机，但并不足以解决独生子女家庭的养老问题。如何调动各方面的资源以应对老龄化和少子化的双重冲击将是未来亟须解决的重大问题。

第四，虽然本章使用了家庭内部比较这种较为严谨的数据分析方法，并结合经济支持和生活照料两个方面对儿子和女儿的赡养行为进行了较为全面的比较研究，但由于数据本身的限制，本研究也不可避免地存在一些缺陷。例如，本章发现，与父母同住可以大大增加对父母的经济支持和生活照料，但是从另一个角度看，老人对子女的经济依赖和照料需求也会反过来影响家庭的居住选择。虽然从分析技术上看，固定效应模型能够控制所有的父母特征，包括父母的年龄、健康和各种养老需求，但本章并未对这种内生因果问题进行细致的研究，所以这个问题还有待后续的研究去探讨。再如，本章的主要目的是比较儿子和女儿的养老功能，但由于数据的限制，我们并未考虑儿媳在其中所发挥的作用。根据中国的家庭传统，女儿出嫁以后将要和丈夫一起孝敬公婆，所以在传统中国社会，女儿的养老功能实际上是通过媳妇这一特定的角色实现的，但目前所有的调查数据都未询问媳妇对公婆的赡养情况，所以我们很难分清老人回答里来自儿子的经济支持和生活照料中，有多大比例是媳妇提供的，有多大比例是儿子自己提供的。所以，只能期待研究者在未来能够掌握更多数据资料的情况下再来回答这个问题。在因变量的测量方面，很多研究指出，子女对父母的赡养应包括经济支持、生活照料和情感慰藉三个方面，但 CFPS 仅询问了经济支持和生活照料两个方面的信息，这在一定程度上限制了本研究的范围。而且，仅从经济支持和生活照料两个方面来看，CFPS 也只询问了子女是否有过赡养父母的行为，而没有进一步询问赡养行为的强度。例如，CFPS 没有询问子女给父母经济支持的数额，也没有询问子女帮父母做家务和照顾父母的频率，所以这也是本研究的缺陷之一。总而言之，有关家庭养老的研究中还有很多重要问题没有得到妥善的解决，笔者也殷切希望本研究能够抛砖引玉，通过学术同人的共同努力来推动相关领域的研究不断向前发展。

第六章　为何养老

导读： 本章重点关注的是家庭养老赖以延续的基础或条件。根据中国的孝道传统，子女赡养父母是天经地义的，或者说是无条件的。但近年来不断曝光的赡养冲突使得社会各界都对这种基于孝道文化的无条件赡养模式产生了怀疑。但与此同时，很多研究却发现，大多数中国老人依然能够得到子女的赡养，且依然对子女的孝行表示满意。既然如此，在孝道伦理出现衰弱的背景下，支撑子女赡养父母的逻辑基础是什么？本章从近年来人们热议的“啃老”问题出发对这一问题进行了研究。通过对 2012 年中国老年社会追踪调查（CLASS）数据的深入分析，本章发现，如今中国父母正在从经济和小孩照料等方面向他们的成年子女提供各种形式的帮助，而且父母提供帮助（特别是小孩照料）的情况如何对他们当下和未来是否能够得到子女赡养以及赡养的水平如何均有显著影响。分城乡的比较研究发现，父母的帮助对子女赡养行为的影响在城市中表现得更加明显，这在一定程度上说明，快速的社会变迁已经改变了中国家庭养老制度赖以维持的基础。一方面，在现代社会，父母和成年子女在其特定的生命周期中均对对方的支持有特定的需求，所以在未来，代际支持会呈现出双向性的特点；另一方面，随着孝道的衰弱，子女赡养可能会从一种无条件的赡养转变为一种有条件的赡养，在成年阶段能否持续得到父母的帮助可能会成为决定子女是否赡养父母以及赡养水平高低的重要因素。

一、养老与“啃老”

在中国，子女对父母持续而广泛的赡养行为很早就引起了国内外学者的广泛关注（费孝通，1983；Lee、Parris & Willis，1994）；但相比之下，代际支持的另一面，即父母对成年子女的帮助却很少进入研究者们的研究视野。罗根等人认为，中国家庭是以父母为中心的，代际资源流动的主要方向是自下而上的，而父母对子女的帮助是相对次要或不重要的（Logan、Bian & Bian，1998）。朱敬一和于若蓉也认为，这代表了目前学术界对中国家庭代际关系的主流观点（Chu & Yu，2010）。

然而近些年来，这种自下而上的代际交换关系却发生了明显的变化。不仅学术界关于子女不孝的讨论日渐增多（郭于华，2001；陈柏峰，2009），而且越来越多的研究发现，无论在农村还是城市，父母反而在向他们的成年子女提供各种形式的帮助，如提供住房、帮做家务和带小孩等（怀默霆，2001；许琪，2013）。一些学者将这种现象称为“啃老”，并认为子女的“啃老”行为是对父母的“代际剥削”（阎云翔，2006），是对传统孝道伦理的进一步挑战。但也有学者认为，称子女单方面“啃”父母的说法并不准确，因为在“责任伦理”的驱动下，父母不会对子女的困难坐视不理，甚至在有些情况下，是父母在把子女“扶上马”（养大成人）以后主动要求“再送他们一程”（杨善华、贺常梅，2004）。

我们暂且不论当前中国家庭普遍出现的这种自上而下的代际资源流动是子女在“啃”还是父母在“赠”，或二者兼有，但这一现象本身至少说明中国传统的代际交换关系已经发生了明显的变化。而在发生这一变化之后，原先占主导地位的赡养关系是否也会发生相应的变化就特别值得我们进行深入的分析和探讨。

既有关于中国家庭养老的理论研究大多基于费孝通（1983）提出的“反馈模式”。在反馈模式中，父母对年幼子女的养育和子女对年老父母的赡养构成了因果关系（陈皆明，1998）：换言之，子女养老的一个重要原因是报答父母的养育之恩。然而在现实生活中，父母对子女的恩情并不会随着子女长大成人就立刻宣告结束，实际上，父母的恩惠将一直持续到子女结婚生子甚至存在于更长的生命历程之中（杨善华、贺常梅，2004）。如果说父母对年幼子女的悉心照料和谆谆教诲能够被他们始终铭记于心，且父母能够在若干年后得到回报的话，那么父母在子女成年以后施加的各种恩惠也有可能收到类似甚至更好的效果，因为与抚育年幼子女相比，父母帮助成年子女和接受子女帮助之间的时间跨度更短，所以从理论上看，父母的这种帮助很有可能会对子女的赡养行为产生更为直接的影响。

除此之外，费孝通（1983）提出的反馈模式认为，“养育”和“赡养”是构成一对延时性代际互惠关系的两个基本环节。而实际上，在养育和赡养之间，还存在一段非常重要的子女不需父母养育、父母也尚不需子女赡养的阶段。在笔者看来，这个阶段的代际交往对于维系和谐稳定的代际关系并确保子女赡养父母非常重要，所以从这个意义上说，父母对成年子女的持续帮助有可能会成为联结“养育”和“赡养”的重要一环。

最后，在“养育-赡养”的反馈模式中，无论父母对子女的养育还是子女对父母的赡养都是无条件的，或者说都是天经地义的（郭于华，2001）。但是如果父母对成年子女的帮助已成为影响子女赡养水平的重要因素，那么，这在某种程度上意味着那种无条件的赡养关系也已不复存在，换言之，随着父母开始持续而广泛地向他们的成年子女提供各种形式的帮助，子女可能会将是否得到父母的帮助作为是否履行赡养责任的条件和前提，这对日后将会对中国家庭代际关系的发展产生非常深远的影响。综上所述，在代际资源流动的方向出现倒转的背景下，研究中国传统赡养关系的变化不仅具有理论意义，而且具有重要的现实意义。

二、对养老的三个理论解释

关于子女对父母的赡养行为，国内外学者提出了三种不同的理论解释（Lee、Parish & Willis，1994）。第一种理论认为，子女赡养父母的主要目的是继承父母的财产，所以那些经济条件较好、财产比较丰厚的老年人更可能得到子女的关心和照顾。伯恩海姆等人（Bernheim et al.，1985）进一步指出，父母可以通过控制财产来实现自身经济利益的最大化。例如，父母可以将承诺将更多的财产传给孝顺的子女或者以剥夺不孝子的继承资格作为威胁，来确保子女的顺从。

这个理论有一定的道理，因为从经济现实考虑，对丰厚遗产的期待确实可能会促使成年子女对其老年父母倍加关怀。但无论在哪一个社会，家境殷实的家庭毕竟是少数，对绝大多数父母而言，他们并没有很多财产可以作为与子女讨价还价的资本（陈皆明，1998）。既然如此，那么为何在中国，子女仍然愿意在没有多少经济补偿的情况下照顾自己的父母呢？很显然，这个理论无法回答这一问题。不仅如此，朱敬一和于若蓉的研究还发现，中国父母并没有像该理论所预言的那样将财产牢牢掌控在自己手里；与之相反，他们采取了一种截然不同的策略，即在分家时就早早地将大部分财产转移给下一代（Chu & Yu，2009）。研究者发现，中国父母的这种"不理性"的做法不仅没有使他们失去对子女的控制，反而会使子女日后给予他们更多的经济回报（Chu & Yu，2009）。由此可见，对财产的严格控制并非中国父母始终能够得到子女赡养的主要原因。

关于子女赡养的第二个理论认为，代与代之间存在非常广泛的商品和服务的交换，父母之所以能够得到子女的支持，是因为他们同时也在为子女提供各种形式的帮助，如经济帮助、家务劳动和孙子女照料等（Lee、Parish & Willis，1994）。所以从这个理论来看，代际交往可以被视作一种即时性的代际互惠行为，子女赡养父母是因为他们同时对父母也有所求，在这种需求无法在市场得到满足的情况下，父母的帮助显得更加重要。

这个理论可以解释一部分代际交换行为，即使在代际关系比较松散的西方国家，短期内父母与子女之间礼尚往来和互帮互助的现象也并不罕见（Lee、Parish & Willis，1994）。但是，如果一方对另一方的帮助需要以另一方的及时回馈为条件，那么，这意味着进行交换的双方都必须拥有一定价值的物品，以从对方那里换取好处（陈皆明，1998）。但是对老年人来讲，他们恰恰在最缺乏回报能力的时候最需要子女的帮助。所以，如果严格按照此原则，高龄或衰弱的老人几乎不可能从子女那里获得帮助。既然如此，那么在中国，子女为何愿意为贫困、年迈或衰弱的父母提供帮助呢？很显然，我们需要寻找其他理论来回答这一问题。

与前两种理论将家庭成员视为各自为战的经济理性人不同，关于子女赡养的第三种理论认为，子女赡养父母是在履行家庭义务，而不以获取即时或未来的经济补偿为目的。这个理论将家庭视为一个具有高度利益一致性的合作群体（Lee、Parish & Willis，1994），而群体团结则有赖于家庭成员对家庭整体的高度认同和对家庭义务的无条件履行（陈皆明，1998）。父母的义务在于对年幼子女的养育；作为回馈，子女的义务在于对年老父母的赡养。所以从这个理论来看，父母和子女之间似乎就一种延时性的代际互惠关系（即养育和赡养关系）达成了一个不成文的“协议”，双方对这一协议的共同遵守确保了家庭共同体的有效运行。

在很多学者看来，上述关于子女赡养的第三种理论比较符合中国国情（陈皆明，1998；Lee、Parish & Willis，1994），费孝通（1983）所勾画的“抚养-赡养”的代际互惠模式是对这一理论更加形象的说明。但是，如果说中国父母和子女确实就养育和赡养存在某种非正式协议的话，那么这意味着：第一，从养育阶段结束到赡养阶段开始有一个漫长的过渡期，所以子女的回报必然是延时性的；第二，子女施以回报之日通常也是父母年老体衰之时，所以子女的回报通常是不计报酬的。既然如此，如何才能确保子女在接受父母养育之恩的若干年后，并在没有太多经济回馈的条件下依然愿意忠实地履行这份协议呢?

三、确保子女赡养的两条途径

从理论上看，保障协议执行最直接有效的办法就是对违约方施加足够严厉的惩罚。在中国历史上，历朝历代的法律都对子女的赡养责任有着明确的规定，中华人民共和国成立以后陆续颁布的《中华人民共和国婚姻法》《中华人民共和国老年人权益保障法》也规定老人有要求子女赡养的权利，而且子女也有相应的赡养老人的义务（王跃生，2009）。不过在一些学者看来，由于中国法律并不愿意过多地介入家庭事务，而且在“无讼”这样一种文化氛围下，法律对赡养行为的约束力并不大；在民间，真正起作用的实际上是道德（Chu & Yu，2009）。众所周知，中国有着两千多年的儒家文化传统，作为儒家文化的核心要素，“孝”被赋予了极为崇高的道德意义和价值内涵。在这种情况下，子女不孝就是大逆不道，不孝的子女不仅会受到社会舆论的强烈谴责，而且会失去亲属群体的支持和在熟人社区内部安身立命的根本（瞿同祖，1981）。所以在很多学者看来，传统社会对孝道伦理的高度推崇以及与之相关联的道德评价机制是保障子女履行赡养责任的关键所在（Whyte，2004）。

不过，除了通过道德规范或者说孝道伦理对子女的赡养行为进行外部约束之外，在笔者看来，确保子女赡养父母的另一个关键在于建立和维持良好的代际关系并从内部强化子女对父母的感激之情。从这个角度看，父母对成年子女的持续帮助对获得子女赡养具有极为重要的意义。

首先，与其他形式的代际交换关系相同，子女对父母的赡养也需建立在良好的代际关系基础上。代际亲密关系不仅有赖于血脉相连这一基本的生物学事实，而且取决于两代人对这一关系的有效维持和经营。在子女养育阶段，父母的无私奉献为代际关系的建立奠定了良好的基础，但从生命历程的角度看，从养育阶段结束到赡养阶段开始尚需经历一段漫长的过渡期。所以，如何在这段时期内维持与子女的良好关系是摆在每个中国父母面前的一项重大课题。在西方，父母对子女的养育通常在子女成年以后就宣告结束；但是在中国，子女成年以后依然可以得到父母的持续帮助。中国父母不仅要为子女的工作和婚姻操心，甚至在子女成家之后还会适时地帮他们做家务和带小孩（杨善华、贺常梅，2004）。虽然从动机上我们无从判断父母的这些帮助是纯粹出于对子女的关心爱护，还是出于其他考虑，但不可否认的是，父母所提供的每一次帮助本身在客观上都会进一步认定和强化双方的亲密关系，而这种亲密代际关系的维持对他们日后获取子女的回报无疑具有非常重要的现实意义。

其次，贝克尔在论述代际交换时曾经指出，与其他形式的社会交换不同，代际交换在很大程度上受利他主义情感支配（Becker，1974）。对一个具有利他主义精神的成年子女而言，他的效用函数包括两个部分，一是他自己的效用 $u(y_c)$，其中 y_c 是他拥有的资源；二是他父母的效用 $v(y_p)$，其中 y_p 是他父母拥有的资源。当他发现将自己的一部分资源 T（包括时间和金钱）转移给父母能够提高父子两代人的整体福利时，赡养行为就会发生。

$$u(y_c - T) + \lambda v(y_p + T)$$

但是，由于绝对的利他主义者并不存在，成年子女是否赡养父母以及赡养水平的高低除了受双方各自掌握资源多少的影响之外，还会受父母在子女心中的权重，即 λ 的影响。根据莫斯（Mauss，1954）关于人际关系中有普遍回馈倾向的观点，我们可以认为 λ 是子女曾经所受父母恩惠的函数，也就是说，父母曾经给予子女的恩惠越多，父母在子女心中的地位越重，他们日后回馈父母的倾向也越强烈。除此之外，贝克尔在另一篇研究中还指出，父母避免子女逃避赡养责任的一个有效办法是让不孝子感到愧疚（Becker，

1991)。从这个角度看，我们可以赋予 λ 一个全新的理解，即将 λ 视为子女因不孝而可能遭受的内心谴责。很明显，这种谴责也很可能会随他们所受父母恩惠的增加而上升。综上所述，我们可以认为，父母对成年子女的持续帮助有助于在子女内心建立起一道有效的自我约束机制，从而避免不孝行为的发生。基于此，本章提出以下研究假设：

假设 1：在成年以后得到父母帮助的子女会向父母提供更高水平的赡养。

四、社会变迁与赡养前提的转变

前文论述的两种机制都能强化子女的赡养行为，但在不同的社会情境下，这两种机制的作用效果并不相同。在传统社会，孝道伦理和在熟人社会基础上建立起来的道德评价机制对子女的赡养行为有很强的约束力，在这种情况下，父母对成年子女的帮助只是锦上添花，因为即使没有这些帮助，子女也很难逃避赡养责任。然而自近代以来，以“孝”为核心的儒家文化传统不仅在接连不断的政治运动中遭到严重的破坏（Whyte，2003），而且在飞速发展的现代化进程中不断遭受来自经济增长和外来文化观念的强烈冲击（阎云翔，2006）。对中国家庭代际关系的人类学研究已经发现，随着中国现代化程度的不断提高，传统文化观念对年青一代的约束力正在不断削弱，而消费文化和个体主义的价值观念则在悄然兴起（阎云翔，2012）。不仅如此，工业化和现代化的发展也改变了年青一代对代际关系的传统认知，哺育和反哺的传统公平逻辑已不再被年轻人接受，赡养父母也已不再被视为天经地义的事情；与之相对，年轻人更看重在完整的代际交换链条中的交换公平，换言之，他们对父母的赡养水平如何在很大程度上视他们在长大成人以后能否继续得到父母的帮助以及这种帮助水平的高低而定（郭于华，2001）。

综上所述，在传统社会，孝道伦理以及建立在熟人社会基础上的社会评价机制是确保子女履行赡养责任的主要途径。然而在现代社会，随着孝道的衰弱和熟人社会的解体，道德约束的力量已经越来越弱，而父母的持续帮助对获取子女赡养的影响正变得越来越强。基于这个判断我们认为，随着中国社会现代化程度的提高，中国传统赡养关系赖以存在的基础可能已经发生了变化，而准确把握这种变化对我们判断家庭养老的未来走向至关重要。

从方法上讲，要研究现代化背景下中国传统赡养关系的变化，我们需要获得多个时点的历史调查数据，并对不同时期的家庭养老状况进行比较研究。但关于传统中国社会家庭养老状况的调查数据已无法获得，所以我们目前无法进行这种分析。鉴于这种情况，本章采取了一种“以空间换时间”的分析策略，即通过城乡之间的对比研究来描述从传统社会变迁到现代社会过程中家庭赡养关系的变化。虽然近些年来农村和城市都发生了非常明显的变化，但相比之下，农村依然保留了一些传统社会的特征，而城市则更符合现代社会的标准。不仅如此，我们认为城市子女寻求父母帮助的愿望也更加迫切。因为一方面，城市高昂的房价和生活成本导致子女在经济上和住房上对父母有着更多的依赖；而另一方面，城市女性普遍就业的现实也导致城市已婚子女迫切需要父母帮助做家务和照看小孩（许琪，2013）。基于这些讨论，我们认为在城市，接受过父母帮助的子女更有可能向父母提供较高水平的赡养，由此形成了本章的第二个研究假设：

假设2：是否在成年以后获得父母帮助对子女的赡养行为有显著影响，但这种影响在城市强于农村。

五、数据、变量与分析方法

（一）数据

本章将使用CLASS在2012年的试调查数据进行研究。CLASS是由中国人民大学老年学研究所负责设计并由中国人民大学中国调查与数据中心负责执行的一项专门针对老年人的全国性大型社会调查。调查以区/县为初级抽样单位，村/居委会为次级抽样单位，并通过地图地址法绘制入样村居的末端抽样框，最终在抽中的地址内随机选择一名年龄在60岁及以上的老年人作为受访对象。调查的内容包括老年人的社会人口特征、健康状况、经济状况、养老规划与安排、与子女的代际关系等多个方面。

CLASS第一次全国范围内的基线调查于2014年正式开始，在这之前分别在 2011 年和 2012 年进行了两轮试调查，本研究使用的是 2012 年的试调查数据。虽然从样本量和代表性的角度讲，该数据不如国内的一些同类调查，如 CHARLS 和 CFPS，但 2012 年的 CLASS 数据是目前公开可使用的数据中唯一一个问及父母曾经给予成年子女帮助情况的数据。其他同类调查虽然也询问了父母给成年子女的帮助情况，但询问的都是正在给予的帮助，而不是曾经给予的帮助。所以，利用这些数据我们无法对本章最为核心的理论问题进行研究。综合这些考虑，本研究最终选择了 2012 年 CLASS 数据。

CLASS 在 2012 年的试调查总共访问了 1 126 位老年人，并询问了老年人与每个子女的交往情况。考虑到本章研究问题的需要，我们删除了数据中没有成年子女的老年人，在进一步删除缺失值以后，总共有 1 049 位老年人的 2 691 名成年子女成为我们最终分析时所用的样本。

（二）因变量和分析方法

从理论上看，子女对父母的赡养包括经济支持、生活照料和情感慰藉三个方面，因而本章设计了三个因变量来分别对应子女在这三个方面对父母的赡养。

与经济支持对应的因变量是过去一年子女给父母经济支持的数额。考虑到该变量存在比较明显的 0 值堆积和偏态分布，我们采用了两种不同的分析策略：一是仅对子女是否给予经济支持进行二分类 logistic 回归分析；二是对经济支持数额取对数以降低偏态分布的影响，并通过 Tobit 模型对没有给予经济支持的子女进行删失（censor）处理。在下文，我们将同时汇报这两种分析所得的结果。

与生活照料对应的因变量是过去一年子女帮父母做家务的频率，它包括五个类别，分别是几乎没做过、一年几次、每月至少一次、每周至少一次和几乎天天帮助，分析时分别赋值为 1 分、2 分、3 分、4 分和 5 分，并使用标准的有序 logistic 回归模型进行分析。

最后，与情感慰藉对应的因变量是过去一年子女与父母见面的频率，它包括六个类别，分别是很少见面、一年几次、每月一次、每个月几次、每周至少一次和几乎天天联系。分析时分别赋值为 1 分、2 分、3 分、4 分、5 分和 6 分；与之前相同，我们也使用有序 logistic 回归模型对之进行分析。

最后需要说明的是，由于 CLASS 数据同时询问了受访老人与多个子女的代际交往情况，而来自同一个家庭的兄弟姐妹的信息通常具有一定程度的相关性（许琪，2015），这就违背了回归模型要求各观测值之间相互独立的经典假定。在这种情况下，常规的统计检验方法会低估回归系数的标准误，从而导致错误的研究结论（Raudenbush & Bryk，2002；Rabe-Hesketh & Skrondal，2012）。为了进行正确的统计推断，本章将使用随机效应模型来刻画多个子女之间的相关性，并使用固定效应模型对随机效应模型的分析结果进行稳健性检验。

（三）自变量和控制变量

本章的核心自变量是父母对成年子女的帮助。在中国的情境下，这种帮助通常包括经济帮助和孙子女照料两个方面（宋健、戚晶晶，2011）。首先，就经济帮助来说，问卷询问了受访老人是否曾在子女买房或盖房时给予帮助，这是一个二分变量，包括是和否两个选项。其次，就孙子女照料来说，如果受访老人的子女有 16 岁及以上的小孩，问卷会询问他们在这个小孩未满 16 岁前是否提供过照料。从原则上看，这也是一个二分变量，但考虑到有些子女还没有小孩或小孩尚不足 16 岁，我们增加了“不适用”这个选项。

除了询问受访老人曾经给予子女的帮助之外，问卷还询问了他们在过去 12 个月内是否给过子女经济上的帮助以及是否帮助子女照顾过 16 岁以下的小孩（如果有的话）。根据之前的理论分析，老人正在给予子女的这些帮助也可以在一定程度上换取子女的回报，所以这类帮助也应被纳入分析中来。但是，与本研究着重分析的那种延时性的代际互惠不同，这种代际交换更类似于一对一的即时交换，或者说是在老人尚有回馈能力的情况下进行的交换。

最后，除了父母对成年子女的帮助之外，本章在分析时还纳入了一些控制变量。其中父母层面的控制变量有父母的性别、年龄、婚姻状况、受教育年限、职业类型、年收入、生活自理能力、自评健康状况和存活子女数量；子女层面的控制变量包括子女的性别、年龄、婚姻状况、受教育年限、经济状况以及与父母的居住距离。分城乡对父母特征和子女特征的描述性统计结果见表 6-1 和表 6-2。

表 6－1　分城乡对父母特征的描述性统计

变量名	类别/指标	农村	城市	合计
性别（%）	男	48.2	48.1	48.1
	女	51.8	51.9	51.9
年龄（岁）	均值	66.7	68.3	67.7
	标准差	5.7	7.1	6.6
婚姻状况（%）	有配偶	78.2	78.9	78.6
	无配偶	21.8	21.1	21.4
受教育年限（年）	均值	4.9	9.6	7.7
	标准差	4.0	4.8	5.1
职业（%）	管理人员或专业技术人员	6.9	45.1	30.2
	普通非农职业	9.5	31.3	22.8
	农民	74.5	9.2	34.7
	其他不便分类的职业	9.1	14.4	12.3
年收入（千元）	均值	9.1	27.3	20.2
	标准差	11.9	21.6	20.5
生活是否能自理（%）	是	55.3	59.1	57.6
	否	44.7	40.9	42.4
自评健康（%）	很不健康	6.4	2.3	3.9
	比较不健康	29.2	18.4	22.7
	一般	27.4	38.2	33.9
	比较健康	28.4	31.9	30.5
	很健康	8.6	9.2	9.0
存活子女数（人）	均值	3.2	2.3	2.6
	标准差	1.4	1.1	1.3
样本量（人）		409	640	1 049

注：(1) 父母的婚姻状况包括未婚、同居、已婚、分居未离婚、离婚和丧偶六个类别，分析时将同居和已婚合并为“有配偶”，其余视为“无配偶”；(2) 受教育年限根据学制由受教育程度转换得到，具体来说，文盲为 0 年，小学和私塾为 6 年，初中为 9 年，中专和高中为 12 年，大专及以上为 16 年；(3) 在原始问卷中，父母的职业有 12 个类别，分析时对那些地位比较接近且频数较少的职业进行了合并，具体来说，国家机关事业单位领导与工作人员、企业/公司中高级管理人员、医生与教师、其他专业技术人员四类合并为“管理人员或专业技术人员”，商业与服务业一般职工、生产与制造业一般职工、个体户和自由职业者、农村外出务工人员四类合并为“普通非农职业”，“农民”单独为一类，其他类别合并为一类。

表 6－2　分城乡对子女特征的描述性统计

变量名	类别/指标	农村	城市	合计
性别（%）	男	53.2	51.3	52.1
	女	46.8	48.7	47.9
年龄（岁）	均值	41.1	42.1	41.7
	标准差	7.4	8.5	8.0
婚姻状况（%）	有配偶	93.3	91.9	92.5
	无配偶	6.7	8.1	7.5

续表

变量名	类别/指标	农村	城市	合计
受教育年限（年）	均值	8.1	12.8	10.8
	标准差	3.5	3.4	4.2
经济状况（%）	非常困难	3.4	0.6	1.8
	比较困难	15.6	7.2	10.7
	基本够用	54.4	45.4	49.3
	比较宽裕	25.1	42.0	34.8
	非常宽裕	1.5	4.8	3.4
居住距离（%）	同村居	41.2	20.3	29.1
	同乡镇街道但不同村居	12.8	5.6	8.7
	同区/县但不同乡镇街道	15.8	16.8	16.4
	同市不同区/县	12.8	36.3	26.3
	其他城市	17.4	21.0	19.5
样本量（人）		1 140	1 551	2 691

注：(1) 原始问卷中子女的婚姻状况有五类，分析时将已婚且和配偶同住、已婚但因其他原因分居（如在外打工）合并为“有配偶”，将从未结婚、离婚或因婚姻问题分居、丧偶合并为“无配偶”；(2) 子女受教育年限的处理方法与父母相同；(3) 分析居住距离时将子女住在本省、外省和国外三类合并为“其他城市”。

六、分析结果

（一）父母对成年子女的帮助

中国父母对成年子女的帮助一度被认为是中国家庭代际交换中相对次要或不太重要的部分（Logan、Bian & Bian，1998），然而近些年来，这种情况已经发生了非常明显的变化。从表 6－3 可以发现，样本中有 23.4%的子女在买房或盖房时曾经得到过父母的经济帮助，在过去一年内曾得到父母经济帮助的子女比例也接近三成。从孙子女照料这个方面看，父母对成年子女的帮助更加普遍，调查显示，年龄达到或超过 16 岁的小孩中有接近 2/3 的比例曾经接受过祖父母的照料，对那些年龄不足 16 岁的少儿来说，他们中也有约一半的人正在得到祖父母的照料。分城乡来看，无论是经济帮助还是孙子女照料，城市子女得到过父母帮助的比例都高于农村，这反映了城市子女在经济上和带孩子方面对父母有更多的依赖。

表 6-3　父母对成年子女的帮助（%）

	农村	城市	合计
曾经给予的帮助			
为子女买房或盖房提供经济帮助	16.8	28.2	23.4
照顾 16 岁以下的孙子女（如果有的话）	56.2	66.1	61.7
正在给予的帮助			
给予钱、食品或礼物	21.5	35.2	29.4
照顾 16 岁以下的孙子女（如果有的话）	41.6	55.2	49.0

在独生子女家庭，父母只有一个可以帮助的对象，但是在多子女家庭，父母在决定帮助谁和不帮助谁时可能面临多种选择，在这种情况下，究竟谁更可能得到父母的帮助呢？为了探究这个问题，我们使用固定效应 logit 模型分析了多子女家庭中父母的帮助和子女特征的关系。从表 6-4 可以发现，与儿子相比，女儿较难得到父母的帮助，说明父母在选择帮助对象时依然会受到中国传统父系家庭观念的影响。除此之外，子女的年龄、婚姻状况和与父母的居住距离也对其能否得到父母的帮助有显著影响。不过，子女的受教育年限和经济状况所产生的影响却并不显著。从理论上看，如果父母帮助子女是一种无私的利他行为，那么社会经济状况较差的子女应该更可能成为受助对象；如果父母的帮助主要是为了换取子女的回报，那么他们则更可能帮助那些社会经济地位较高的子女。由于分析结果显示，子女的教育和收入水平对能否获取父母的帮助没有显著影响，所以我们目前无法判断父母帮助子女的主要动机。一种可能的解释是，父母在帮助子女时同时具有利他和利己两种动机，二者中和以后导致了不显著的分析结果。

表 6-4　对父母帮助行为的固定效应 logit 模型分析结果

	曾经得到父母经济帮助	父母曾经帮助照顾孙子女	正在得到父母经济帮助	父母正在帮助照顾孙子女
女儿	−2.056***	−0.336	−2.238***	−1.687***
	(0.255)	(0.247)	(0.301)	(0.281)
年龄	0.014	−0.045	0.086**	−0.134***
	(0.026)	(0.029)	(0.032)	(0.037)
有配偶	1.614**	0.315	−2.246+	0.033
	(0.557)	(0.498)	(1.312)	(1.074)
城市户口	−0.264	−0.325	1.665**	0.185
	(0.505)	(0.561)	(0.598)	(0.704)

续表

	曾经得到父母经济帮助	父母曾经帮助照顾孙子女	正在得到父母经济帮助	父母正在帮助照顾孙子女
受教育年限	0.000	−0.004	0.027	0.032
	(0.053)	(0.065)	(0.066)	(0.071)
经济状况	−0.327	−0.233	0.127	−0.314
	(0.248)	(0.192)	(0.265)	(0.256)
居住距离	−0.090	−0.028	−0.556***	−0.683***
	(0.093)	(0.105)	(0.127)	(0.126)
子女数	541	304	474	489
父母数	179	97	139	180

注：固定效应 logit 模型分析必须在多子女家庭进行，且要求多个子女获得父母帮助的情况有所不同，即父母每个子女都帮或一个都不帮的情况需要被排除在外，这导致模型分析的样本量大为减少；+$p<0.1$，* $p<0.05$，** $p<0.01$，*** $p<0.001$。

（二）父母的帮助对子女赡养行为的影响

前文的理论分析曾经指出，无论父母对子女的帮助是出于对子女的关心，还是出于其他考虑，它都对维持良好的代际关系和激发子女的感激之情有非常重要的影响，既然如此，父母的帮助是否真的能提高子女的赡养水平呢？为了回答这个问题，我们首先对父母的帮助和子女赡养行为之间的关系进行了描述性统计分析。从表 6－5 可以发现，无论是对曾经得到过父母帮助的子女而言，还是对正在得到父母帮助的子女来说，他们给予父母经济支持的比例和数额、经常照顾父母的比例和探望父母的比例都明显高于那些从未得到过父母帮助的子女，且从统计检验结果看，绝大多数组间差异都是统计显著的。由此可见，至少就双变量的描述性统计分析来看，本章的第一个研究假设得到了数据的支持。

表 6－5　父母的帮助对子女赡养行为影响的双变量描述性分析

		给予经济支持		经济支持数额		经常照顾父母		经常探望父母	
		%	Sig	元	Sig	%	Sig	%	Sig
曾经得到的帮助									
经济帮助	是	80.9		2 247.0	+	30.7	*	76.0	***
	否	78.7		1 824.3		26.4		61.8	
孙子女照料	是	83.2	***	1 764.2	***	31.1	***	70.6	***
	否	77.1		961.9		17.9		53.2	

续表

		给予经济支持		经济支持数额		经常照顾父母		经常探望父母	
		%	Sig	元	Sig	%	Sig	%	Sig
正在得到的帮助									
经济帮助	是	88.0		2 459.0	***	31.2	**	67.9	+
	否	75.5		1 705.7		25.8		64.0	
孙子女照料	是	79.3	***	2 505.4	***	36.2	***	78.9	***
	否	80.0		1 806.7		17.8		51.4	

注：为了便于展示分析结果，本表对家务劳动频率和探望父母的频率进行了重编码，具体来说，我们将帮父母做家务的频率为每周至少一次和几乎每天的视为经常照顾父母，将探望父母的频率为每个月几次、每周至少一次和几乎天天联系的视为经常探望父母；$+p<0.1$，$^{*}p<0.05$，$^{**}p<0.01$，$^{***}p<0.001$。

然而，这种双变量的描述性统计分析还不足以得到最终的结论，因为从方法上看，两个变量之间的关系可能会因受其他变量的干扰而表现出虚假相关。所以，要得到一个变量对另一个变量的净影响，就必须对所有干扰变量进行有效的统计控制。从表 6－6 可以发现，在将父母曾经给予和正在给予的帮助同时纳入模型，并纳入所有控制变量以后，父母曾经给予的经济帮助对子女日后的赡养行为虽然有正面影响，但这种影响并不显著。从孙子女照料这个角度来看，父母曾经帮助照顾小孩能够显著提高子女日后帮做家务和探望的频率，具体来说，曾经帮子女照顾小孩可以使该子女日后帮做家务的优势（odds）提高 66.3%①，经常探望的优势提高 53.0%，但照顾孙子女对得到子女经济支持的影响并不显著。所以综合以上模型分析结果，本章的第一个研究假设部分得到了检验。

除了父母曾经给予的帮助，表 6－6 显示，父母正在向子女提供的帮助也对子女的赡养行为有显著影响。具体来说，正在经济上得到父母帮助的子女会全方位（经济支持、生活照料和情感慰藉）提高自己的赡养水平，在孙子女照料方面得到父母帮助也会提高子女帮父母做家务和探望父母的频率。由此可见，当代中国家庭的代际交换表现出一种礼尚往来的特点。虽然从一定程度上看，这种频繁的即时性交换可以显示出父母与子女之间的密切关系，但它也从一个侧面说明，在当代中国，父母能否得到子女高水平的赡养在一定程度上取决于他们是否同时拥有回馈子女的能力。而且，这种即时性的代

① 计算方法是 exp(0.509)－1，下同。

际交换不一定能够真正反映子女的孝心。例如，从父母帮子女带小孩能够提高子女探视频率这一点来说，仅从分析结果我们并不清楚子女真正探视的是父母还是孩子。所以从这个角度看，笔者认为前文分析的那种延时性的代际互惠关系对研究赡养行为更有意义。

除了父母对子女的帮助之外，从表 6－6 中还可以发现，很多子女特征和父母特征也对子女的赡养行为有显著影响。首先，从子女性别来看，分析结果显示，除了探望频率这一个维度之外，女儿在经济支持和生活照料两个方面对父母的赡养水平都已超过了儿子，所以与最近很多学者的发现相同，本章也发现女儿的养老功能有了很大提升（Xie & Zhu，2009；许琪，2015）。① 其次，子女的受教育年限对赡养水平有显著的正向影响，特别值得注意的是，这种正向影响在控制了子女的经济状况以后依然存在，这说明除了通过影响收入这个途径之外，子女教育对赡养水平还有独立的净影响。这种影响在一些学者看来，可以解释为父母早年对子女的教育投资所带来的回报（Lee、Parish & Willis，1994）。所以从这个角度看，养育和赡养的因果关系在当代中国家庭依然存在（陈皆明，1998）。最后，值得注意的是，并不是社会经济地位越高的父母越可能得到子女的赡养，所以，至少就目前来看，对父母丰厚遗产的期待并不是影响中国子女赡养行为的主要因素。特别地，分析结果显示，受教育程度较低的父母反而更可能得到子女的生活照料和情感慰藉，所以从一定程度上说，子女的赡养行为表现出一种利他主义的性质，那些社会经济地位较低和缺乏养老保障的父母更可能得到子女的赡养和照料。

表 6－6　父母的帮助对子女赡养行为影响的随机效应模型分析结果

	经济支持与否	经济支持数额	家务帮助频率	探望父母频率
父母曾经给予的帮助				
经济帮助	0.370 (0.336)	0.219 (0.184)	0.104 (0.162)	0.064 (0.136)

① 不过，从前文的分析结果中可以发现，儿子更可能得到父母的帮助，所以代际互惠从性别的角度看是不平衡的。这可能是因为在中国传统的父权制家庭观念中，父母帮儿子是应该的，所以儿子可能将这种帮助视为理所当然，因而受到的情感触动比较小，而女儿更可能将父母的帮助视为一种“恩赐”，从而提高赡养水平。但这个观点是否成立还需要数据的进一步检验。

续表

	经济支持与否	经济支持数额	家务帮助频率	探望父母频率
孙子女照料（不提供=0）				
提供	0.512 (0.340)	0.118 (0.183)	0.509** (0.171)	0.425** (0.147)
不适用	0.848* (0.380)	0.088 (0.215)	0.199 (0.198)	0.446** (0.166)
父母正在给予的帮助				
经济帮助	1.406*** (0.338)	0.680*** (0.204)	0.398* (0.187)	0.308* (0.139)
孙子女照料（不提供=0）				
提供	−0.103 (0.342)	−0.128 (0.179)	1.062*** (0.174)	1.304*** (0.151)
不适用	0.078 (0.318)	−0.141 (0.178)	0.437** (0.167)	0.320* (0.136)
子女特征				
女儿	0.918*** (0.238)	0.372** (0.121)	0.260* (0.112)	−0.323** (0.099)
年龄	0.079** (0.024)	0.034** (0.013)	−0.034** (0.012)	−0.010 (0.010)
有配偶	0.949* (0.435)	0.692** (0.258)	−0.506* (0.243)	−0.630** (0.218)
受教育年限	0.185*** (0.044)	0.105*** (0.023)	0.033 (0.021)	0.048** (0.018)
城市户口	0.225 (0.387)	0.471* (0.218)	0.236 (0.201)	0.418** (0.160)
经济状况	1.121*** (0.194)	0.834*** (0.103)	0.014 (0.099)	0.071 (0.079)
居住距离（同村居=0）				
同乡镇街道但不同村居	1.372** (0.484)	0.523* (0.242)	−1.083*** (0.218)	−1.979*** (0.201)
同区/县但不同乡镇街道	0.950* (0.380)	0.485* (0.205)	−1.748*** (0.194)	−2.630*** (0.176)
同市不同区/县	0.794* (0.360)	0.251 (0.199)	−2.198*** (0.194)	−2.999*** (0.175)
其他城市	0.466 (0.346)	0.291 (0.198)	−4.437*** (0.238)	−6.006*** (0.222)
父母特征				
母亲	0.327 (0.391)	0.412 (0.270)	−0.358 (0.216)	0.020 (0.148)

续表

	经济支持与否	经济支持数额	家务帮助频率	探望父母频率
年龄	−0.026 (0.036)	−0.056* (0.025)	0.043* (0.020)	0.014 (0.014)
有配偶	0.026 (0.468)	0.083 (0.325)	0.049 (0.263)	−0.051 (0.177)
受教育年限	−0.026 (0.051)	0.007 (0.035)	−0.066* (0.028)	−0.044* (0.019)
职业（管理人员或专业技术人员=0）				
普通非农职业	0.420 (0.581)	0.206 (0.395)	−0.181 (0.319)	0.188 (0.219)
农民	1.281+ (0.678)	0.652 (0.457)	−0.852* (0.373)	−0.675** (0.259)
其他不便分类的职业	0.546 (0.685)	0.262 (0.461)	−0.861* (0.370)	−0.262 (0.253)
年收入	−0.010 (0.012)	−0.006 (0.008)	0.007 (0.006)	0.008 (0.005)
生活不能自理	0.211 (0.420)	0.439 (0.288)	0.576* (0.232)	0.184 (0.158)
自评健康	0.255 (0.192)	0.228 (0.132)	0.079 (0.107)	0.088 (0.073)
存活子女数量	−0.017 (0.167)	−0.244* (0.117)	−0.107 (0.093)	−0.118 (0.064)
截距	−7.482** (2.811)	0.261 (1.881)		
截距 1			−1.199 (1.527)	−5.729*** (1.077)
截距 2			0.828 (1.527)	−2.683* (1.068)
截距 3			2.222 (1.527)	−2.080 (1.067)
截距 4			4.084** (1.529)	−0.758 (1.066)
截距 5				1.159 (1.065)
父母数	1 049	929	1 049	1 049
子女数	2 691	2 372	2 691	2 691

注：(1) 经济支持数额存在 319 个缺失值，为了避免损失过多个案，我们没有使用列删法；(2) 对是否提供经济支持使用的是带随机效应的 logit 模型，对经济支持数额使用的是带随机效应的 Tobit 模型，对家务帮助频率和探望父母频率使用的都是带随机效应的定序 logit 模型，下同；(3) $+p<0.1$，$^{*}p<0.05$，$^{**}p<0.01$，$^{***}p<0.001$。

上文的分析同时考虑了与父母同住的子女和不同住子女。但是就同住子女来说，他们与父母生活在一起，无论是他们对父母的赡养还是父母对他们的帮助都无法准确测量，这可能会影响分析结果的有效性。为了避免数据测量对分析结果的干扰，我们可以将同住子女排除在外，而仅对不同住子女进行分析。虽然这种方法会导致样本量的下降，并在一定程度上带来样本选择问题，但它依然不失为一个检验结果稳健性的有效方法（Chu & Yu，2009）。从表 6－7 可以发现，当仅对不同住子女进行分析时，我们依然可以得到与上文同样的研究结论。所以总体来看，是否排除同住子女不会对分析结果产生太大影响。

表 6－7　父母的帮助对子女赡养行为影响的随机效应模型分析结果（不同住子女）

	经济支持与否	经济支持数额	家务帮助频率	探望父母频率
父母曾经给予的帮助				
经济帮助	0.698 (0.440)	0.322 (0.198)	0.238 (0.227)	0.174 (0.166)
孙子女照料（不提供＝0）				
提供	0.543 (0.414)	0.125 (0.189)	0.818*** (0.224)	0.525** (0.173)
不适用	1.234** (0.478)	0.238 (0.221)	0.243 (0.264)	0.291 (0.196)
控制变量	略	略	略	略
父母数	929	815	929	929
子女数	2 135	1 887	2 135	2 135

注：为节省篇幅，表中只汇报了父母曾经给予子女帮助这个核心自变量的回归系数和标准误；* $p<0.05$，** $p<0.01$，*** $p<0.001$。

表 6－6 和表 6－7 使用的都是随机效应模型，为了得到无偏的参数估计值，我们需要将所有父母层面的干扰因素全部纳入模型之中。但在实际研究时，由于理论和数据的双重限制，我们很难保证纳入所有的控制变量。为了避免因忽略关键变量而导致的偏差，一种可行的替代分析方法是固定效应模型，这种分析方法可以内在地控制所有父母层面未观测到的异质性（许琪，2015）。不过，与随机效应模型相比，固定效应模型的统计检验效率较低，而且对 Tobit 模型和定序 logit 模型而言，Stata 软件尚无法计算带固定效应的参数估计值，所以本章在大多数时候仍选用随机效应模型进行分析。不过，作为一种稳健性检验的方法，固定效应模型的分析结果依然具有一定的参考

价值。在表 6-8 中，我们将经济支持数额、家务帮助频率和探望父母频率这三个因变量暂时视作一般的定距变量，并用带固定效应的线性回归模型对它们进行分析。对于是否提供经济支持这个因变量，我们使用的是带固定效应的 logit 模型。分析结果显示，固定效应模型和前文的分析结果完全一致，所以综合来看，我们的研究结论是非常稳健的。

表 6-8 父母的帮助对子女赡养行为影响的固定效应模型分析结果

	经济支持与否	经济支持数额	家务帮助频率	探望父母频率
父母曾经给予的帮助				
经济帮助	0.719	0.187	0.083	0.034
	(0.497)	(0.173)	(0.084)	(0.100)
孙子女照料（不提供=0）				
提供	0.039	−0.059	0.231**	0.362***
	(0.392)	(0.156)	(0.077)	(0.093)
不适用	0.822+	0.038	0.129	0.261*
	(0.445)	(0.182)	(0.089)	(0.107)
控制变量	略	略	略	略
父母数	1 049	929	1 049	1 049
子女数	2 691	2 372	2 691	2 691

注：为节省篇幅，表中只汇报了父母曾经给予子女帮助这个核心自变量的回归系数和标准误；$+p<0.1$，$^{*}p<0.05$，$^{**}p<0.01$，$^{***}p<0.001$。

（三）城乡差异

综合前文的分析结果我们发现，父母帮助照顾孙子女可以显著提高子女日后帮做家务和探望的频率，所以本章的第一个研究假设部分得到了数据的支持。但这一结论是在混合城市和农村样本的基础上得到的，从假设 2 来看，由于城市的现代化水平高于农村，而且城市子女对父母帮助的需求也比农村迫切，所以父母的帮助对子女赡养行为的影响可能在城市表现得更加明显。为了对这一假设进行检验，我们在表 6-6 的基础上进一步纳入了父母曾经向子女提供的两种帮助和城乡户籍的交互项。从表 6-9 可以发现，经济帮助和城乡户籍的交互项并不显著，所以这种帮助在城市和农村的影响差异不大，但孙子女照料这种帮助在城乡之间的差异却非常明显。分析结果显示，提供孙子女照料和城乡户籍的交互项在四个模型中都显著为正，这充分说明与农村子女相比，城市子女的赡养行为更可能受其是否曾经得到父母生活帮助的影响。如果分城乡分别拟合模型（结果未汇报），我们可以发现孙子女照料的影响在农村样本中都不显著，而在城市样本中，提供孙子女照料不仅可以显著增加子女日后帮做家务和探望的频率，而且对子女是否提供经济支持和经济支持数额（这两个因变量在合并样本中均无显著影响）也有显著影响。所以基于这些结果，我们可以认为父母的帮助（主要是孙子女照料）对子女赡养行为的影响在城市大于农村，假设 2 也部分得到了检验。

表 6-9　对城乡差异的随机效应模型分析

	经济支持与否	经济支持数额	家务帮助频率	探望父母频率
父母曾经给予的帮助				
经济帮助	0.294 (0.562)	0.067 (0.302)	0.450 (0.274)	0.043 (0.232)
孙子女照料（不提供=0）				
提供	−0.160 (0.470)	−0.099 (0.245)	0.203 (0.230)	0.109 (0.204)
不适用	0.157 (0.468)	−0.359 (0.260)	−0.027 (0.241)	0.337 (0.209)
城市户口	−1.042+ (0.596)	−0.255 (0.326)	−0.115 (0.301)	0.075 (0.250)
交互项				
城市户口 * 经济帮助	0.071 (0.681)	0.230 (0.361)	−0.519 (0.324)	0.024 (0.274)
城市户口 * 孙子女照料（不提供=0）				
城市户口 * 提供	1.517* (0.648)	0.612+ (0.348)	0.651* (0.319)	0.602* (0.278)
城市户口 * 不适用	1.559** (0.605)	1.051** (0.343)	0.532+ (0.315)	0.256 (0.269)
控制变量	略	略	略	略
父母数	1 049	929	1 049	1 049
子女数	2 691	2 372	2 691	2 691

注：为节省篇幅，表中只汇报了父母曾经给予子女帮助这个核心自变量及其交互项的回归系数和标准误；+ $p<0.1$，* $p<0.05$，** $p<0.01$，*** $p<0.001$。

七、结论与讨论

以往关于中国家庭代际关系的研究往往侧重于分析子女对父母的赡养，

而很少讨论父母对成年子女的帮助以及这种帮助对传统赡养关系的影响。本章在分析 2012 年 CLASS 数据以后发现，如今中国父母（特别是城市父母）正在从经济支持和孙子女照料等方面向他们的成年子女提供各种形式的帮助，而且父母的帮助（特别是小孩照料）对他们日后能否得到子女的赡养以及子女的赡养水平具有显著影响。所以，中国传统的基于“养育-赡养”的反馈模式在当代已经发生了一定程度的变化，父母是否在子女成年以后继续帮助子女以及这种帮助水平的高低已成为联结“养育”和“赡养”的重要一环。

在传统中国社会，孝道伦理和建立在熟人社会基础上的社会评价机制是确保子女履行赡养责任的主要途径。然而在现代社会，随着孝道的衰弱和熟人社会的解体，道德约束的力量已经越来越弱（郭于华，2001；阎云翔，2006），在这种情况下，通过父母对子女的持续帮助来巩固和维系亲密的代际关系并强化子女对父母的感激之情将会成为获取子女赡养的重要途径。本章通过对城市和农村的比较研究发现，在农村，父母帮子女照顾小孩对子女赡养行为的影响较弱，而在城市这种影响则比较强，这在一定程度上佐证了上述观点。

上述研究结论也在一定程度上说明，随着社会现代化程度的提高，中国家庭代际关系的内容和实质都将发生变化。首先，就代际关系的内容来看，那种自下而上的单方向的代际资源流动将不复存在，未来中国家庭中的代际资源流动一定是双向的。换言之，子女对父母的赡养和父母对成年子女的帮助都将在代际交往中占据同等重要的位置。所以在未来，我们将越来越难隔离父母对子女的帮助来单方面研究子女对父母的赡养；出于同样的原因，我们也无法抛开子女的赡养责任来研究父母对子女的帮助。所以，对未来中国家庭代际关系的研究一定要充分关注交往内容的双向性和复杂性。

其次，就代际关系的实质来看，现代社会所推崇的平等互惠观念可能会成为指引代际交往的基础，而传统道德规范的影响会不断削弱。在这种情况下，一些传统的家庭行为在现代社会虽能得到延续，但它的实质可能已经发生了变化。以家庭养老为例，迫于中国严峻的老龄化趋势和“未富先老”的客观事实，我们预计家庭养老将在未来相当长的一段时间内继续发挥至关重要的作用。但是，如果赡养父母已不再被视为天经地义的事情，而且子女的赡养行为也不再受性别、辈分等先赋性因素的制约，而是在更大程度上受自身能力和父母对子女帮助水平等后致性因素的影响，那么家庭养老的“形”虽然在延续，但其实质已与过去大为不同。在未来，随着中国现代化进程的加速，传统的代际关系还会发生变迁，无论是“形”的变迁还是“实”的变迁都需要引起我们研究人员的关注。

最后，需要指出的是，由于数据和自身研究能力的限制，本章的分析结果也存在一定程度的不足。首先，本章试图分析的是在现代化的背景下，特别是在父母普遍向其成年子女提供各种形式的帮助的情况下，中国传统赡养制度将会如何发生变化。但实际上，由于没有历史追踪数据，我们没有直接回答这一问题，而是通过城乡比较研究来间接探讨赡养关系的变迁。虽然一般而言，农村人的观念比城市传统，但城乡之间除了文化观念上的差异之外还存在其他重要的差异，如家庭分工模式和社会保障制度等方面的差异。所以要想充分解释本章发现的城乡差异，还需要去做很多很细致的工作。其次，本章提出的两个研究假设都只是部分得到了数据的支持，特别是研究发现父母曾经提供的经济支持似乎对子女的赡养行为没有显著影响。笔者认为，这可能是因为父母是否给子女经济帮助与子女自身经济条件的关系比较紧密，而那些因为生活困难而得到父母帮助的子女可能受自身能力限制而无法在日后给予高水平的赡养。不过，这一解释是否成立还有待后续研究的检验。最后，不得不承认的是，本章使用的只是一个包含一千多位老人的试调查数据，所以其结论是否可靠也需要后续更多的研究的反复验证。

第七章　代际互惠

导读： 代际交换是代际关系研究的重要议题，也是影响老年人身心健康和晚年幸福的重要因素。以往关于中国家庭代际交换关系的研究大多从老年人的养老需求和孝道传统出发，认为子女对父母的充分支持对提升老年人的主观福祉有极为重要的影响。然而，近年来的多项研究却发现，中国老年人不仅是代际支持的获得者，也是代际支持的提供者。而且，与社会各界对年轻人“啃老”现象铺天盖地的批评不同，大多数研究发现，老年人向子女提供支持也对其主观福祉有显著的促进作用。本章将在此基础上进一步研究双向代际支持对老年人主观福祉的影响。与以往的研究不同，本章从社会交换论和公平理论出发，认为双向代际支持只有在形成互惠的条件下才对老年人的主观福祉有显著的提升作用。通过对2010—2014年三期中国家庭追踪调查(CFPS)数据的深入分析，本章验证了代际互惠对老年人晚年生活的积极影响，并且发现，双向互惠的代际交往关系对那些资源相对匮乏的老年人更加重要。这些发现有力地支持了西方学者关于代际交换与交换公平的理论，同时也对我们全面理解老年人的主观诉求、正确看待“养老”与“啃老”之间的复杂关系及其对老年人福祉的影响有重要的启发意义。

一、享清福是老年人想要的生活吗

老年人想要过一种怎样的晚年生活？对这个问题的回答取决于我们如何认识老年人的主客观需求。长期以来，学术界对老年人需求的一种主流观点是，老年人是社会上的弱者，或者说是需要帮扶的对象。因此，社会各界都应想尽办法向老年人提供各种支持，如经济支持、生活照料和情感慰藉等。

而且，老年人从外界获取支持的水平越高，他们越会对生活感到满意。如果我们将上述观点应用到家庭养老领域，那么很容易得出子女的支持有助于提升老年人主观福祉的结论。再加上中国历史悠久的孝道传统，这一结论长期以来主导着国内外学者关于中国家庭养老问题的研究（Liu、Liang & Gu，1995；Chen & Silverstein，2000；Cong & Silverstein，2008；王萍、李树茁，2011）。然而，近年来关于中国家庭代际关系和家庭养老问题的最新研究却得到了一些令人费解的研究发现。

首先，很多研究发现，虽然在当代中国家庭，老年人依旧能在经济、日常生活和情感方面得到子女的充分支持，但与此同时，他们也在经济、家务劳动和孙子女照料等方面向子女提供了很多帮助（宋健、戚晶晶，2011；刘汶蓉，2016；许琪，2017）。本章通过 2012 年 CFPS 数据发现，中国 60 岁以上的老年人中有接近 1/3 在过去一年内向子女提供过经济上的帮助，另有接近一半的老年人正在帮助子女照料未成年的孙子女。如果说老年人是生活上的弱者，是需要子女支持的对象，那么为何他们要在本该安享晚年的时候，依然不辞劳苦地为子女提供如此之多的帮助呢？显然，如果我们依然坚持老年人是被支持对象的假定，无法对这一问题给出令人满意的回答。

其次，从中国的孝道传统来看，老年人向成年子女提供帮助是与孝道观念背道而驰的，因此，很多学者都对此提出了严厉批评，认为这是子女在“啃老”，是孝道滑坡的一种表现（阎云翔，2006；陈柏峰，2007）。然而，近年来的很多研究却发现，老年人在经济和日常生活方面向子女提供帮助对其生活满意度和幸福感都有显著的积极影响（王萍、李树茁，2011；宋璐、李亮、李树茁，2013）。如果父母在经济上和生活上帮助子女真的像很多学者所说的那样是子女“啃老”所致，那么为何父母在被“啃”的同时还会感到满意和幸福呢？显然，如果我们认为老年人只应成为代际支持的接受者，也无法对这一问题给出合理的解释。

综上所述，近年来关于中国家庭代际关系的最新研究提出了很多现有理论难以回答的问题，对这些问题进行深入研究对于正确认识中国老年人的主客观需求和良好代际关系的实质都有非常重要的意义。基于此，本章将在现有研究的基础上进一步分析双向代际支持对中国老年人主观福祉的影响，以期厘清双向代际支持和老年人主观福祉之间复杂的因果关系，并为老龄化和家庭变迁背景下老年人福祉的提升和未来家庭养老政策的制定提供更加坚实的政策依据。

二、西方国家的研究启示

代际支持如何影响老年人的主观福祉？这个问题不仅在中国备受关注，而且是世界范围内众多研究争论的焦点。在全面介绍中国背景之前，我们将简要回顾西方学者对这个问题的研究。虽然中国和西方国家有着非常不同的社会经济环境和文化传统，因此，我们不能照搬国外的研究结论；但是，借鉴西方国家的相关研究，也能为我们更好地研究中国问题提供有益的启示。

在西方学术界，双向代际支持对老年人主观福祉的影响已经得到了非常充分的研究。很多研究发现，代际间相互的情感支持能显著提高老年人的满意度和幸福感（Heller、Thompson、Vlachos-Weber，et al.，1991；Krause，1997），但在双向经济支持和生活照料对老年人的影响方面学术界却依然没有定论。首先，就子女给予父母的经济支持和生活照料来说，这两种支持虽能满足老年人因经济和健康状况恶化而产生的各种需求（Norris & Murrell，1984；Krause，1986），但也会使老年人产生过度的依赖感、无力感和失控感，所以仅从理论上看，子女支持对老年人主观福祉的影响并不明确。其次，就父母对子女的经济支持和生活帮助来说，一种观点认为，这两种支持会加重老年人的身心负担，因而对他们的健康和晚年生活不利（Stoller，1985；Mutran & Reitzes，1984）；而另一种观点则认为，帮助子女能提高老年人的自我价值和自我效能感，因而能有效提升他们的满意度和幸福感（Lee，1987）。

综上所述，代际间的双向经济支持和生活照料对老年人的影响既可能是积极的，也可能是消极的，这导致在经验研究中，不同的学者经常会得到不一致的研究结论（Lee & Ellithorpe，1982；Dean、Kolody & Ensel，1989；Dwyer、Lee & Jankowski，1994）。不过，随着研究的不断深入，西方学者逐渐意识到，向子女提供支持和得到子女支持对老年人主观福祉的影响并不是相互独立的，而是相互依存的。如果将双向的代际支持结合起来，或者说研究代际互惠，那么代际支持对老年人身心健康和主观福祉的影响则会变得逐渐清晰起来。

多德在他于 1975 年发表的一篇学术论文中率先从理论上分析了代际互惠

对老年人主观福祉的积极影响。基于霍曼斯（Homans，1958）和布劳（Blau，1964）提出的社会交换论以及在社会交换论基础上形成的公平理论（Adams，1965），多德指出，与人类社会的其他交往关系相同，代际间的交往也必须遵循双向互惠的原则（Dowd，1975）。如果老年人只是单方面地给予子女支持，就会为不能得到子女的及时反馈而感到愤怒；但是，如果老年人只是一味地接受子女的支持，也会为自己缺乏回馈能力而感到愧疚（Dowd，1975）。所以在多德看来，这两种代际交换关系都不能使老年人感到满意，只有当代际交换关系处于有来有往的互惠状态时，才能提高老年人的满意度和幸福感（Dowd，1975）。

沿着这一思路，一些学者研究了代际互惠对老年人身心健康和主观福祉的影响，并大多得到了与上述理论一致的研究发现。例如，温特夫斯基在对美国南部城市开展田野调查后发现，老年人在得到子女支持的同时给予子女帮助会显著提高他们的自尊心（Wentowski，1981）。李及其同事对美国佛罗里达州的一项抽样调查研究也发现，单方面得到子女支持和单方面接受子女支持都会加重老年人的心理抑郁程度，只有当老年人既是代际支持的接受者也是代际支持的提供者时，代际支持才对他们的心理健康有显著的促进作用（Lee、Netzer & Coward，1995）。值得一提的是，一项关于韩国的研究也发现，互惠型的代际交换关系对老年人的主观福祉有显著的积极影响（Kim & Kim，2003）。由此可见，双向互惠的代际交往原则可能不仅适用于西方国家，而且适用于受儒家文化影响的东亚社会。既然如此，我们是否可以将该理论移植到中国？与西方国家相比，中国家庭的代际互惠关系是否有其自身的特点？对于这些问题，我们将在下一节继续讨论。

三、中国家庭的代际互惠关系

（一）中国与西方的三点不同

如前所述，代与代在物质和情感等方面的频繁交往是世界范围内的普遍现象，但是与西方国家相比，中国家庭的代际关系表现出了一些与众不同的特点。从现有的相关研究结果看，这种特点主要表现在以下三个方面：

首先，与西方国家相比，中国老年人与子女的交往更加频繁，代际关系也更为密切。很多研究发现，中国老年人更可能与已婚子女同住（许琪，2013；Logan、Bian & Bian，1998；Chu、Xie & Yu，2011）；即便不与子女同住，老年人在经济、日常生活和情感方面也与子女保持着千丝万缕的联系（Lei、Strauss、Tian，et al.，2015；Gruijters，2017）。因此，与西方国家相对松散的代际关系不同，代际交往在中国老年人的晚年生活中扮演着更加重要的角色（Chu & Yu，2009；杨菊华、李路路，2009）。

其次，与西方国家相比，中国在快速的社会转型过程中并未建立起一套完善的社会养老体系，这导致家庭依然发挥着不可替代的养老功能（杜鹏，1998）。而且在孝道文化的影响下，中国老年人非常看重子女对其晚年生活的支持，而且也更可能对子女的支持给予积极正面的评价（Silverstein、Cong & Li，2006）。因此，与西方国家模棱两可的研究发现不同，在中国，几乎所有研究都发现，子女对父母的支持对老年人的身心健康和主观福祉有显著的积极影响（Liu、Liang & Gu，1995；Chen & Silverstein，2000；Cong & Silverstein，2008；王萍、李树茁，2011）。

第三，中国家庭的代际交换关系虽然也受互惠原则影响，但是与西方国家那种即时性的代际互惠不同，很多学者认为，中国家庭的代际互惠需要放在一个更长的时间链条上来考察（陈皆明，1998）。费孝通（1983）曾经指出，在中国，子女对父母的赡养和父母对子女的养育构成了因果关系，子女赡养父母的主要原因是报答父母的养育之恩。在这种情况下，中国父母有可能会将晚年得到子女的支持视为理所当然，而不会为没有同时给予子女支持而感到愧疚。因此在中国，我们有可能会观察到与西方国家截然不同的另一种代际互惠模式。

（二）为何“啃老”有益于养老

综上所述，现有关于中国家庭代际关系的研究大多认为，中国老年人非常看重代际关系，特别是子女对父母的赡养关系，而且与西方老年人不同，中国老年人更可能将得到子女赡养视作天经地义的事情，这导致几乎所有关于中国家庭代际关系的研究都非常重视子女对父母的赡养，而很少关注父母对子女的帮助。然而，正如前文所述，近年来已有多项研究发现，中国老年人开始广泛且普遍地向成年子女提供各种形式的帮助（宋健、戚晶晶，2011；许琪，2017），且大多数老年人会因为自己能够在经济上或生活上帮助子女而感到满意和幸福（王萍、李树茁，2011；唐金泉，2016；佘泽梁，2017）。在孝道观念依然存在且家庭养老需求依旧迫切的当代中国，老年人的这种满足感和幸福感究竟从何而来呢？

参考国外的相关研究，我们认为，这种满足感和幸福感的提升可以从两个不同的角度得到解释。首先，老年人在经济上和生活上帮助子女可以提升他们的自我价值或自我效能感，当老年人感到自己依然有能力为家庭做出贡献时，他们的满意度和幸福感就会有所提升（王萍、李树茁，2011）。其次，我们也可基于西方学者对代际互惠的最新研究提出另一种竞争性的解释，即中国老年人可以从有来有往的代际互惠状态中获得一种心理上的平衡，换句话说，如果老年人能在获取子女赡养的同时向子女提供一些力所能及的帮助，那么他们更可能认为这种代际交换关系是公平的，因此也更可能对这种代际关系感到满意或幸福。

需要注意的是，上述两种解释背后的理论意义是截然不同的。如果帮助子女的好处主要来自自我价值的提升，那么这种帮助行为本身就足以对老年人的主观福祉产生积极影响，而无须考虑老年人是否同时得到子女的赡养。但是，如果代际互惠是使老年人从帮助子女中感到满意的主要原因，那么这种满足感的获得必须以同时得到子女的赡养为前提。因为如果老年人仅仅单方面向子女提供帮助，而无法同时获得子女的赡养，那么这种代际交换关系就是不公平的，根据代际互惠原则，不公平的代际交换关系无法让老年人感到满意或幸福。

除此之外，西方学者提出的代际互惠原则也有助于我们重新审视以往关于子女赡养行为的研究。如前所述，几乎所有研究都认为，得到子女的充分支持就足以提升中国老年人的满意度和幸福感，而无须考虑老年人是否也在向子女提供帮助。根据中国的孝道传统，子女赡养父母遵循的是延时性的代际互惠原则，这一原则只认为子女有赡养父母的义务，并不认为父母也有同时帮助子女的责任。然而，本书第六章的研究却发现，这种延时性的代际互惠原则在当代中国已经发生了明显变化，至少从子女的角度看，父母能否在他们成年以后在经济和小孩照料等方面继续提供帮助已成为影响他们赡养水平的重要因素。那么，从老年人的角度看，他们是否也已接受这种即时性代际互惠原则，认为有来有往的代际交换关系更公平，因而也对他们的身心健康和晚年福祉更有利呢？在进行深入的数据分析之前，我们无法回答这一问题。但是，对这一问题进行深入研究对于正确理解当代中国家庭养老的基础和良好代际关系的实质都有重要意义。

（三）分析策略和研究假设

综上所述，代际互惠是研究代际支持与老年人福祉之间因果关系的一个重要理论视角。然而，以往关于中国家庭的研究或者仅关注子女对父母的支持，或者将子女对父母的支持和父母对子女的帮助视作两个独立的影响因素，而很少有研究关注这两个方向的代际支持如何相互影响。为了更好地从代际互惠的角度分析双向代际支持对中国老年人主观福祉的影响，我们将中国老年人与子女之间的代际交换关系分为以下四种类型，即：父母与子女之间无任何交往、父母仅单方面得到子女支持、父母仅单方面给予子女支持以及父母在得到子女支持的同时也在给予子女支持。基于这四种代际交换类型，我们提出以下研究假设：

首先，根据社会交换论、公平理论以及针对西方国家的很多研究发现，我们认为，在能够同时得到子女支持并给予子女支持的情况下，中国老年人的满意度和幸福感最高。因此，提出以下研究假设：

> 假设 1：在四种代际交换类型中，父母能同时得到子女支持并给予子女支持的时候，满意度和幸福感最高。

其次，基于中国的孝道传统和延时性代际互惠原则，父母在得到子女支持的同时无须向子女提供帮助。与之相反，如果子女在父母年迈时还要依靠父母的支持则有可能被视为不孝。所以在中国，父母在单方面得到子女支持的情况下，满意度和幸福感可能更高，据此提出以下研究假设：

> 假设 2：在四种代际交换类型中，父母在单方面得到子女支持的时候，满意度和幸福感最高。

最后，基于父母帮助子女有助于提升老年人自我价值感的理论观点，我们认为，父母单方面向子女提供支持也能提升满意度和幸福感。然而，根据双向互惠的代际交往原则，父母帮助的积极影响必须以同时得到子女的回馈为条件。基于这两个竞争性的理论观点，我们提出以下两个研究假设：

假设 3：父母单方面向子女提供支持能显著提升满意度和幸福感。

假设 4：父母单方面向子女提供支持无法提升满意度和幸福感，只有双向互惠的代际交换关系才有助于提升老年人的满意度和幸福感。

这些假设中哪个更符合实际情况？我们将通过严谨的数据分析来检验。

四、数据、变量与分析方法

（一）数据

本章使用的是 2010—2014 年三期 CFPS 数据。我们曾在之前各章详细介绍过该数据，此处不再重复。CFPS 在 2010 年的初访调查数据中详细询问了 60 岁以上老年人在经济和日常生活两个方面与子女的交往，并询问了老年人的满意度和幸福感。此外，CFPS 还在 2012 年和 2014 年分别对老年人的满意度和幸福感进行了追踪调查。因而，该数据能够满足本章的基本分析需求。

与国内其他同类调查数据相比，CFPS 的一个优势在于，它是一个覆盖全国的追踪调查，因而通过 CFPS 数据，我们可以在一定程度上避免横截面数据在因果推论方面的缺陷（任强、谢宇，2011）。举例来说，以往的很多研究发现，老年人与子女的交往与其拥有的资源和实际需求密切相关。当老年人的经济状况较差或身体健康欠佳时，他们更可能得到子女的支持，反之则更可能给予子女支持（沈可、程令国，2012；李建新、刘保中，2015）。而我们知道，老年人的经济状况与健康状况又会显著影响其生活满意度和幸福感（李建新、刘保中，2015），所以在横截面数据中，我们很难得到代际交往对老年人的生活满意度和幸福感的真实影响。但是通过追踪调查，我们可以知道在代际交往行为发生若干年以后老年人的生活满意度和幸福感，这就为我们研究二者的因果关系提供了方便。

因为研究的需要，我们在分析时仅保留了 2010 年调查时年龄超过 60 岁且有至少一个在世成年子女的老年人样本，符合这一要求的样本量为

6 312 人；在去除缺失值以后，实际进入分析的样本量为 6 108 人。在 2012 年调查时，继续被追踪到且数据完整的老年人有 4 554 人；在 2014 年调查时，继续被追踪到且数据完整的老年人有 3 909 人。导致数据失访的一个重要原因是死亡。家庭人口登记情况显示，2010 年至 2012 年，受访者中有 544 名去世；2012 年至 2014 年，受访者中又有 331 名去世。除此之外，数据缺失也是导致样本量下降的一个重要因素：在 2012 年数据中，有 231 名老年人没有回答生活满意度相关问题；在 2014 年数据中，有 681 名老年人没有回答幸福感相关问题。其余导致数据缺失的原因则尚不明确。

（二）变量

本研究的因变量是老年人的满意度和幸福感。CFPS 在 2010 年的初访调查让受访者按 1—5 分对自己当前生活状况的满意度和幸福感打分，分数越高表示越满意或越幸福。在 2012 年的追踪调查中，CFPS 继续询问了受访者的满意度，但没有询问幸福感。而在 2014 年的调查中，CFPS 询问了幸福感，不过 2014 年其对幸福感的测量采用了 10 分制，而非初访调查时的 5 分制。基于上述调查数据的特点，本章在分析满意度时使用的是 2010 年和 2012 年的数据，而在分析幸福感时使用的则是 2010 年和 2014 年的数据。

本研究的核心自变量是代际交往关系。CFPS 在 2010 年的初访调查中询问了受访者在过去 6 个月内与子女的交往情况。其中，向子女提供的支持包括：经济支持、帮做家务、照看孙子女和帮子女理财。如果老年人在上述四个方面中的任何一个方面给予过子女支持，则被视为代际支持的提供者。此外，CFPS 还询问了老年人从子女处得到的支持，包括：经济支持、料理家务、生活照料和子女帮助理财。如果老年人在上述四个方面中的任何一个方面得到过子女的支持，则被视为代际支持的接受者。如果将上述两个变量交互分类，我们可以区分出老年人在代际交往关系中所处的四种不同状态，即：与子女无任何交往、仅是代际支持的提供者、仅是代际支持的接受者以及同时是提供者和接受者。

本章在模型分析时还纳入了四组控制变量。第一组是老年人最基本的人口学特征，包括性别、年龄、婚姻状况、城乡户籍和居住地。第二组是老年人的社会经济特征，包括受教育年限、年收入、是否有养老保险和医疗保险。

第三组是老年人的健康状况，包括生活自理能力、自评健康和精神抑郁程度。最后一组是与子女相关的特征，包括子女数量、与子女的居住安排、是否有大龄未婚子女①、是否有子女考上大学、是否有子女从事高端职业。以往的研究表明，这些变量不仅会影响老年人的满意度和幸福感，而且会影响代际交往，所以在分析时必须对它们加以控制（Cong & Silverstein，2008；王萍、李树茁，2011）。

对上述所有变量的描述性统计结果如表 7－1 所示。

表 7－1　对所有因变量、自变量和控制变量的描述性统计分析

变量	统计值	变量	统计值
因变量		城镇户口	33.3
2010 年满意度（%）		受教育年限（年）	
非常不满意	3.1	均值	3.3（4.4）
不满意	8.2	年收入（千元）	
一般	30.2	均值	4.9（11.9）
满意	34.9	婚姻状况（%）	
非常满意	23.6	有配偶	76.5
2012 年满意度（%）		无配偶	23.5
非常不满意	5.0	养老保险（%）	
不满意	9.6	有	24.7
一般	35.7	无	75.3
满意	29.1	医疗保险（%）	
非常满意	20.6	有	83.6
2010 年幸福感（%）		无	16.4
非常不幸福	2.5	生活自理能力（%）	
不幸福	5.9	能完全自理	79.5
一般	23.3	不能完全自理	20.5
幸福	36.5	自评健康（%）	
非常幸福	31.8	健康	30.1
2014 年幸福感（%）		一般	38.8
均值	7.6（2.2）	不健康	31.1
自变量		精神抑郁程度（分）	
代际交往模式（%）		均值	26.6（4.4）
无交往	13.1	子女数量（人）	
仅为提供者	28.7	均值	3.1（1.5）
仅为接受者	34.8	与子女同住（%）	

① 男 28 岁以上、女 25 岁以上没有结婚或处于离婚丧偶状态则视为大龄未婚子女。

续表

变量	统计值	变量	统计值
提供者和接受者	23.4	是	47.3
控制变量		否	52.7
性别（%）		有大龄未婚子女（%）	
男	50.9	是	16.4
女	49.1	否	83.6
年龄（岁）		有子女考上大学（%）	
均值	69.2（6.7）	是	21.6
居住地（%）		否	78.4
农村	53.5	有子女从事高端职业（%）	
城市	46.5	是	18.7
户口（%）		否	81.3
农村户口	66.7		

注：(1) 高端职业指专业技术人员或管理人员；(2) 对 2012 年的满意度进行统计时样本量为 4 554 人，对 2014 年的幸福感进行统计时样本量为 3 909 人，其余统计时样本量均为 6 108 人；(3) 对于连续变量，括号中给出了标准差。

（三）分析方法

本章的数据分析主要分三步。第一步是基于 2010 年的横截面数据研究代际交往对老年人满意度和幸福感的影响，考虑到在 2010 年的调查中，满意度和幸福感均采用了五个类别的定序测量，因而笔者使用了标准的定序 logistic 回归模型进行研究。

在第二步，我们保留第一步研究中的自变量不变，但是以 2012 年的满意度和 2014 年的幸福感为因变量重复第一步的研究。在这一步分析中，因变量总是发生在自变量之后，因而可以更加清楚地揭示代际交往与老年人的满意度和幸福感之间的因果关系。在分析方法方面，对满意度的分析将继续使用定序 logistic 回归模型；但是对于幸福感，考虑到原始测量包含 10 个类别，我们使用了线性回归，不过无论使用何种方法，研究结论都不变。

最后，在第三步，我们进一步分城乡、收入和年龄研究了代际交往对不同老年人生活满意度和幸福感的影响。一般认为，居住在农村、收入较低和年龄较大的老年人对子女的支持有更高的需求，而且，这些老年人通常也更加缺乏回馈子女的能力。既然如此，那么代际交往对这些老年人的影响是否会有所不同？他们是会因为自身能力不足而对单方面接受子女支持感到心安理得，还是说会因为无法回馈子女而感到愧疚？我们将通过深入的数据分析来回答这些问题。

五、分析结果

（一）横截面数据分析

本章首先基于 CFPS 在 2010 年的初访调查数据分析了代际交往模式对老年人满意度和幸福感的影响。从表 7－2 可以发现，对满意度和幸福感的研究均包含两个模型。其中，模型 1 和模型 3 参照以往研究的通常做法，将得到子女支持和给予子女支持视作两个独立的自变量纳入模型，分析结果显示，两个方向的代际支持都对老年人的满意度和幸福感有显著的积极影响，这与以往的研究结论完全一致（Cong & Silverstein，2008；王萍、李树茁，2011）。

但是，如果考虑更为复杂的代际交往模式，那么双向代际支持对老年人的影响则并不像模型 1 和模型 3 显示的那么简单。从模型 2 和模型 4 可以发现，在控制其他变量以后，单方面得到子女支持的老人、与子女无任何交往的老人以及单方面给予子女支持的老人在满意度和幸福感上并无明显差异，只有那些既得到子女支持同时又给予子女支持的老人显示出比较高的满意度和幸福感。由此可见，得到子女支持和给予子女支持并不是在所有条件下都能提升老年人的满意度和幸福感，只有二者同时发生，或者说形成了双向互惠的代际交往关系，才能对老年人的晚年生活产生显著的积极影响。所以，本章的假设 1 和假设 4 得到了数据的支持，而假设 2 和假设 3 则没有得到数据的支持。

综合上述分析，我们认为，即使在深受孝道伦理影响的中国家庭，老年人与子女之间的交往也要遵循礼尚往来的互惠原则。一方面，父母在给予子女支持的同时希望得到子女的及时回馈，如果子女只是单方面“啃老”，无法提升老年人的生活满意度和幸福感。而另一方面，在孝道传统的影响下，中国老年人虽然希望得到子女的支持，但与此同时，他们也不希望自己成为子女的负担。在这种观念的影响下，中国老年人总是会在得到子女支持的同时尽自己所能地给予子女一定程度的帮助，从而获得一种内心的平衡，因而，也只有这种平衡的代际交往关系才能使老年人产生较高的满意度和幸福感。[①]

最后，从表7-2可以发现，很多控制变量也对老年人的满意度和幸福感有非常显著的影响。首先，从老年人的社会经济特征来看，研究发现，年收入较高、有养老保险和医疗保险的老年人有较高的满意度；而居住在城市、有城镇户口且年收入较高的老年人则有较高的幸福感。其次，从老年人的健康状况来看，自评健康较差、精神抑郁程度较高的老年人的幸福感和满意度相对较低。最后，在子女特征方面，我们发现，子女数量多和多代同堂的居住方式都对老年人的主观福祉有显著的提升作用。此外，老年人的晚年幸福还受到子女是否都已成家立业的影响。研究发现，子女获得较高的职业地位对老年人的满意度和幸福感都有显著的积极影响；但是，如果有大龄未婚子女，则会显著降低老年人的满意度和幸福感。

表7-2　代际交往与老年人的满意度和幸福感（横截面数据分析）

	满意度		幸福感	
	模型1	模型2	模型3	模型4
给予子女支持	0.207**		0.211**	
	(0.070)		(0.072)	
得到子女支持	0.264***		0.293***	
	(0.066)		(0.069)	
代际交往模式（仅为接受者=0）				
无交往		−0.050		−0.016
		(0.106)		(0.112)
仅为提供者		−0.069		−0.098
		(0.080)		(0.083)
提供者和接受者		0.351***		0.398***
		(0.089)		(0.091)
男性	−0.019	−0.014	−0.073	−0.067
	(0.068)	(0.068)	(0.069)	(0.070)
年龄	−0.000	0.000	0.001	0.002
	(0.006)	(0.006)	(0.006)	(0.006)

① 虽然从某种程度上说，父母与子女无任何交往时，代际关系也是平衡的，但这种状态可能意味着老年人与子女缺乏联系，或者说双方都缺少必要的资源来满足对方的需求，所以这种状态也无助于提高老年人的满意度和幸福感。

续表

	满意度		幸福感	
	模型 1	模型 2	模型 3	模型 4
居住在城市	−0.061	−0.054	0.348***	0.360***
	(0.077)	(0.077)	(0.079)	(0.080)
城镇户口	0.049	0.043	0.239*	0.232*
	(0.100)	(0.101)	(0.097)	(0.097)
有配偶	−0.083	−0.087	0.067	0.064
	(0.086)	(0.086)	(0.085)	(0.086)
受教育年限	−0.009	−0.010	0.001	−0.001
	(0.009)	(0.009)	(0.010)	(0.010)
年收入	0.010**	0.010**	0.007*	0.007*
	(0.003)	(0.003)	(0.004)	(0.004)
有养老保险	0.238**	0.232**	0.105	0.095
	(0.083)	(0.084)	(0.084)	(0.085)
有医疗保险	0.205*	0.193*	0.057	0.040
	(0.093)	(0.093)	(0.092)	(0.093)
生活不能完全自理	0.055	0.057	0.090	0.091
	(0.091)	(0.091)	(0.088)	(0.088)
自评健康（健康=0）				
一般	−0.489***	−0.497***	−0.353***	−0.362***
	(0.075)	(0.075)	(0.076)	(0.076)
不健康	−0.614***	−0.627***	−0.622***	−0.637***
	(0.087)	(0.088)	(0.087)	(0.088)
精神抑郁程度	0.109***	0.108***	0.126***	0.125***
	(0.009)	(0.009)	(0.010)	(0.010)
子女数量	0.056*	0.055*	0.087***	0.086***
	(0.024)	(0.024)	(0.023)	(0.023)
与子女同住	0.057	0.074	0.194**	0.215**
	(0.067)	(0.068)	(0.068)	(0.068)
有大龄未婚子女	−0.280**	−0.280**	−0.430***	−0.432***
	(0.088)	(0.088)	(0.093)	(0.092)
有子女考上大学	0.105	0.104	0.112	0.113
	(0.097)	(0.097)	(0.098)	(0.099)
有子女从事高端职业	0.403***	0.404***	0.391***	0.390***
	(0.092)	(0.092)	(0.094)	(0.095)
截距 1	−0.429	−0.639	0.111	−0.108
	(0.493)	(0.496)	(0.511)	(0.515)
截距 2	0.977*	0.767	1.519**	1.302**
	(0.487)	(0.491)	(0.500)	(0.504)

续表

	满意度		幸福感	
	模型 1	模型 2	模型 3	模型 4
截距 3	2.890***	2.683***	3.399***	3.186***
	(0.490)	(0.494)	(0.503)	(0.506)
截距 4	4.561***	4.356***	5.142***	4.933***
	(0.494)	(0.498)	(0.507)	(0.510)
样本量	6 108	6 108	6 108	6 108

注：* $p<0.05$，** $p<0.01$，*** $p<0.001$。

（二）追踪数据分析

在上一部分，我们基于横截面数据分析了代际交往模式对老年人满意度和幸福感的影响；在这一部分，我们将使用追踪数据对上文的研究结论进行检验。在表 7－3 中，我们采用了与表 7－2 中的模型 2 和模型 4 完全相同的自变量和模型设定方法，只是将相应的因变量换成了 2012 年的满意度和 2014 年的幸福感。分析结果显示，即使我们考虑了自变量对因变量产生影响的时间顺序，依然可以得到与上文一致的研究结论，即：只有双向互惠的代际交往关系才能显著提高中国老年人的满意度和幸福感。所以，基于追踪数据的分析结果再次支持了假设 1 和假设 4，并否定了假设 2 和假设 3。而且，因为对横截面数据和追踪数据的分析能得到完全相同的结论，所以我们认为，这一结论是非常稳定和可靠的。

表 7－3　代际交往与老年人的满意度和幸福感（追踪数据分析）

	满意度	幸福感
代际交往模式（仅为接受者＝0）		
无交往	0.041	0.191
	(0.120)	(0.141)
仅为提供者	−0.023	0.041
	(0.093)	(0.117)
提供者和接受者	0.266**	0.292*
	(0.102)	(0.124)
男性	−0.101	−0.217*
	(0.078)	(0.096)
年龄	0.015*	0.025**
	(0.007)	(0.009)

续表

	满意度	幸福感
居住在城市	−0.046	0.246*
	(0.085)	(0.105)
城镇户口	0.291**	0.236*
	(0.097)	(0.116)
有配偶	0.011	0.117
	(0.100)	(0.130)
受教育年限	−0.003	0.014
	(0.009)	(0.012)
年收入	0.006*	−0.003
	(0.003)	(0.003)
有养老保险	−0.023	0.062
	(0.098)	(0.112)
有医疗保险	0.038	0.157
	(0.100)	(0.129)
生活不能完全自理	−0.103	−0.164
	(0.116)	(0.149)
自评健康（健康=0）		
一般	−0.372***	−0.456***
	(0.082)	(0.099)
不健康	−0.480***	−0.660***
	(0.099)	(0.118)
精神抑郁程度	0.071***	0.037**
	(0.010)	(0.013)
子女数量	0.034	−0.017
	(0.028)	(0.036)
与子女同住	−0.031	0.019
	(0.077)	(0.096)
有大龄未婚子女	−0.061	−0.351**
	(0.104)	(0.122)
有子女考上大学	0.011	0.150
	(0.095)	(0.122)
有子女从事高端职业	0.257**	0.260*
	(0.091)	(0.117)
截距	略	略
样本量	4 554	3 909

注：* $p<0.05$，** $p<0.01$，*** $p<0.001$。

（三）群体差异分析

通过上述分析，我们论证了代际互惠对老年人生活满意度和幸福感的积极影响，但这种影响是否存在群体差异却依然是一个问题。现有的研究通常认为，资源相对匮乏的老年人更渴望得到子女的支持，且这种支持也对他们更加有效（唐金泉，2016；Wang、Chen & Han，2014）。如果这一观点成立，那么我们预计那些居住在农村、年龄较大且收入较低的老年人更乐于成为代际支持的接受者，而在接受子女支持的同时是否还需对子女有所回馈则不是那么重要。

但是，如果从代际互惠的角度看，结果却未必如此。正如多德所言，回馈能力不足会使老年人产生强大的心理压力（Dowd，1975）。在这种情况下，子女的支持虽然能够满足老年人的日常生活所需，但也会加重他们的依赖感和愧疚感。所以，单方面得到子女的大量支持并不能使处于弱势地位的老年人产生较高的满意度和幸福感，相比之下，这些老年人可能更加渴望平衡的代际交往关系。

为了检验这两个观点孰对孰错，我们分城乡、年龄和收入比较了代际交往模式对不同老年人群体的不同影响。考虑到定序 logistic 回归模型的系数不能直接比较（洪岩璧，2015），我们在分析时使用了线性回归，并通过纳入交互项的方法检验了回归系数在不同老年人群体之间的差异性。除此之外，我们也使用了定序 logistic 回归模型并对回归系数进行了调整，发现研究结论不变。

从表 7－4 至表 7－6 可以发现，无论受访老人居住在农村还是城市，也无论其年龄大小和收入高低，双向互惠的代际交往都能提升他们的满意度和幸福感（有个别系数的统计检验结果不显著）。不过，从回归系数的大小来看，这种交往模式对那些居住在农村、年龄超过 80 岁的高龄老人和年收入低于 1 万元的低收入老人更加重要。对交互项的统计检验结果进一步显示，这种差异不仅体现在数值上，它们中的一部分还具有统计上的显著性。这一结果进一步验证了假设 1，并否定了假设 2。由此可见，代际互惠对老年人的积极影响适用于各个老年人群体，而且资源相对匮乏的老年人更可能从双向互惠的代际交往关系中获益。

表 7-4　代际交往与老年人的满意度和幸福感（城乡差异）

	满意度		幸福感	
	农村	城市	农村	城市
代际交往模式（仅为接受者＝0）				
无交往	0.029	−0.098	0.094	−0.087
	(0.075)	(0.079)	(0.076)	(0.077)
仅为提供者	-0.110^{*}	0.079	−0.050	0.028
	(0.055)	(0.063)	(0.056)	(0.058)
提供者和接受者	0.206^{***}	0.181^{**}	0.251^{***}	0.114
	(0.058)	(0.069)	(0.059)	(0.062)
交互项检验			**	

注：为节省篇幅，表中没有报告控制变量的系数，下同；$^{*}p<0.05$，$^{**}p<0.01$，$^{***}p<0.001$。

表 7-5　代际交往与老年人的满意度和幸福感（年龄差异）

	满意度		幸福感	
	80 岁以下	80 岁及以上	80 岁以下	80 岁及以上
代际交往模式（仅为接受者＝0）				
无交往	−0.043	0.056	0.015	−0.001
	(0.058)	(0.178)	(0.058)	(0.163)
仅为提供者	−0.045	0.036	−0.023	−0.073
	(0.043)	(0.181)	(0.042)	(0.175)
提供者和接受者	0.157^{***}	0.523^{***}	0.174^{***}	0.348^{*}
	(0.046)	(0.145)	(0.045)	(0.149)
交互项检验	***		*	

注：$^{*}p<0.05$，$^{**}p<0.01$，$^{***}p<0.001$。

表 7-6　代际交往与老年人的满意度和幸福感（收入差异）

	满意度		幸福感	
	收入＜1 万	收入≥1 万	收入＜1 万	收入≥1 万
代际交往模式（仅为接受者＝0）				
无交往	−0.005	−0.164	0.023	−0.024
	(0.060)	(0.134)	(0.057)	(0.162)
仅为提供者	−0.056	0.078	−0.042	0.054
	(0.046)	(0.098)	(0.045)	(0.098)
提供者和接受者	0.176^{***}	0.203	0.193^{***}	0.132
	(0.048)	(0.114)	(0.047)	(0.109)
交互项检验				

注：$^{*}p<0.05$，$^{**}p<0.01$，$^{***}p<0.001$。

六、结论与讨论

代际支持对老年人主观福祉的影响是国内外学者共同关注的重要问题。以往关于中国家庭代际支持的研究大多仅关注子女对父母的赡养，少数研究虽同时关注到子女对父母的赡养和父母对子女的帮助，但也大多将这两个方向的代际支持视作两个相互独立的影响因素，并分别考察这两个因素对老年人身心健康和主观福祉的影响。然而，基于西方学者近年来对代际互惠的相关研究，我们认为，双向代际支持对老年人主观福祉的影响是相互依存的，只有当代际交往处于有来有往的互惠状态时，老年人才能从中感到满意或幸福。

本章使用 2010—2014 年三期 CFPS 数据，从代际互惠的角度研究了双向代际支持对中国老年人主观福祉的影响。研究发现，无论是单方面得到子女支持还是单方面向子女提供支持都无法提升老年人的满意度和幸福感，只有双向代际支持同时存在，或者说只有当老年人处于双向互惠的代际关系之中时，他们的满意度和幸福感才会得到显著提升。分群体的对比研究还发现，互惠型的代际交往关系对那些资源相对匮乏的老年人更加重要。这些发现有力地支持了西方学者关于代际交换与交换公平的理论，同时也对我们理解当代中国家庭的代际交往关系以及这种关系对老年人福祉的影响具有重要的启发意义。

第一，从中国的孝道传统和反馈养老模式出发，以往关于中国家庭代际关系的研究通常更加关注子女对父母的支持，并认为得到子女的充分支持能有效提高老年人的身心健康和晚年幸福。然而，从本章的分析结果看，仅是单方面得到子女支持并不能显著提升老年人的满意度和幸福感，只有在他们同时能够给予子女一定回馈的情况下，子女的支持才对其晚年生活有显著的积极影响。由此可见，虽然中国的孝道伦理和反馈养老模式强调子女对老人的支持和赡养，但这并不意味着中国老年人可以心安理得地成为代际支持的接受者。实际上，为了使代际关系保持平衡，同时也为了体现自己的价值和对子女的责任，中国老年人时常会在得到子女支持的同时给予子女一定程度的帮助。虽然从数量上看，这种帮助并不必然要与子女给予的支持完全对等，但这种帮助本身却有其独到的意义和价值。而且，也只有在同时得到子女支持并给予子女帮助的情况下，中国老年人才会产生较高的满意度和幸福感。本章的这一发现在很大程度上挑战了以往研究对老年人需求的基本假定。以往的研究大多认为，老年人是生活上的弱者，是需要帮助的人，因此，只要给予他们足够多的支持，就能让他们的晚年生活变得幸福和满足。然而，本章的研究充分说明，老年人在需要别人帮助的同时也渴望平等互惠的人际关系，也希望实现自我价值并被他人认可。从这个角度来说，我们在向老年人提供各种支持的同时，也要关注他们更高层次的精神追求，只有将"老有所养"和"老有所为"有机结合起来，帮助老年人发挥余热，为家庭与社会做出更多力所能及的贡献，才有可能真正提升老年人的晚年幸福。

第二，对于老年人给予子女的支持，以往的研究也有失偏颇。早期的研究或者完全忽视父母对子女的帮助，或者对之采取一种污名化的解释，认为这是子女在"啃老"，而完全忽视它对老年人晚年生活的积极意义。后来，虽有不少研究关注到中国父母对成年子女的广泛关注，且发现这种帮助能显著提高老年人的满意度和幸福感，但几乎没有从代际互惠的角度来讨论这种支持对老年人的真正意义和价值。针对西方国家和部分东亚国家（如韩国）的研究已经发现，父母对子女的支持只有在能同时得到子女回馈的情况下才对其主观福祉有显著的积极影响，本章对中国的研究也得到了类似的结论。虽然这一结论并不意味着父母帮助子女的真实动机在于获取子女的回馈，但从人际交往应当遵循双向互惠的一般性原则出发，我们认为，子女的及时回馈将在很大程度上有助于维持健康和谐的代际关系，从而促进老年人的身心健康和晚年幸福。特别是在深受孝道伦理影响的中国，老年人通常对子女的回馈抱有较高的期待。所以，这一期待能否得到满足将在很大程度上影响老年人的满意度和幸福感，因而也在很大程度上决定了他们对子女的支持能否对其晚年生活产生积极的影响。

综上所述，本章认为，只有双向互惠的代际交往模式才有助于提升中国老年人的满意度和幸福感。不过，与经典的反馈模式所强调的"投资"与"反馈"之间的延时性代际互惠不同，本章所谓的代际互惠是一种即时性的互惠。虽然本章的研究发现并不足以证明这种即时性的代际互惠已经取代延时性的代际互惠成为影响中国家庭代际交换关系的基础，也无力证明即时性的代际互惠原则和延时性的代际互惠原则之中哪个更加重要；但本章的发现已充分说明，这种即时性的代际互惠已然对当代中国家庭的代际交往产生了重要影响。但是，在以往的研究中，学术界对这种即时性的代际互惠关系并未进行充分的研究。笔者也想借此研究抛砖引玉，希望这种代际互惠模式能在日后得到学术界越来越多的关注。

最后需要指出的是，由于数据和自身研究能力的限制，本章的分析结果也存在一定程度的不足。首先，本章使用的 CFPS 在 2012 和 2014 两年的追踪调查数据存在一定程度的样本失访问题，由于导致样本失访的原因并不明确，所以目前还很难评估这一数据缺陷对分析结果的影响。其次，CFPS 只询问了老年人与子女在经济和日常生活方面有无交往，而没有询问经济支持的数额和生活照料的强度，因而，本章对自变量的测量也存在一定程度的缺陷。最后，由于数据的限制，本章对代际支持的测量仅包含了经济支持和生活照料两个方面，而没有包含情感慰藉。以往的研究通常认为，情感方面的支持对老年人的满意度和幸福感有更加重要的影响（王萍、李树茁，2011），那么在控制情感方面的支持这一变量以后，本章的研究结论是否会发生变化也需要后续更多的研究进行反复验证。

第八章　孝道变迁

导读：“孝”是中华民族的传统美德，也是影响中国人家庭生活和个人幸福的重要因素。随着社会的变迁与发展，孝道观念也处于不断的发展和变动之中。现有关于孝道变迁的研究主要存在两种观点。孝道衰弱论认为，中国快速的工业化、现代化和城市化对传统孝道观念产生了强烈冲击；而孝道延续论则认为，中国人的孝道观念并未衰弱，而是在快速的社会转型过程中展现出了强大的生命力。我们认为，导致上述分歧的一个重要原因在于，不同学者对“什么是孝”给予了完全不同的理解，因而，也对孝道变迁的方向及其后果得出了完全不同的结论。本章将基于叶光辉提出的“孝道双元模型”，并结合2006年和2017年两期中国综合社会调查（CGSS）数据，研究权威性孝道和相互性孝道随时间推移的变动趋势及其对双向代际支持和两代人幸福感的影响。研究发现，相互性孝道已被中国人普遍接受，且随时间的推移呈上升趋势；而权威性孝道主要存在于少数观念较为保守的人群之中，且随时间的推移呈下降趋势。权威性孝道有助于提升双向经济支持，相互性孝道有助于提升双向情感支持。相互性孝道能直接提升个体幸福，也可通过促进双向情感支持对幸福感产生间接影响，而权威性孝道则对子代的幸福感有损害作用。这些发现表明，当代中国人的孝道观念表现出“孝而不顺”的特征，且这种孝道转型有助于维持亲密的代际关系，并提升两代人的主观福祉。

一、什么是孝

“孝”是一个中国人耳熟能详的概念。从表面上看，孝的定义并不复杂，在《尔雅》《说文解字》《论语新解》《四书章句集注》等儒家典籍中，孝均被解释为“善事父母”或“善父母”，即善于服侍父母之意（葛枭语，2021）。但是，这样一个具有极简定义的概念却有着极为复杂的内涵，以至于很多心理学家认为，必须建立孝的多元结构模型，才能厘清孝的复杂成分和丰富内涵（傅绪荣、汪凤炎、陈翔，等，2016；葛枭语，2021）。在这一方面，影响最大的莫过于杨国枢和叶光辉等开展的一系列关于孝道测量方法的心理学研究（叶光辉、杨国枢，2009）。

在 20 世纪 80 年代，杨国枢（1985）基于古代典籍和著名家训中所记载的与孝相关的内容，总结出了孝道的十五项基本内涵，即敬爱双亲、顺从双亲、谏亲以理、事亲以礼、继承志业、显扬亲名、思慕亲情、娱亲以道、使亲无忧、随侍在侧、奉养双亲、爱护自己、为亲留后、葬之以礼、祀之以礼。考虑到这十五项内涵过于庞杂，在实际研究时难以操作，杨国枢（2004）在后续的研究中又将之浓缩为四个维度，即尊亲恳亲、抑己顺亲、奉养祭念、护亲荣亲。之后，另一位学者叶光辉（2009）又在杨国枢提出的四维度模型的基础上进一步提炼出孝道的两个核心维度，即“权威性孝道”和“相互性孝道”。这个关于孝道的双元模型因为兼具实用性和简洁性而很快被国内外学者接受，并发展为当下学术界测量孝道的主流方法（傅绪荣、汪凤炎、陈翔，等，2016；胡安宁，2017）。

叶光辉（2009）认为，孝道双元模型能同时兼顾垂直和水平两个维度的亲子关系，因而能很好地测量孝道的不同面向和丰富内涵。首先，从孝道的垂直维度看，亲子之间存在基于年龄、辈分和性别之上的等级秩序，在这一秩序基础上形成的孝道即为权威性孝道。叶光辉（2009）认为，权威性孝道的运作基础是儒家伦理中的“尊尊”原则，因此，常涉及与自我压抑、顺从权威相关的心理与行为表现。其次，从孝道的水平维度看，亲子之间也存在长年累月积累而成的厚实情感，这种建立在自然亲情基础上的孝道即为相互性孝道。与权威性孝道不同，相互性孝道对应儒家伦理中的“亲亲”原则，因此，常表现为代际之间的相互关心与支持（叶光辉，2009）。本章将基于叶光辉提出的孝道双元模型研究中国人孝道观念的变迁及其对双向代际支持和两代人主观福祉的影响。

二、社会转型与孝道变迁

孝不仅是一个包含多个维度的概念，而且在快速的社会转型过程中，孝道的内涵和外延也处于不断发展和变动之中。现有关于孝道变迁的研究主要存在两种不同的观点。一些学者从经典的现代化理论出发，认为中国快速的工业化、现代化和城市化对传统孝道观念产生了强烈冲击（阎云翔，2006；陈柏峰，2007；贺雪峰，2008）。随着孝道的衰弱，家庭养老赖以延续的基础也不复存在，因此，中国未来将面临非常严峻的养老危机（郭于华，2001），这些研究还认为，近年来中国家庭代际资源流动的重心出现下移，父母在经济支持和孙子女照料等方面向成年子女提供了比以往更多的帮助，而这种自上而下的代际支持是与孝道观念背道而驰的，因而这也是孝道衰弱的一种重要表现（阎云翔，2006）。

然而，与上述观点截然不同的是，一些学者认为，中国人的孝道观念并未衰弱，而是在快速的社会转型中展现出了强大的生命力（王涤，2004；田北海、马艳茹，2019）。很多研究发现，在当代中国家庭，子女依旧在经济、日常生活和情感方面向父母提供了非常广泛的支持（怀默霆，2001），且大多数老年人依旧对子女的孝行表示满意（杜鹏、曲嘉瑶，2013）。对于父母向成年子女提供帮助的行为，这些学者也给予了相对积极的评价，认为这是父母在责任伦理的驱使下对子女现实困难的一种积极回应，并认为父母对成年子女的帮助有助于维持良好的代际关系，且对日后获取子女赡养具有显著的积极影响（杨善华、贺常梅，2004）。

我们认为，上述分歧的一个重要的产生原因在于，不同学者对“什么是孝”给予了完全不同的理解，因而，也对孝道变迁的方向及其后果得出了完全不同的结论。正如叶光辉（2009）所言，中国人的孝道观念至少应包含权威性孝道和相互性孝道两个维度，在社会的变迁与发展过程中，这两个维度的孝道观念会发生不完全一致甚至截然相反的变化。叶光辉（2009）认为，在现代社会，独立自主的价值观将占据社会主流，因此，那种建立在等级权威基础之上的权威性孝道会呈逐渐衰弱之势；与之相反，相互性孝道与现代社会中强调双方平等且仅以彼此情感为基础的“纯粹性关系”非常契合，因而将在现代社会得到快速发展。借助 1994—2011 年台湾地区社会变迁基本调查数据，曹惟纯和叶光辉（2014）分析了双元孝道在台湾地区的变动趋势。他们发现，在 20 世纪 90 年代以后，台湾地区已基本完成了社会的现代化转型，与之相对应，相互性孝道也发展为指引民众代际关系发展的核心，权威性孝道虽然在近年来呈现出一定的上升之势，但始终居于次要地位。在大陆地区，胡安宁（2017）也发现，相互性孝道已超过权威性孝道，并对大陆居民的赡养行为具有更加广泛的影响。但胡安宁的研究仅使用了 2006 年这一个时点的 CGSS 数据，因而无法分析孝道观念在大陆的变化。本章将结合 2006 年和 2017 年两期 CGSS 数据进一步研究双元孝道在大陆的变迁。

基于上文叶光辉等人提出的现代化转型对双元孝道的不同影响以及中国社会近年来非常快速的社会变迁过程，我们认为，随着时间的推移，大陆居民将逐渐抛弃建立在等级秩序基础上的权威性孝道，并变得越发支持建立在平等互惠基础上的相互性孝道，由此提出以下研究假设：

假设 1：相互性孝道随着时间的推移不断上升，权威性孝道随着时间的推移不断下降。

此外，曹惟纯和叶光辉（2014）在台湾地区开展的研究发现，随着相互性孝道发展为占主导地位的孝道观念，它已被不同性别、年龄和社会经济地位的台湾地区民众广泛接受，各种人口学特征和社会经济特征对它的解释力很小。与之相反，权威性孝道已经退居次席，且目前仅存在于男性、年龄较大和社会经济地位较低的人群之中，各种人口学特征和社会经济特征对它的解释力较强。参考他们的研究发现，我们在研究大陆居民的孝道观念时也提出类似的研究假设：

假设 2：性别、年龄等人口学特征以及教育、收入、城乡等社会经济特征对权威性孝道的解释力较强，对相互性孝道的解释力较弱。

三、孝道观念对双向代际支持的影响

除了分析双元孝道的变动趋势及其影响因素，本章的另一个重点是，研究孝道观念对双向代际支持的影响。在这一方面，胡安宁（2017）曾深入研究了双元孝道与子女赡养行为之间的关系。他认为，相互性孝道建立在父母和子女之间的深厚情感之上，因而有助于提升子女对父母的情感支持。相比之下，权威性孝道更加重视外在的责任与义务，因而对情感支持的影响不大，但是对经济支持这种相对正式的赡养行为有更强的约束力。基于 2006 年 CGSS 数据，胡安宁（2017）验证了上述假设。不过略有遗憾的是，他的分析仅涉及子女对父母的赡养，而没有考虑父母对成年子女的帮助。然而近年来的很多研究已经发现，当代中国家庭的代际支持呈现出明显的双向性特征，不仅成年子女在经济、日常生活和情感方面向父母提供了非常广泛的支持，父母也同时在向子女提供各种形式的帮助。那么这种帮助是否也会受到孝道观念的影响呢?

通常来说，孝道只涉及子女对父母的赡养，而不涉及父母对子女的帮助，但我们认为，这种对孝道的理解是不全面的。首先，就权威性孝道来说，这种孝道观念强调父母和子女对双方角色和义务的无条件服从。对子女来说，这种义务是赡养；对父母来说，这种义务是抚育。但是在中国，父母对子女的抚育责任并不会随着子女长大成人而宣告结束。在很多父母眼中，帮助子女完婚并照顾年幼的孙子女也是他们为人父母应尽的责任，受这种责任伦理的驱使，父母会在子女成年以后继续向他们提供各种形式的帮助（杨善华、贺常梅，2004）。

其次，就相互性孝道来说，这种孝道强调父母与子女是关系对等的双方，且都会基于深厚情感而在对方遇到困难时伸出援手（曹惟纯、叶光辉，2014）。从这个角度来说，不仅子女对父母的支持是必须的，父母对子女的帮助也是应当被接纳和认可的。如果父母和子女都认同这一孝道伦理，那么代际支持势必会呈现出双向互惠的特点，近年来关于中国家庭代际关系的很多实证研究已经证明了这一点（许琪，2017；狄金华、郑丹丹，2016；Hu，2017）。

综上所述，我们认为，孝道观念既会影响子女对父母的赡养，也会影响父母对子女的帮助。而且，参考胡安宁（2017）对双元孝道和子女赡养行为的理论分析，我们认为，权威性孝道对双向经济支持的影响更大，而相互性孝道对双向情感支持的影响更大。对于日常生活方面的代际支持，由于其兼具情感性和义务性特征，因此，我们参照胡安宁（2017）的做法，认为它将同时受到权威性孝道和相互性孝道的影响。基于此，本章提出以下研究假设：

假设 3：权威性孝道有助于提升双向经济支持，相互性孝道有助于提升双向情感支持，两代人在日常生活方面的相互支持同时受权威性孝道和相互性孝道的影响。

四、孝道观念对幸福感的影响

最后，本章还将研究孝道观念对两代人幸福感的影响。在这一方面，以往可参考的研究很少。我们认为，这个问题可以从以下两个角度进行分析。

第一个分析角度是孝道观念对幸福感的直接影响。叶光辉和后续很多心理学家的研究都认为，权威性孝道常涉及压抑自我、顺从权威等负向心理和行为表现，因此，其代表的是孝道传统中相对消极的部分；而相互性孝道涉及的是父母与子女之间的自然亲情，且常表现为两代人之间的互帮互助和互相关心，因此，其代表的是孝道传统中相对积极的部分（Yeh，2003；傅绪荣、汪凤炎、陈翔，等，2016）。考虑到积极情绪能提升人的主观幸福，而消极情绪则对幸福感有负面影响，我们认为，权威性孝道会降低人的主观幸福感，而相互性孝道则对幸福感有显著的提升作用。

除此之外，叶光辉（2009）的理论还指出，建立在平等互惠基础上的相互性孝道与现代社会的主流价值更加契合，而权威性孝道强调的尊卑秩序则与独立自主的现代精神格格不入。考虑到中国社会已在很多方面经历了现代化转型，我们认为，相互性孝道更加符合当代中国社会对代际关系的价值需求，因此，持这种孝道观念的人幸福感较强，而认可权威性孝道则对幸福感有损害作用。

不过，考虑到权威性孝道所强调的压抑自我和顺从权威等负向心理倾向主要针对子女，且与老年父母相比，子女也更可能接受独立自主和平等互惠的现代精神。因此，我们预计权威性孝道对幸福感的负面影响以及相互性孝道对幸福感的正面影响更可能体现在子女样本中，因此提出以下研究假设：

假设 4：权威性孝道对幸福感有显著的负面影响，而相互性孝道对幸福感有显著的正面影响，但这种影响主要针对子女而非父母。

第二个分析角度是孝道观念通过双向代际支持对幸福感产生的间接影响。

如前文所述，权威性孝道的主要功能是提升代际经济支持，而相互性孝道的主要功能是提升代际情感支持。这两种支持虽然都很重要，但它们对幸福感的影响是不同的。很多研究发现，提供情感支持或得到情感支持都对幸福感有显著的积极影响（Chen & Silverstein，2000；Krause，1997），但双向经济支持对幸福感的影响则存在很大争议（王萍、李树茁，2011）。一些研究认为，得到经济支持能满足老年人或子女的日常经济所需，所以对他们的幸福感有显著的积极影响（Norris & Murrell，1984；Krause，1986）。但也有学者指出，得到经济支持也会导致受惠一方产生过度的依赖感和对生活的失控感，进而导致幸福感下降（Dean、Kolody & Ensel，1989）。此外，一方面，提供经济支持可能会对提供者造成经济压力，从而降低其幸福感（Mutran & Reitzes，1984）；但另一方面，提供经济支持也能提升提供者个人的自我价值和自我效能感，从而使其幸福感上升（Stoller，1985）。总之，现有研究认为，双向经济支持和幸福感之间的关系并不明确。所以，如果权威性孝道的主要功能是促进代际间的双向经济支持，那么它对提升幸福感的影响可能非常有限。基于以上分析，我们提出本章的最后一个研究假设：

假设 5：相互性孝道会通过提升双向代际情感支持的途径提升两代人的主观幸福感，而权威性孝道经由代际支持对幸福感的间接影响很小。

五、数据、变量与分析方法

（一）数据

本章将使用 2006 年和 2017 年两期 CGSS 数据进行研究。CGSS 是由中国人民大学中国调查与数据中心负责设计实施的一项有全国代表性的大型综合性社会调查。该调查于 2003 年正式启动，并每隔 1 到 2 年在全国范围内抽取约 1 万名年龄在 18 岁及以上的成年样本进行调查。由于每轮 CGSS 调查均采用了近乎相同的抽样框和抽样方法，所以，各期数据之间具有较强的可比性。再加上 CGSS 数据的样本量较大，且持续时间较长，它已成为现阶段分析中国社会变迁不可多得的数据资料。CGSS2006 和 CGSS2017 均设计了一个家庭模块，并使用完全相同的问题测量受访者的孝道观念及其与父母和子女之间的交往，这就为本章研究孝道变迁及其对代际支持和幸福感的影响提供了便利。

需要说明的是，CGSS2006 和 CGSS2017 只选取了约三分之一的受访者回答家庭模块的问题，因此，本研究将仅针对这些样本进行分析。CGSS2006 中回答家庭模块的问题的受访者有 3 208 人，去除缺失值以后剩余 2 930 人；CGSS2017 中回答家庭模块的问题的受访者有 4 127 人，去除缺失值以后剩余 3 838 人。考虑到两期调查中缺失数据的百分比均在 10%以内，我们采用了例删法（case-wise deletion）处理缺失值。除此之外，我们也使用了多重插补法（multiple imputation）对缺失值进行填补，发现所得到的结论与直接删除缺失值时相同。受篇幅所限，下文仅报告基于例删法的分析结果。

最后还要说明的一点是，数据中部分受访者的父母全部去世或没有在世的成年子女，他们会对分析双向代际支持产生干扰。为了避免出现这种情况，我们构造了一个子女样本和一个父母样本。如果受访者的父母尚未全部去世，则将其纳入子女样本，两期调查中满足这一条件的受访者共有 3 810 人，其中来自 2006 年调查的受访者为 1 900 人，来自 2017 年调查的受访者为 1 910 人。基于这个子女样本，我们可以分析他们向父母提供的支持以及从父母那里得到的帮助。如果受访者有至少一个在世的成年子女，则将其纳入父母样本，两期调查中满足这一条件的受访者共有 3 552 人，其中来自 2006 年调查的受访者为 1 250 人，来自 2017 年调查的受访者为 2 302 人。基于这个父母样本，我们可以分析他们向子女提供的帮助以及从子女那里得到的支持。① 在分别对子女样本和父母样本进行研究时，统计模型中的控制变量会略有差异，这一点将在下文中得到详细介绍。

（二）变量

（1）孝道观念。CGSS2006 和 CGSS2017 使用了六个完全相同的陈述性问题调查受访者对孝道的理解：1）对父母的养育之恩心存感激；2）无论父母对自己如何不好，仍然善待他们；3）放弃个人的志向，达成父母的心愿；

① 需要注意的是，子女样本和父母样本中有一部分重合，即有部分受访者处于上有老下有小的状态，但考虑到这部分受访者人数较少，本章没有对其进行专门研究。

4）赡养父母使他们生活更为舒适；5）子女应该做些让父母有光彩的事；6）为了传宗接代，至少要生一个儿子。每一个陈述性问题均配有一个七分类的选项（1＝非常不同意；2＝相当不同意；3＝有些不同意；4＝无所谓同意不同意；5＝有些同意；6＝相当同意；7＝非常同意）。参照曹惟纯和叶光辉（2014）以及胡安宁（2017）的做法，我们使用探索性因子分析从这六道题中提炼出的受访者在权威性孝道和相互性孝道这两个维度上的因子得分，具体分析过程将在下文展示。

（2）双向代际支持。CGSS2006 和 CGSS2017 都询问了受访者在过去一年内给予父母和子女以及从父母和子女那里得到的三种社会支持：1）给钱；2）帮助料理家务或照顾小孩及其他家人；3）听他们的心事或想法。很明显，这三种支持分别对应经济支持、生活支持和情感支持。在 CGSS 调查中，这三类代际支持的强度均按照“从来没有”到“很经常”被分为五个等级，分析时，我们对之按照 1 到 5 分赋值，分值越高，表示代际支持发生的频率越高。

（3）幸福感。CGSS2006 和 CGSS2017 都采用了一个包含五个类别的 Likert 量表测量受访者的主观幸福感。分析时，我们对之按 1 到 5 分赋值，分值越高，表示受访者越幸福。

（4）控制变量。在模型分析时，我们还纳入了受访者的很多人口学特征和社会经济特征作为控制变量，包括性别、年龄及其平方、民族、婚姻状况、户口性质、受教育年限、收入对数和地区。此外，为了研究孝道变迁以及代际支持和幸福感随时间推移的变动趋势，我们也将调查年份作为控制变量纳入了模型。

最后还需说明的一点是，我们在对子女样本和父母样本进行单独研究时，控制变量的选取会有所不同。除了上述通用的控制变量之外，我们在分析子女样本时，还控制了受访者的兄弟数量、姐妹数量、父母的平均年龄、父母最高受教育年限、父母婚姻状况以及是否与父母同住。此外，考虑到子女样本中婚姻状况为离婚和丧偶的很少，我们将二者合并为一类。在分析父母样本时，我们除了控制受访者的人口学特征和社会经济特征之外，还控制了儿子数量、女儿数量、子女平均年龄、是否与子女同住这四个子女层面的特征。此外，考虑到父母的婚姻状况为未婚和离婚的较少，我们将二者合并为一类。

（三）分析策略

本章的数据分析将分四步进行。

第一步，我们将对 CGSS2006 和 CGSS2017 这两期调查数据的基本情况进行统计描述。在这一部分，我们重点关注的是孝道观念、双向代际支持和幸福感随时间推移的变动趋势，并为后续的模型分析奠定基础。

第二步，我们将对双元孝道的影响因素进行模型分析，考虑到权威性孝道和相互性孝道之间并不独立，我们将使用似不相关回归（seemingly uncorrelated regression）作为主要的分析方法。与常规的线性回归模型相比，似不相关回归可以分析模型残差之间的相关性，因而，该模型能更好地控制那些未被纳入模型但是对权威性孝道和相互性孝道都有影响的干扰因素。

在第三步，我们将分别使用子女样本和父母样本研究双元孝道观念对双向代际支持的影响。考虑到子女对父母的支持与父母对子女的支持之间有很强的相关性，且经济支持、生活支持和情感支持之间也不独立，在这一部分，我们将继续使用似不相关回归作为主要的分析工具。

最后一步，我们还使用线性回归分析了孝道观念对幸福感的直接影响及其通过代际支持对幸福感的间接影响。为了区分这种影响在两代人之间的差异，我们将对子女样本和父母样本分别进行模型分析。需要说明的是，幸福感在数据中是一个定序变量，通常采用定序 logit 模型进行分析。但考虑到不同定序 logit 模型中的回归系数不可直接比较（洪岩璧，2015），我们采用了线性回归模型。此外，我们也尝试采用了定序 logit 模型并对回归系数进行调整以使其具有可比性，发现研究结论不变。出于简洁性考虑，下文将仅报告基于线性回归的分析结果。

六、分析结果

（一）描述性统计分析

表 8-1 描述了孝道的六个测量指标随时间推移的变动趋势，从该表可以发现，无论是 2006 年还是 2017 年，受访者在感激父母、善待父母、生活舒适、增光添彩这四个指标上的均值都较高，且这四个指标的均值均随时间的推移呈明显的上升趋势。相比之下，受访者在达成心愿和传宗接代这两个指标上的均值较低，且随时间的推移呈明显的下降趋势。胡安宁（2017）认为，

与感激父母、善待父母、生活舒适、增光添彩这四个指标对应的是相互性孝道，而与达成心愿和传宗接代对应的是权威性孝道。由此可见，早在 2006 年，相互性孝道就已超过权威性孝道成为指引中国人代际关系的核心，而且随着时间的推移，相互性孝道的这一核心地位进一步得到了巩固，而权威性孝道则呈现出不断衰弱之势。所以，仅从表 8-1 的描述性统计结果来看，本章的假设 1 得到了数据的支持。

除此之外，从表 8-1 中还可以发现，与权威性孝道对应的两个指标均值较小，但标准差较大；而与相互性孝道对应的四个指标均值较大，但标准差较小。曹惟纯和叶光辉（2014）在分析台湾地区的相关数据时，也得到了类似的发现。他们认为，相互性孝道已成为台湾地区民众普遍接受的价值观，因此它在不同人群之间的离散程度较小；而权威性孝道的认可度则在不同人群之间存在较大差异，因此它的离散程度较大。本章对大陆地区数据的描述性统计也再次验证了这一点。

表 8-1　分调查年份对孝道测量指标的描述性统计

	2006		2017		t 检验	
	均值	标准差	均值	标准差	T 值	显著性
感激父母	6.0	0.9	6.3	0.9	9.2	***
善待父母	5.8	0.9	5.9	1.1	3.2	**
达成心愿	4.7	1.4	4.0	1.7	14.9	***
生活舒适	5.8	0.9	6.2	0.9	13.2	***
增光添彩	5.6	1.0	5.7	1.1	1.5	
传宗接代	4.5	1.5	4.1	1.8	8.5	***
样本量	2 930		3 838		6 768	

注：分析结果已加权；* $p<0.05$，** $p<0.01$，*** $p<0.001$。

为了更好地分析权威性孝道和相互性孝道随时间推移的变动趋势，我们对上述六个孝道测量指标进行了因子分析（见表 8-2）。参考胡安宁（2017）的做法，我们使用了方差最大旋转法，结果显示，这六个观测指标对应两个公因子。公因子 1 在感激父母、善待父母、生活舒适、增光添彩这四个指标上的因子负载较大。考虑到这些指标都强调子女和父母的情感联系，因此参考前人的研究，我们将之命名为相互性孝道。公因子 2 在达成心愿和传宗接代这两个指标上的因子负载较大，考虑到这两个指标均强调为人子女的责任和义务，因此我们将之命名为权威性孝道。分析结果显示，这两个公因子一共能解释掉原始数据中64%的方差。与相互性孝道对应的四个测量指标的信度系数为0.78，与权威性孝道对应的两个测量指标的信度系数为0.45[①]，这些结果均与胡安宁报告的结果很接近。

表8-2 对孝道的因子分析结果

	因子1（相互性孝道）	因子2（权威性孝道）
感激父母	0.85	−0.05
善待父母	0.78	0.09
达成心愿	0.08	0.75
生活舒适	0.83	0.04
增光添彩	0.62	0.39
传宗接代	−0.01	0.82
特征值	2.42	1.40
信度系数	0.78	0.45
累计解释方差比例	0.64	

在得到相互性孝道和权威性孝道的因子得分之后，我们描述了子女样本和父母样本中这两个因子得分随时间推移的变动趋势，如表8-3和表8-4所示。除此之外，表8-3和表8-4还描述了双向代际支持、幸福感以及其他控制变量在两期调查中的基本情况。可以发现，无论是在子女样本还是父母样本中，权威性孝道都随时间的推移呈明显的下降趋势，而相互性孝道则随时间的推移不断上升。此外，代际双向经济支持、生活支持和情感支持随时间不断增强，两代人的联系越发紧密；与此同时，人们的幸福感也随时间呈现出明显的上升趋势。

在控制变量方面，受访者的很多人口学特征、社会经济特征和家庭特征也随时间发生了较为明显的变化，如受访者的受教育年限和收入随时间不断增加，兄弟姐妹数量和生育子女数随时间不断下降、父母受教育年限随时间不断上升等。这些结果均与我们的预期完全一致。但是，在以下两个方面，数据却呈现出与理论预期不太一致的变动趋势。一是2017年数据中拥有城镇户口的受访者比重低于2006年，这可能是因为CGSS2006对城镇样本进行了过额抽样所致。二是子女样本中与父母同住的百分比没有随时间下降，这与中国家庭的核心化趋势不符。我们认为，导致这一结果的主要原因在于，从

① 权威性孝道的信度系数之所以较低，是因为构造这一孝道维度时只用到了两个观测指标。因此，这一比较低的系数值本身并不足以作为证据质疑权威性孝道公因子的测量信度。

2006 年到 2017 年，受访者的兄弟姐妹数量出现了明显下降。通常来说，中国父母只会选择与一个成年子女同住，所以在兄弟姐妹数量减少之后，每个子女与父母同住的机会将大大增加。在已有关于中国家庭结构的研究中，很多学者已经讨论过这一问题，他们认为，在生育率下降的背景下，不宜使用子女与父母同住的比例判断家庭是否出现核心化，而应使用父母与子女同住的比例（郭志刚，1987）。从表 8-4 可以发现，这一比例随时间的推移呈明显的下降趋势，这与以往的研究结论完全一致。

表 8-3　分调查年份对子女样本中各变量的描述性统计

	2006		2017		t 检验/χ^2 检验	
	均值/百分比	标准差	均值/百分比	标准差	t 值/χ^2 值	显著性
权威性孝道	0.2	0.9	−0.3	1.1	9.0	***
相互性孝道	−0.1	1.0	0.2	0.9	13.5	***
给父母经济支持	2.8	1.1	2.9	1.2	1.9	
给父母生活支持	2.8	1.1	3.0	1.1	5.9	***
给父母情感支持	2.9	0.9	3.2	0.9	8.5	***
得到父母经济支持	1.9	1.1	2.4	1.2	9.0	***
得到父母生活支持	2.4	1.3	2.8	1.3	7.1	***
得到父母情感支持	2.5	1.1	2.9	1.0	9.3	***
幸福感	3.5	0.7	3.9	0.8	13.8	***
性别						
男性	50.0		49.1		0.2	
女性	50.0		50.9			
年龄	37.0	10.9	35.6	11.6	3.2	**
民族						
汉族	94.4		93.0		1.8	
少数民族	5.7		7.0			
婚姻状况						
未婚	13.1		24.8		52.7	***
在婚	84.4		72.3			
离婚或丧偶	2.6		2.9			
户口性质						
农村户口	57.3		62.7		8.0	**
城镇户口	42.7		37.3			
受教育年限	9.1	3.5	11.5	4.0	16.3	***
收入对数	7.7	2.8	8.3	4.3	4.2	***
兄弟数量	1.4	1.2	0.8	1.0	13.0	***
姐妹数量	1.5	1.3	0.8	1.1	13.6	***

续表

	2006		2017		t 检验/χ^2 检验	
	均值/百分比	标准差	均值/百分比	标准差	t 值/χ^2 值	显著性
父母平均年龄	66.3	12.4	63.1	14.5	6.1	***
父母最高受教育年限	5.4	4.2	7.7	4.4	13.6	***
父母婚姻状况						
在婚	69.6		72.6		2.8	
其他	30.4		27.4			
是否与父母同住						
是	32.1		32.0		0.0	
否	67.9		68.0			
地区						
东部	37.3		46.8		29.1	***
中部	39.2		29.9			
西部	23.5		23.3			
样本量	1 900		1 910		3 810	

注：分析结果已加权；对连续变量实施的是 t 检验，对分类变量实施的是χ^2检验；* $p<0.05$，** $p<0.01$，*** $p<0.001$。

表 8－4 分调查年份对父母样本中各变量的描述性统计

	2006		2017		t 检验/χ^2 检验	
	均值/百分比	标准差	均值/百分比	标准差	t 值/χ^2 值	显著性
权威性孝道	0.3	0.8	0.1	1.0	7.2	***
相互性孝道	−0.2	1.0	0.2	1.0	9.5	***
得到子女经济支持	2.5	1.2	2.7	1.2	3.6	***
得到子女生活支持	2.6	1.1	2.8	1.1	3.5	**
得到子女情感支持	2.7	1.0	3.0	1.0	6.4	***
给子女经济支持	2.4	1.3	2.4	1.3	0.4	
给子女生活支持	2.9	1.3	3.0	1.4	2.5	*
给子女情感支持	2.9	1.0	3.0	1.0	3.8	***
幸福感	3.4	0.7	3.9	0.8	13.6	***
性别						
男性	49.7		47.0		1.6	
女性	50.3		53.1			
年龄	53.7	7.7	58.2	10.5	12.4	***
民族						
汉族	95.9		91.6		14.4	***
少数民族	4.1		8.4			
婚姻状况						
在婚	93.1		86.0		33.1	***

续表

	2006		2017		t检验/χ^2检验	
	均值/百分比	标准差	均值/百分比	标准差	t值/χ^2值	显著性
丧偶	5.7		9.6			
其他	1.2		4.4			
户口性质						
农村户口	62.8		67.2		5.2	*
城镇户口	37.2		32.8			
受教育年限	6.9	4.0	7.8	4.4	5.3	***
收入对数	7.5	2.6	8.3	3.7	6.2	***
儿子数量	1.3	0.8	1.1	0.9	5.0	***
女儿数量	1.1	1.0	0.9	1.0	3.2	**
子女平均年龄	27.1	6.5	32.3	9.4	16.8	***
是否与子女同住						
是	50.4		42.8		12.2	***
否	49.6		57.2			
地区						
东部	29.2		40.4		39.4	***
中部	47.5		35.4			
西部	23.4		24.2			
样本量	1 250		2 302		3 552	

注：分析结果已加权；对连续变量实施的是t检验，对分类变量实施的是χ^2检验；* $p<0.05$，** $p<0.01$，*** $p<0.001$。

（二）双元孝道的影响因素分析

在这一部分，我们将使用似不相关回归分析双元孝道的影响因素。从表8-5可以发现，男性、年龄较大的受访者更可能认可权威性孝道，汉族相比少数民族对权威性孝道的接纳度较低，离婚者更不可能接受权威性孝道。在社会经济特征方面，拥有城镇户口、受教育程度较高、收入较高以及居住在东部地区的受访者对权威性孝道的接纳度较低，这在一定程度上说明，社会经济的快速发展是导致权威性孝道衰弱的重要原因。除此之外，在控制上述变量以后，权威性孝道依然随时间的推移呈明显的下降趋势，这与假设1的预期完全一致。

就相互性孝道来说，各变量的解释力明显较弱。在人口学特征方面，只有民族对相互性孝道有显著影响；在社会经济特征方面，只有收入和地区对相互性孝道有一定的解释力。不过，地区对相互性孝道的影响与权威性孝道完全相反，与中西部地区相比，东部地区对相互性孝道的接纳度更高。除此之外，在控制其他变量以后，相互性孝道依然随时间呈现出非常明显的上升趋势，这也再次验证了这种孝道观念会随社会的现代化转型不断增强的研究假设。

最后，从两个模型的R^2可以发现，受访者的社会经济特征与人口学特征合计可以解释掉权威性孝道总方差的 17.0%，对相互性孝道来说，R^2只有 0.035。这充分说明，相互性孝道已经被不同性别、年龄和拥有不同社会经济地位的民众广泛接受；而权威性孝道则不然，它在那些观念较为保守的人群之中依然有一定的影响力，因此，受访者的人口学特征和社会经济特征对它有较强的解释力。综合上述结果，本章的假设 1 和假设 2 都得到了数据的支持。

表 8－5　使用似不相关回归分析双元孝道的影响因素

	权威性孝道	相互性孝道
男性	0.212***	−0.006
	(0.023)	(0.025)
年龄	0.011*	0.000
	(0.005)	(0.005)
年龄平方	−0.000	−0.000
	(0.000)	(0.000)
汉族	−0.143**	−0.208***
	(0.046)	(0.049)
婚姻状况（未婚＝0）		
在婚	0.041	0.049
	(0.041)	(0.043)
离婚	−0.246*	0.054
	(0.097)	(0.102)
丧偶	0.024	0.069
	(0.074)	(0.078)
城镇户口	−0.109***	0.035
	(0.027)	(0.028)
受教育年限	−0.053***	0.003
	(0.003)	(0.004)
收入对数	−0.014***	−0.008*
	(0.003)	(0.004)
地区（东部＝0）		
中部	0.198***	−0.106***
	(0.027)	(0.028)
西部	0.188***	−0.155***
	(0.031)	(0.032)

续表

	权威性孝道	相互性孝道
2017 年	−0.302***	0.320***
	(0.024)	(0.026)
截距	0.367**	0.128
	(0.115)	(0.122)
R^2	0.170	0.035
样本量	6 768	6 768

注：括号中为标准误；分析结果已加权；* $p<0.05$，** $p<0.01$，*** $p<0.001$。

（三）孝道观念对双向代际支持的影响

接下来，我们将进一步分析双元孝道观念对双向代际支持的影响。考虑到受访者的不同身份，双向代际支持的强度和影响因素也会有所差异，因此，我们将对作为子女的中青年样本和作为父母的中老年样本分别进行研究。

表 8-6 使用似不相关回归分析了子女样本中的双向代际支持。可以发现，在控制其他变量以后，权威性孝道有助于提升子女对父母的经济支持，也有助于子女得到父母的经济支持，但是，权威性孝道对双向生活支持和双向情感支持的影响都不显著。相比之下，相互性孝道对提升子女对父母的经济支持、生活支持和情感支持都有显著的积极影响，除此之外，相互性孝道对子女得到父母的情感支持也有显著的促进作用。不过，在控制其他变量以后，相互性孝道对子女从父母处得到经济支持有显著的负面影响。这可能是因为，认可相互性孝道的子女不太愿意在经济上“啃老”。总体来说，表 8-6 的分析结果说明，权威性孝道的作用在于促进代际双向经济支持，而相互性孝道的作用在于促进代际双向情感支持。对于双向生活支持，相互性孝道也有一定的积极影响，但权威性孝道则没有影响。所以，本章的假设 3 基本得到了数据的支持。

除了孝道观念，表 8-6 显示，受访者的人口学特征、社会经济特征和家庭特征也对双向代际支持具有显著影响。不过，这些变量的影响不是本研究的重点，在此不逐一讨论。值得一提的是，在控制其他变量以后，两代人在经济、日常生活和情感三个方面的支持强度均随时间的推移呈上升趋势，这充分说明，中国家庭的代际双向联系正变得越来越紧密，因此，现代化理论所认为的代际关系将在快速的社会转型过程中变得日益松散的情况在中国并未出现。

表 8-6 使用似不相关回归对子女样本中双向代际支持的分析结果

	给父母			从父母处得到		
	经济	生活	情感	经济	生活	情感
权威性孝道	0.087***	−0.014	0.007	0.035*	0.008	0.020
	(0.018)	(0.018)	(0.016)	(0.017)	(0.019)	(0.017)
相互性孝道	0.043*	0.061***	0.120***	−0.040*	0.010	0.107***
	(0.018)	(0.017)	(0.016)	(0.017)	(0.018)	(0.017)
男性	0.050	−0.136***	−0.137***	0.008	0.125**	−0.044
	(0.037)	(0.036)	(0.032)	(0.035)	(0.038)	(0.035)
年龄	0.068***	0.007	0.033***	−0.101***	−0.007	−0.003
	(0.012)	(0.011)	(0.010)	(0.011)	(0.012)	(0.011)
年龄平方	−0.001***	0.000	−0.000*	0.001***	−0.000	0.000
	(0.000)	(0.000)	(0.000)	(0.000)	(0.000)	(0.000)
汉族	−0.012	−0.139*	−0.027	−0.003	−0.093	−0.001
	(0.071)	(0.070)	(0.062)	(0.068)	(0.074)	(0.068)
婚姻状况（未婚=0）						
在婚	0.357***	−0.015	0.075	−0.233***	0.211***	0.018
	(0.060)	(0.059)	(0.052)	(0.057)	(0.062)	(0.057)
其他	0.241*	−0.062	0.056	0.075	0.434***	0.109
	(0.119)	(0.116)	(0.104)	(0.114)	(0.123)	(0.113)
城镇户口	−0.109**	−0.074	−0.003	0.156***	−0.003	0.085*
	(0.041)	(0.040)	(0.036)	(0.040)	(0.043)	(0.039)
受教育年限	0.026***	0.025***	0.031***	0.021***	0.015*	0.020***
	(0.006)	(0.006)	(0.005)	(0.006)	(0.006)	(0.006)
收入对数	0.064***	−0.003	0.007	−0.039***	0.008	0.004
	(0.005)	(0.005)	(0.004)	(0.005)	(0.005)	(0.005)
兄弟数量	−0.009	−0.022	−0.008	−0.067***	−0.075***	−0.023
	(0.018)	(0.018)	(0.016)	(0.018)	(0.019)	(0.017)
姐妹数量	0.001	−0.023	−0.011	−0.004	−0.037*	0.001
	(0.016)	(0.016)	(0.014)	(0.015)	(0.017)	(0.015)
父母年龄	−0.002	0.009***	0.001	−0.005*	−0.007**	−0.003
	(0.002)	(0.002)	(0.002)	(0.002)	(0.002)	(0.002)
父母在婚	0.068	−0.011	−0.020	−0.271***	−0.202***	−0.090*
	(0.042)	(0.041)	(0.037)	(0.041)	(0.044)	(0.040)
与父母同住	0.172***	0.686***	0.272***	0.158***	1.051***	0.256***
	(0.042)	(0.041)	(0.037)	(0.040)	(0.044)	(0.040)
父母受教育年限	−0.018***	−0.007	0.012**	0.015**	0.005	0.009*
	(0.005)	(0.005)	(0.004)	(0.005)	(0.005)	(0.005)
地区（东部=0）						
中部	−0.100*	0.031	−0.129***	0.025	−0.031	−0.129***
	(0.041)	(0.040)	(0.036)	(0.039)	(0.042)	(0.039)
西部	−0.093*	0.120**	−0.076	0.026	−0.036	−0.085
	(0.046)	(0.045)	(0.040)	(0.044)	(0.048)	(0.044)

续表

	给父母			从父母处得到		
	经济	生活	情感	经济	生活	情感
2017 年	0.109**	0.189***	0.187***	0.272***	0.228***	0.252***
	(0.040)	(0.039)	(0.035)	(0.039)	(0.042)	(0.038)
截距	0.580**	1.836***	1.684***	4.711***	2.844***	2.629***
	(0.224)	(0.219)	(0.195)	(0.214)	(0.232)	(0.212)
R^2	0.137	0.103	0.089	0.299	0.314	0.101
样本量	3 810	3 810	3 810	3 810	3 810	3 810

注：括号中为标准误；分析结果已加权；* $p<0.05$，** $p<0.01$，*** $p<0.001$。

表 8-7 显示的是使用似不相关回归对父母样本中双向代际支持的分析结果。可以发现，在控制其他变量以后，权威性孝道能显著提升父母从子女处得到的经济支持，但是对得到子女的生活支持和情感支持则没有显著影响。此外，权威性孝道也不会促进父母向子女提供支持，不仅如此，这种孝道观念还会显著降低父母对子女的情感支持。就相互性孝道的影响来说，它虽然会降低父母从子女处得到的经济支持，但是对得到子女的生活支持和情感支持都有显著的积极影响。除此之外，相互性孝道也有助于父母向子女提供生活支持和情感支持。总体而言，表 8-7 再次说明，权威性孝道的积极影响主要表现在经济支持这一个维度上，而相互性孝道不仅能显著提升代际双向情感支持，而且对生活支持也有一定的促进作用。因此，本章的假设 3 进一步得到了数据的支持。

除了孝道观念，从表 8-7 中也可以发现，很多控制变量也对双向代际支持有显著影响，受篇幅所限，此处不逐一介绍。值得注意的是，在控制其他变量以后，无论是父母从子女处得到的支持，还是父母给予子女的支持，均随时间呈明显的上升趋势。这再次说明，中国家庭的代际交往并未随快速的社会转型而表现出任何衰退的迹象。不仅如此，双向代际支持甚至比以往更加频繁。

表 8-7　使用似不相关回归对父母样本中双向代际支持的分析结果

	从子女处得到			给子女		
	经济	生活	情感	经济	生活	情感
权威性孝道	0.097***	0.012	−0.003	0.039	−0.009	−0.050**
	(0.022)	(0.020)	(0.019)	(0.022)	(0.024)	(0.019)
相互性孝道	−0.041*	0.038*	0.113***	−0.036	0.081***	0.115***
	(0.019)	(0.018)	(0.016)	(0.020)	(0.021)	(0.016)

续表

	从子女处得到			给子女		
	经济	生活	情感	经济	生活	情感
男性	0.031	−0.008	−0.161***	−0.053	−0.316***	−0.247***
	(0.041)	(0.038)	(0.035)	(0.041)	(0.044)	(0.035)
年龄	0.187***	−0.018	0.032*	−0.190***	0.113***	−0.015
	(0.018)	(0.016)	(0.015)	(0.018)	(0.019)	(0.015)
年龄平方	−0.002***	0.000	−0.000	0.002***	−0.001***	0.000
	(0.000)	(0.000)	(0.000)	(0.000)	(0.000)	(0.000)
汉族	−0.156	−0.011	−0.038	−0.028	−0.288***	−0.107
	(0.080)	(0.074)	(0.068)	(0.081)	(0.086)	(0.068)
婚姻状况（在婚=0）						
丧偶	0.295***	0.237***	0.172**	−0.082	−0.044	0.010
	(0.076)	(0.070)	(0.065)	(0.077)	(0.082)	(0.065)
其他	0.061	−0.247*	−0.099	0.016	−0.187	−0.163
	(0.113)	(0.105)	(0.097)	(0.115)	(0.123)	(0.097)
城镇户口	−0.160***	−0.041	0.108**	0.213***	−0.079	0.157***
	(0.047)	(0.044)	(0.040)	(0.048)	(0.051)	(0.040)
受教育年限	−0.006	−0.001	0.012*	0.031***	−0.000	0.016***
	(0.006)	(0.005)	(0.005)	(0.006)	(0.006)	(0.005)
收入对数	−0.033***	−0.009	−0.005	0.030***	−0.004	0.007
	(0.006)	(0.006)	(0.005)	(0.007)	(0.007)	(0.005)
儿子数量	−0.013	−0.082***	−0.082***	−0.025	−0.107***	−0.104***
	(0.026)	(0.024)	(0.022)	(0.027)	(0.028)	(0.022)
女儿数量	0.021	0.074***	0.062***	0.025	−0.078***	0.018
	(0.022)	(0.020)	(0.018)	(0.022)	(0.023)	(0.018)
子女平均年龄	0.036***	0.012**	−0.001	−0.040***	0.001	−0.016***
	(0.005)	(0.005)	(0.004)	(0.005)	(0.005)	(0.004)
与子女同住	0.143***	0.653***	0.317***	0.364***	0.927***	0.341***
	(0.039)	(0.036)	(0.033)	(0.039)	(0.042)	(0.033)
地区（东部=0）						
中部	−0.029	−0.075	−0.035	−0.027	−0.019	−0.056
	(0.046)	(0.043)	(0.039)	(0.047)	(0.050)	(0.039)
西部	−0.008	0.169***	−0.011	0.049	0.024	−0.120**
	(0.053)	(0.049)	(0.045)	(0.054)	(0.058)	(0.045)
2017 年	0.087*	0.121**	0.228***	0.211***	0.180***	0.181***
	(0.044)	(0.041)	(0.038)	(0.045)	(0.048)	(0.038)
截距	−3.575***	2.555***	1.720***	8.580***	0.010	3.823***
	(0.529)	(0.488)	(0.451)	(0.535)	(0.572)	(0.451)
R^2	0.144	0.127	0.084	0.220	0.167	0.131
样本量	3 552	3 552	3 552	3 552	3 552	3 552

注：括号中为标准误；分析结果已加权；* $p<0.05$，** $p<0.01$，*** $p<0.001$。

(四) 孝道观念对幸福感的影响

最后，我们还分析了孝道观念对两代人幸福感的影响。表 8-8 展示的是对子代样本的分析结果。从模型 1 可以发现，在控制其他变量以后，权威性孝道会显著降低子代的幸福感，而相互性孝道则对幸福感有显著的提升作用。因此，假设 4 得到了数据的支持。接下来，我们在模型 1 的基础上分别纳入了子女给父母的三种支持以及从父母那里得到的三种支持，这就得到了模型 2 和模型 3。从这两个模型可以发现，在控制代际支持以后，权威性孝道的影响几乎没有变化，这说明，代际支持不是导致权威性孝道影响幸福感的中介因素。不过，在控制代际支持以后，相互性孝道的影响有所下降，这说明，相互性孝道可以通过影响代际支持的途径间接影响子代的幸福感。从代际支持对幸福感的影响来看，经济支持和生活支持的影响很小，但情感支持却对幸福感有显著的提升作用。而且，不论子女是向父母提供情感支持还是得到父母的情感支持，都能显著提高其幸福感。前文的分析表明，相互性孝道能显著提升代际双向情感支持，因此我们认为，相互性孝道对子代幸福感的积极影响中，有一部分是通过促进情感支持实现的。

表 8-8 使用线性回归对子代幸福感的分析结果

	模型 1	模型 2	模型 3
权威性孝道	−0.034*	−0.036*	−0.035*
	(0.017)	(0.016)	(0.016)
相互性孝道	0.064***	0.054***	0.057***
	(0.016)	(0.016)	(0.016)
给父母经济支持		0.022	
		(0.015)	
给父母生活支持		0.009	
		(0.017)	
给父母情感支持		0.071***	
		(0.020)	
得到父母经济支持			0.006
			(0.017)
得到父母生活支持			−0.013
			(0.017)
得到父母情感支持			0.069***
			(0.018)

续表

	模型 1	模型 2	模型 3
男性	−0.126***	−0.117***	−0.122***
	(0.032)	(0.032)	(0.032)
年龄	−0.039***	−0.043***	−0.038***
	(0.010)	(0.010)	(0.010)
年龄平方	0.001***	0.001***	0.001***
	(0.000)	(0.000)	(0.000)
汉族	−0.060	−0.057	−0.061
	(0.067)	(0.068)	(0.068)
婚姻状况（未婚=0）			
在婚	0.225***	0.212***	0.228***
	(0.058)	(0.057)	(0.058)
其他	−0.107	−0.116	−0.109
	(0.092)	(0.093)	(0.094)
城镇户口	−0.029	−0.026	−0.036
	(0.036)	(0.036)	(0.036)
受教育年限	0.026***	0.023***	0.024***
	(0.005)	(0.005)	(0.005)
收入对数	0.010*	0.008	0.010*
	(0.004)	(0.005)	(0.005)
兄弟数量	−0.006	−0.005	−0.005
	(0.015)	(0.015)	(0.015)
姐妹数量	−0.004	−0.003	−0.005
	(0.014)	(0.014)	(0.014)
父母年龄	−0.004*	−0.004*	−0.004*
	(0.002)	(0.002)	(0.002)
父母在婚	−0.024	−0.024	−0.019
	(0.037)	(0.037)	(0.036)
与父母同住	−0.006	−0.035	−0.011
	(0.040)	(0.041)	(0.043)
父母受教育年限	0.008	0.007	0.007
	(0.005)	(0.005)	(0.005)
地区（东部=0）			
中部	−0.030	−0.019	−0.022
	(0.037)	(0.037)	(0.037)
西部	−0.090*	−0.084*	−0.085*
	(0.041)	(0.041)	(0.041)
2017 年	0.292***	0.274***	0.276***
	(0.037)	(0.036)	(0.038)
截距	4.088***	3.939***	3.915***
	(0.205)	(0.206)	(0.209)

续表

	模型 1	模型 2	模型 3
R^2	0.127	0.137	0.134
样本量	3 810	3 810	3 810

注：括号中为标准误；分析结果已加权；* $p<0.05$，** $p<0.01$，*** $p<0.001$。

表 8－9 展示的是对父母样本的分析结果。从模型 4 可以发现，在控制其他变量以后，权威性孝道对父母的幸福感没有显著影响，但相互性孝道则对幸福感有显著的提升作用，因此，假设 4 部分得到了证实。接下来，我们在模型 4 的基础上进一步控制了双向代际支持。从模型 5 和模型 6 可以发现，在控制双向代际支持以后，相互性孝道对幸福感的积极影响出现了下降，且统计检验结果也变得不再显著。从代际支持对幸福感的影响来看，只有双向情感支持对幸福感有显著的提升作用。结合相互性孝道能显著提升双向情感支持的研究结论，我们认为，相互性孝道对父母幸福感的积极影响中有一部分是由情感支持导致的。从表 8－10 对效应值的分解结果也可以发现，情感支持是相互性孝道影响父母幸福感的一个重要中介因素。因此，本章的假设 5 得到了数据的支持。

最后，从表 8－8 和表 8－9 可以发现，很多控制变量也对幸福感有显著影响。特别值得注意的是，两代人的幸福感均随时间的推移呈明显的上升趋势，这充分说明，在快速的社会变迁过程中，中国人正变得越来越幸福。

表 8－9 使用线性回归对父母幸福感的分析结果

	模型 4	模型 5	模型 6
权威性孝道	0.019	0.017	0.023
	(0.018)	(0.018)	(0.018)
相互性孝道	0.036*	0.031	0.027
	(0.016)	(0.016)	(0.016)
得到子女经济支持		0.021	
		(0.015)	
得到子女生活支持		0.018	
		(0.018)	
得到子女情感支持		0.048*	
		(0.019)	
给子女经济支持			−0.000
			(0.015)
给子女生活支持			−0.007
			(0.014)

续表

	模型 4	模型 5	模型 6
给子女情感支持			0.082***
			(0.018)
男性	−0.029	−0.022	−0.011
	(0.033)	(0.033)	(0.033)
年龄	−0.028*	−0.033*	−0.026
	(0.014)	(0.014)	(0.014)
年龄平方	0.000	0.000*	0.000
	(0.000)	(0.000)	(0.000)
汉族	−0.095	−0.089	−0.088
	(0.065)	(0.065)	(0.065)
婚姻状况（未婚=0）			
在婚	−0.105	−0.124*	−0.106
	(0.055)	(0.056)	(0.055)
其他	−0.261**	−0.253**	−0.249**
	(0.091)	(0.092)	(0.091)
城镇户口	−0.000	−0.001	−0.014
	(0.039)	(0.039)	(0.039)
受教育年限	0.023***	0.023***	0.022***
	(0.005)	(0.005)	(0.005)
收入对数	0.015**	0.016**	0.015**
	(0.005)	(0.005)	(0.005)
儿子数量	−0.013	−0.007	−0.005
	(0.023)	(0.023)	(0.023)
女儿数量	0.005	−0.000	0.003
	(0.018)	(0.018)	(0.017)
子女平均年龄	0.013***	0.012**	0.014***
	(0.004)	(0.004)	(0.004)
与子女同住	0.027	−0.003	0.005
	(0.033)	(0.033)	(0.034)
地区（东部=0）			
中部	−0.093*	−0.089*	−0.088*
	(0.037)	(0.037)	(0.037)
西部	−0.095*	−0.098*	−0.085*
	(0.044)	(0.043)	(0.044)
2017 年	0.335***	0.320***	0.321***
	(0.038)	(0.038)	(0.038)
截距	3.868***	3.815***	3.558***
	(0.427)	(0.438)	(0.450)
R^2	0.109	0.116	0.117
样本量	3 552	3 552	3 552

注：括号中为标准误；分析结果已加权；* $p<0.05$，** $p<0.01$，*** $p<0.001$。

表 8-10　双元孝道对幸福感的直接影响和间接影响

	子女样本		父母样本	
	权威性孝道	相互性孝道	权威性孝道	相互性孝道
总效应	−0.034*	0.064***	0.019	0.036*
	(0.017)	(0.016)	(0.018)	(0.016)
直接效应 1	−0.036*	0.054***	0.023	0.027
	(0.016)	(0.016	(0.018)	(0.016)
间接效应 1	0.002	0.010***	−0.004	0.009**
	(0.002)	(0.003)	(0.002)	(0.003)
给予经济支持	0.002	0.001	−0.000	0.000
	(0.001)	(0.001)	(0.001)	(0.001)
给予生活支持	−0.000	0.001	0.000	−0.001
	(0.000)	(0.001)	(0.000)	(0.001)
给予情感支持	0.000	0.009**	−0.004	0.009***
	(0.001)	(0.003)	(0.002)	(0.003)
直接效应 2	−0.035*	0.057***	0.017	0.031
	(0.016)	(0.016)	(0.018)	(0.016)
间接效应 2	0.001	0.007**	0.002	0.005*
	(0.002)	(0.002)	(0.002)	(0.003)
得到经济支持	0.000	−0.000	0.002	−0.001
	(0.001)	(0.001)	(0.002)	(0.001)
得到生活支持	−0.000	−0.000	0.000	0.001
	(0.000)	(0.000)	(0.000)	(0.001)
得到情感支持	0.001	0.007**	−0.000	0.005*
	(0.002)	(0.002)	(0.001)	(0.002)

注：子女样本中的直接效应 1 和间接效应 1 基于模型 2 分解得到，直接效应 2 和间接效应 2 基于模型 3 分解得到；父母样本中的直接效应 1 和间接效应 1 基于模型 6 分解得到，直接效应 2 和间接效应 2 基于模型 5 分解得到；括号中为标准误；分析结果已加权；* $p<0.05$，** $p<0.01$，*** $p<0.001$。

七、结论与讨论

孝是中华优秀传统文化的重要内容，也是影响中国人家庭生活和个人幸福的重要因素。本章基于叶光辉（2009）提出的双元孝道模型，并结合 2006 年和 2017 年两期 CGSS 数据分析了权威性孝道和相互性孝道随时间推移的变动趋势以及这两种孝道观念对双向代际支持和两代人幸福感的影响。研究发现，相互性孝道已成为中国人普遍接受的一种孝道观念，且随着时间的推移，中国人对相互性孝道的认可度不断上升。相比之下，权威性孝道则随时间呈明显的衰退之势，且目前更多地存在于男性、年龄较大和社会经济地位较低的人群之中。权威性孝道和相互性孝道都对双向代际支持有显著性影响，但二者的影响方式有所不同。研究发现，权威性孝道对双向经济支持有显著的积极影响，但是对双向生活支持和双向情感支持的影响很小。与之相比，相互性孝道的主要作用在于提升代际双向情感支持，除此之外，这种孝道观念对双向生活支持也有一定的积极影响。最后，对幸福感的研究发现，相互性孝道有助于提升两代人的幸福感，而权威性孝道则对子代的幸福感有损害作用。进一步的研究还发现，相互性孝道促进个体幸福的一个重要机制是它能显著提升双向情感支持，相比经济支持和生活支持，双向情感支持对两代人的幸福感有更为显著的积极影响。

本章的上述分析在理论和方法两个层面都对前人的研究有所拓展。第一，在方法层面，本章使用了横跨十一年之久的两期 CGSS 数据，这就在很大程度上弥补了以往研究大多基于田野调查或单一时点横截面调查的缺陷。除此之外，本章在模型分析时使用了更加严谨的似不相关回归，且对孝道观念影响幸福感的直接效应和间接效应进行了详尽的分解，这都对前人的研究方法有所改进。

第二，在理论层面，本章结合双元孝道模型对孝道的内涵进行了更加全面的测量，且在分析孝道的影响时将双向代际支持同时涵盖进来，这不仅使本研究的内容更加全面和充实，而且在一定程度上有助于弥合和解决现有研究的分歧和冲突。如前所述，现有关于中国家庭孝道变迁的研究存在“孝道衰弱”和“孝道延续”这两种不同的观点，我们认为，导致这一分歧的重要原因在于，以往的研究忽视了孝道具有多个不同的维度，且随着时间的推移，不同维度的孝道会发生不完全一致的变化。如果我们仅关注孝道的权威性维度，那么确实可以说孝道在衰弱，但如果我们关注的是孝道的相互性维度，那么就会得出完全相反的结论。本章的研究表明，相互性孝道已经取代权威性孝道成为指引中国家庭代际关系的核心，这不仅是因为中国快速的社会变迁使得立足于平等互惠基础上的相互性孝道获得了人们更多的青睐，而且在一定程度上说明，家庭作为一种社会制度具有强大的韧性和延续性。除了相互性孝道的增强，这种家庭韧性也可以从越发紧密的代际关系中得到证明。综上，我们认为，中国人并非像现代化理论所预言的那样会在快速的社会转型过程中抛弃代际关系，与之相反，无论从观念还是行为角度上说，代际关系都在当代中国社会得到了延续，并表现出了强大的生命力。

虽然在某种程度上说，代际关系在当代中国社会得到了延续与发展，但不可否认的是，这种代际关系已与传统社会的代际关系有很大不同。一方面，随着权威性孝道的衰弱和相互性孝道的增强，代际关系已变得日益平等，父母对成年子女的帮助和成年子女对父母的赡养并存是这种以平等互惠为标志的新型代际交往关系最好的证明。在另一方面，随着相互性孝道的上升和权威性孝道的衰弱，自然亲情将取代责任和义务成为双向代际交往关系得以发生的前提和基础。我们对幸福感的研究也发现，只有情感支持才对个体幸福有显著的积极影响，这充分说明，当代中国家庭中的代际关系是建立在深厚情感之上的，或者说，当代中国家庭的代际关系已经出现了明显的情感转向。

第三，需要说明的是，出于数据和个人研究能力的限制，本章也不可避免地存在一些不足。首先，由于数据限制，我们只能使用 CGSS2006 和 CGSS2017 两期数据进行研究，因此，对于在这两个时点之间孝道观念是否发生了一些不同寻常的非线性变化，我们无法探知。此外，对于 2006 年之前更加久远的孝道观念，我们也无法得知。未来的研究需要使用时间跨度更长且时间间隔更加密集的数据来弥补本研究的不足。其次，因为只有两个时点的调查数据，本章无法对引发孝道变迁的“时期”“年龄”和“世代”效应进行更加深入和详尽的分解，这也有待后续的研究来完成。最后，本研究使用的两期数据都是横截面数据，因而，在探究变量之间的因果关系方面存在无法避免的缺陷。虽然我们在进行模型分析时控制了受访者的人口学特征、社会经济特征和家庭特征，但忽略变量的风险依然存在。未来，如果能获得追踪调查数据，研究者可以对本章的研究发现进行更好的检验。

结论：未来的家庭结构与家庭养老

在快速的社会转型过程中，中国的家庭结构和代际关系将发生怎样的变化既是一个重要的理论问题，也是一个关乎个人幸福、家庭和谐与社会稳定的重大现实问题。本书从古德的家庭现代化理论出发，回顾了现有关于中国家庭结构和家庭养老问题的研究，并在此基础上使用大规模抽样调查数据和统计方法对当代中国家庭的居住方式和代际关系进行了较为全面的分析和评估，研究问题包括中国家庭结构的变迁过程、多代家庭在当代中国继续存在的原因、家庭居住安排中的性别差异和家庭网络、空巢对老年人的真实影响、女儿养老功能的提升、家庭养老基础的转变、双向代际支持及其对老年人主观福祉的影响、孝道变迁与代际关系的转变等。对各个具体问题的研究结论可参考各章最后的结论与讨论部分，此处不再重复。在这里，我将从六个方面对本书的主要发现进行总结，并对未来如何开展中国家庭结构和家庭养老方面的研究提供一些建议。

一、名与实：当代中国家庭的变与不变

中国传统的家庭居住方式和家庭养老制度是否在快速的社会转型过程中发生了变化是本书的核心问题。纵观全书的研究，我们认为，对这个问题的回答需要区分“名”与“实”两个层面。

第一，从家庭结构和家庭养老的外表，即“名”的层面来看，我们发现，中国传统的扩大家庭制度在很多方面得到了延续。首先，在家庭结构方面，我们发现，多代家庭依然是当代中国家庭的一种重要类型，大多数老年人依然选择与子女同住或与子女相邻居住，且依然维持着与儿子同住的从夫居传

统。其次，在代际关系方面，研究发现，孝道观念依然在当代中国家庭得到了保留，子女依然在经济、日常生活和情感方面向父母提供着各种强有力的支持，且大多数老年人依然对子女的孝行表示满意。我们认为，当代中国家庭在居住方式和代际关系上的这种延续性充分说明，家庭是一种相对稳定的社会制度，即便在快速而深刻的社会转型过程中，家庭制度依然会表现出它坚韧的一面，而这种家庭韧性在很大程度上使得传统的扩大家庭制度能够在现代社会找到继续生存的土壤，并依然在两代人甚至更多代人的日常生活中发挥着不可替代的重要功能。

第二，从家庭结构和家庭养老的本质，即“实”的层面来看，我们认为，当代中国家庭确实发生了很多非常深刻的变化。首先，在家庭结构方面，我们发现很多老年人虽然依旧选择与子女同住，但支撑这种居住方式的已不再是多代同堂的主观偏好，而是父辈和子辈在经济、日常生活和情感方面需要相互扶持的客观需求。其次，在代际关系方面，研究发现，中国老年人虽然依旧能够得到子女的各种支持和赡养，但是与以往那种强调延时性的代际互惠关系不同，当代中国家庭更加看重即时性的交往公平，父母能否在经济和孙子女照料方面向子女提供帮助已成为影响子女赡养水平的重要因素。最后，在孝道观念方面，我们发现，孝道传统在当代中国虽然依旧盛行，但这种孝道已从过去的“既孝且顺”转变为当下的“孝而不顺”，随着权威性孝道的衰弱和相互性孝道的增强，中国人对代际关系的认知和实际的代际交往行为都已发生了非常深刻的变化。

综上所述，我们认为，名义上的延续与实质上的改变并存是当代中国家庭的一个重要特点。从这个角度来看，我们可以认为，当代中国家庭是兼具传统外表与现代内涵的一种混合家庭制度。一方面，当代中国家庭选择性地保留了传统家庭中密切的代际交往关系和互帮互助的家庭功能；但另一方面，它也果断抛弃了传统家庭对等级、秩序和权威的强调，并有效吸纳了独立自主和平等互惠的现代精神。我们认为，这种传统与现代相互杂糅的家庭变迁路径很好地印证了张庆燮提出的“压缩型”现代化理论（Chang，2010）和计迎春提出的“家庭马赛克主义”（Ji，2017）。这两个理论均认为，中国的家庭变迁不会简单延续西方那种从传统向现代的单线进化的发展路径，而是会呈现出多元复杂的、传统与现代相互交织的混合家庭模式。与此同时，我们认为，从名与实两个层面研究当代中国家庭的延续与变迁也有助于弥合现有研究中的理论分歧。本书曾指出，现有关于中国家庭变迁的研究分歧很大，一些研究过于强调中国家庭变迁的速度和程度，而另一些研究则过于强调传统中国家庭在当代的延续性。我们认为，这种分歧的一个重要的产生原因是，不同学者在名与实这两个不同层面讨论中国家庭变迁，因而对当代中国家庭变还是不变得出了完全不同的结论。实际上，上述两种观点都是不全面的，未来的研究只有同时兼顾名与实两个层面才能就中国家庭变迁的方向和路径获得更加全面和客观的认知。本书在这一方面进行了一次粗浅的尝试，未来的研究还需沿着这一方向取得更多的突破与进展。

二、知与行：观念与行为间的辩证统一

除了需要同时考虑名与实两个层面的家庭变迁，未来对相关问题的研究还需兼顾人们的观念和行为，做到“知”与“行”的辩证统一。

通常来说，人们对某件事物的观念与行为之间是统一的，因此，研究者常常借由人们的观念来预测其行为，或通过研究人们的行为来揣测其观念，但是我们在研究家庭问题时却发现观念与行为之间不一致的现象俯拾皆是。因此，上述“金科玉律”在家庭研究领域并不一定成立。本书第一章曾经提到，对传统中国家庭的一个常见误解就是认为它是以联合家庭为代表的大家庭，而实际上，传统中国家庭的规模并不大，约在 5 人左右，且以核心家庭为主。这是因为人们只看到了传统社会对大家庭的主观期望，而忽视了组建大家庭的实际困难（Cohen，1992；王跃生，2000）。在研究当代中国家庭变迁的时候，类似这样的现象也会存在。例如，我们在第二章曾经提到，早在 20 世纪 90 年代，很多研究就已发现，中国人已变得越来越偏好独立居住（Logan & Bian，1999；Treas & Wang，1993）。但实际上，大多数老年人依然与子女共同生活在一起，这是因为当时的国家政策在人口流动、住房获得等方面对人们的居住选择施加了很多限制（Logan、Bian & Bian.，1998）。随着社会的发展，当时的限制大部分已经被解除，与此同时，人们的观念也在变得越来越现代，那么为何多代家庭依然在中国十分盛行呢？我们的研究发现，老年人依旧迫切的家庭养老需求以及成年子女在经济和孙子女照料方面对父母

越来越强的依赖是人们选择同住的重要原因。总而言之，中国快速的社会转型虽然造就了人们独立居住的意愿，但并未为这一意愿转化为现实提供条件，因此，多代家庭在当下以及不久的将来都将是一种非常重要的家庭类型，而这种观念的快速变迁与行为的缓慢不变也构成了上一点中提到的中国家庭名实不副或兼具传统性与现代性的一个重要表现。

除了要对人们的观念和行为之间的差异进行分析，未来的研究还需关注这种差异可能导致的后果。本书第四章对空巢家庭的研究发现，主动空巢并不会损害老年人的主观福祉，但被动空巢却对老年人的幸福感有显著的损害。除此之外，我们还发现，如果老年人偏好与子女分开居住但实际上与子女同住，其主观福祉也会受损。由此可见，就老年人的居住方式与其幸福感的关系来看，真正起作用的既不是主观上的居住偏好，也不是实际的居住行为，而是二者之间是否协调一致。以往的研究很少关注到这一点，因而在很大程度上夸大了空巢对老年人的负面影响，同时也忽视了被动同住对老年人的损害作用。我们认为，未来的研究必须充分关注人们的主观偏好与实际行为之间的异同，分析其原因及可能的后果，只有这样，才能对中国家庭变迁获得更加全面和深入的理解。

不过需要特别指出的是，要将人们的观念和行为纳入一个统一的分析框架并不容易，因为我们很难从理论上厘清观念和行为之间的因果关系。一方面，很多研究认为，观念是促成行为的重要因素；但另一方面，心理学研究也指出，人类也有认知协调的倾向（Festinger，1957），即人们会主动调试观念，以使其与外在的环境相适应。就前文所述的居住偏好与居住行为之间的关系来说，我们很难分清是人们的居住偏好导致了居住行为，还是在行为发生以后，人们改变了偏好以使其与行为相一致。本书第八章在分析孝道观念和双向代际交往行为之间的关系时也存在类似的互为因果问题。这是本书的一个缺陷，未来的研究需要在理论和方法两个层面加以努力，以更好地辨明观念与行为之间的因果关系。

三、恩与情：代际交换的双重情感逻辑

在研究当代中国家庭的代际交往关系和家庭养老问题时，需要区分的另

一对概念是“恩”与“情”。这里的“恩”特指父母的养育之恩，而“情”指的是在长期共同相处过程中积累起来的自然亲情。我们认为，“恩”与“情”之间既相关又有重要区别，它们共同构成了代际交往得以发生的两条独特的情感逻辑。

在早期的研究中，学者们比较强调“恩”的重要性。费孝通（1983）在论述中国家庭的反馈模式时曾指出，父母对未成年子女的养育和子女对老年父母的赡养之间构成了因果关系，子女赡养父母主要是为了报答父母的养育之恩。但是，如果我们只看到父母对子女的“恩”，而看不到两代人之间的“情”，那么当代中国家庭中的很多代际交往现象就会变得难以解释。例如，女儿养老是近年来备受学术界关注的家庭现象，但这一现象却很难用子女的报恩心理进行解释。因为长期以来，女儿都是养育过程中被歧视的一方，如果说要报恩，那么该报恩的也应是儿子，为何在现实生活中，女儿反而比儿子对父母更贴心呢？再如，父母在经济和日常生活方面对成年子女的持续帮助也是近年来学术界热议的焦点，起初，学者们是从报恩的对立面来认识这一现象的，即认为这是子女在“啃老”，但近年来的多项研究却发现，老人对子女的帮助是心甘情愿的，甚至在提供这种帮助以后还会感到更加满意和幸福。这一现象显然超出了“恩”的解释范围，如果不纳入“情”，我们很难对之进行合理的阐释与分析。

我们认为，“恩”与“情”之间有两个重要区别。首先，“恩”是有明确流向的，只有父母给子女或长辈给晚辈的才叫“恩”，而子女给父母或晚辈给长辈的则被称作“报恩”。相比之下，“情”是双向的，或者说没有那么明确的方向，父母既可以对子女产生深厚的情感，子女也可以对父母产生同样深厚的情感，这种相互之间的情感都建立在无差别的自然亲情之上，且都有助于激发两代人之间的相互关心和支持。其次，“恩”与“报恩”都建立在父母与子女对各自角色和义务的服从之上，因此“恩”的运作逻辑带有强制性，更类似叶光辉（2009）所说的“权威性孝道”。相比之下，“情”是自然的、流动的、较少受社会规范约束的。我们认为，“情”的运作逻辑更类似叶光辉（2009）所说的“相互性孝道”。因此，在深厚情感之上产生的代际交往关系往往是双向的、平等的和互惠的。

我们认为，将“恩”与“情”这两条情感逻辑结合起来可以更好地解释当代中国家庭的代际交往关系和子女对父母的赡养行为。一方面，“知恩图报”的心理在当代中国家庭依然存在；但另一方面，建立在自然亲情基础上情感逻辑也已对代际交往关系发挥着越来越强的解释力。本书第五章对女儿养老行为的研究、第六章对赡养条件的研究以及第七章对代际互惠关系的研究都充分说明了这一点。叶光辉（2009）在论述双元孝道模型时曾经指出，权威性孝道和相互性孝道在任何一个华人社会中都同时存在，但彼此之间的相对影响力却可能因时代的不同而有显著差异。叶光辉（2009）认为，在现代社会，建立在平等互惠基础上的“相互性孝道”将在代际关系中发挥更加重要的基础性作用。参考叶光辉的观点，我们认为，“情”的逻辑对当代中国家庭代际交往关系的解释力正在上升，而“恩”的逻辑则在下降，我在本书各章的研究中已经隐约表达过这一观点，但并未对之进行严格的分析和论证。未来的研究需要结合更加充分的数据资料对“恩”与“情”这两条情感逻辑的相对解释力进行更加深入的研究，这对揭示中国家庭代际交往的运作基础并预测其未来走向都有重要意义。

四、男与女：父权制家庭制度何去何从

在研究当代中国家庭的居住方式和代际交往关系时，一个不可忽视的理论维度是性别。受父权制家庭观念的影响，传统中国家庭中的已婚子女大多会选择从夫居，且儿子也被期望扮演更加重要的养老角色。但本书的研究却发现，这种建立在父权制家庭观念基础上的家庭制度已然发生了明显变化。首先，在居住方式方面，我们发现，当代中国家庭选择从夫居的比例虽然高于从妻居，但从妻居在近年来已呈明显的上升趋势，家庭观念的变迁、生育率的下降和人口迁移流动的增加是导致这一结果的主要原因。其次，在家庭养老方面，我们更是发现，传统的以儿子为核心的赡养制度已不复存在，在当代中国家庭，女儿在经济和日常生活等方面都发挥着不可替代的养老功能，在有些方面，女儿的养老功能甚至已经超过了儿子。我们认为，从妻居比例的上升和女儿养老功能的提升从两个不同的层面表明，当代中国家庭的性别秩序已经发生了非常深刻的变化，制约女性发展的父权制家庭观念正日益为男女平等的现代家庭观念所取代。

我们认为，本书从居住方式和家庭养老两个层面对父权制家庭制度的研

究也在一定程度上印证了近年来国内外学者从其他角度对该问题的研究结论。这些研究大多发现，中国家庭正在从以往的“单系偏重”发展到如今的“双系并重”（何绍辉，2019；黄亚慧，2013）。但是，对“双系并重”的强调并不意味着当代中国家庭在代际关系方面已经实现了性别平等，而是说中国家庭出现了向性别平等发展的良好趋势。但是在未来，传统的父权制家庭是会一去不复返，还是会以某种隐秘的方式生存下来，我们目前尚无法得知，这也是需要后续的研究继续关注的一个重要议题。我们认为，在研究这个议题的时候有两点需要特别注意。

一是要特别关注父权制家庭在权利和义务两个方面的差异性。众所周知，父权制家庭制度包含的内容非常庞杂，但大体而言可分为权利和义务两类。与权利相关的内容包括继承家庭姓氏和财产、得到父母的关爱和支持等，与义务相关的内容主要是赡养父母。本书重点关注的是父权制家庭制度的义务层面，而较少涉及权利层面。但近年来的很多研究却发现，中国女性在承担越来越多家庭义务的同时，并未享受到足够多的家庭权利（唐灿、马春华、石金群，2009；Hu，2017）。例如，传男不传女的单系继承制度依然在延续；中国老年人也更可能向儿子提供经济支持和帮儿子照顾孙子女，这在女儿的养老功能不断提升的背景下依然没有发生明显变化。我们认为，这种女性付出多但得到少的代际交往关系因为违背了平等互惠的代际交往原则，注定是难以持久的，但是，这种代际交往中的不平衡局面最终会向何处发展目前仍难以预料，是需要得到进一步研究的重要问题。

二是要特别关注父权制家庭制度的流动性以及在表现形式上的多样性。如前所述，家庭制度具有很强的韧性，特别是对父权制家庭制度这样一种具有几千年发展史的家庭制度而言，它不太可能在短时期内迅速消失，而更可能以某种隐秘的方式在现代社会的夹缝中顽强地生存下来。因此，我们在研究父权制家庭制度的变迁时，一定要留意这种家庭制度的流动性和易变性。金一虹（2010）曾深入分析过父权制家庭制度在流动农民的城市生活中被再造的过程，她将这一过程形象地称为“流动的父权”。我们认为，父权的流动性还将表现在现代社会的其他方面。例如，有学者认为，即便在“两头婚”这种双系婚姻模式中，父权制家庭制度也会通过某种微妙的方式渗透到日常的家庭生活之中，并对具体的家庭决策产生重要影响（纪芳，2020）。因此，我们认为，在快速的社会转型过程中，父权制家庭制度也会经历一个不断被解构和重构的过程，但这一过程将会如何发生，又会产生怎样的影响，是摆在所有家庭研究者面前的一个重要问题。

五、多与寡：少子化对代际关系的挑战

在不久的将来，对中国家庭结构和家庭养老的最大挑战可能是少子化。本书在部分章节已经或多或少提到了这一问题。例如，我在第三章研究家庭居住方式和第五章研究女儿养老功能的时候，都提到随着家庭生育数量的下降，很多家庭已经没有儿子，在这种情况下，选择与女儿同住或者将女儿也纳入家庭养老的范围已成为当代中国家庭应对养老困难时的一个不得不采用的办法。不过，本书对少子化的研究仅到此为止。在大部分章节，我们依然是在多子女的背景下来研究中国家庭的居住方式和代际交换关系的，这主要是因为当下大多数中国老年人依然有多个在世的成年子女，少子化的影响尚未全部显现。但是，随着独生子女一代的父母逐渐步入老年，少子化势必会对未来的家庭结构和代际关系造成非常强烈的冲击。在这样的背景下，中国家庭将何去何从是一个非常值得深入研究的重要问题。我们认为，对这个问题的研究可以从以下几个方面展开。

首先，在家庭结构方面，少子化意味着父母与子女同住机会的降低，因此我们预计，随着家庭生育数量的下降，未来将有越来越多的老年人生活在空巢家庭之中。不过，少子化对从夫居和从妻居的影响尚难以预测。本书第三章发现，从妻居较可能发生在妻子无兄弟而丈夫有兄弟的情况下，随着生育数量的减少，妻子无兄弟的可能性将迅速提高，因此，从这个角度来看，少子化对从妻居有促进作用。但是从另一个角度来看，在家庭生育数量下降以后，丈夫有兄弟的可能性也将大幅下降，如果丈夫本身就是家中的独子，那么他们是否还会愿意接受从妻居就会成为一个问题。除此之外，在少子化的背景下，另一个值得深入研究的问题是独生子女家庭的居住安排，特别是在独生子女与独生子女结婚的情况下，如果双方的父母都有和子女同住的意愿和需求，那么双独夫妇是会遵循传统选择从夫居，还是标新立异选择从妻居，抑或是与两方父母轮流居住，这都是值得深入研究的问题。总而言之，

随着少子化的进一步发展，未来的中国家庭结构还将发生重大变动，这也为开展相关研究提供了非常广阔的空间。

其次，在家庭养老方面，少子化意味着家庭养老资源的进一步萎缩，因此我们预计，在未来，中国将面临更加严重的养老危机。本书第五章发现，在多子女的情况下，各个子女可以根据自身的资源优势相互协作，共同分担赡养父母的责任。例如，“儿子出钱、女儿出力”就是当下比较流行且比较高效的一种分工模式。但是，随着家庭生育数量的减少，子女之间分工协作的难度将越来越大。在独生子女家庭，老年人只有一个子女可以依靠，如果这个子女因为种种原因无法留在父母身边，或不愿意赡养父母，那么老年人势必会出现无子可依的局面。即便这个子女能够留在父母身边照顾父母，他/她也不得不背负起“既要出钱、又要出力”的沉重养老负担。而且，如果独生子女又与独生子女结婚，那么这对夫妇将很可能有四位老人需要赡养，这时，家庭养老的压力将空前增加，而且会出现双方父母对养老资源的竞争，在这种情况下，双独夫妇是会更多地支持男方的父母还是女方的父母也是一个值得深入研究的问题。

最后，在代际资源流向方面，少子化还会导致代际关系的重心出现下移。贝克尔认为，家庭生育数量与质量之间存在替代关系（Becker，1991）。生育数量的减少会提升家庭对子女质量的要求，进而导致对子女养育的投入越来越高，而对父母养老需求的关注则越来越少。近年来的一些研究已经发现，当代中国家庭存在“密集母职”的现象，并认为这与家庭生育数量的减少有关（陈蒙，2018；杨可，2018，郑杨，2019）。与此同时，也有研究提出了“恩往下流”的观点，即认为代际资源越发向子辈和孙辈转移，而父辈和祖辈的需求则处于相对被忽视的状态（狄金华、郑丹丹，2016）。随着代际关系的重心向下倾斜，代际权力关系也会出现变化，家长的权威将进一步被削弱，子辈的家庭地位将进一步得到提升，这也需要引起未来更多研究的关注。除此之外，少子化也会改变代际情感依恋关系，随着子女逐渐成为代际关系的中心，不仅子女会因得到父母越来越多的关爱而变得越发依恋父母，父母也会因为在子女养育中付出太多而变得越发依恋子女。近年来，社会各界对“妈宝”和“老漂”[①] 的关注已经在一定程度上印证了这一点。总而言之，随

① 老年人为支持儿女事业、照顾第三代，离开家乡，来到子女工作的城市，他们被称为“老漂”。

着少子化的发展，代际资源流向、代际权力关系和代际情感依赖都会发生变化，这都是值得我们进行深入研究和探讨的问题。

六、辩与证：理论和实证的结合与创新

未来关于中国家庭变迁的研究还要特别重视理论与方法的结合。自 20 世纪 80 年代以来，中国学术界曾出现过三次家庭研究热潮（林晓珊，2018），但这些研究大多以提出理论观点为主，结合数据资料对不同理论进行严格检验的实证研究尚不多见，这导致现有关于中国家庭变迁的研究中依然充斥着大量未经检验的观点。这些观点之中虽然不乏真知灼见，但也包含不少错误的认识。如果这些错误不能被及时排除，将会极大地妨碍我们对中国家庭变迁建立正确的认识，也会极大地妨碍相关决策部门及时地制定有针对性的应对策略。

我在绪论部分曾经指出，写作此书的一个主要目标就是要通过大规模的抽样调查数据对中国家庭变迁的方向、路径和后果进行客观的分析和评估。为了实现这个目标，本书围绕家庭结构和家庭养老这两个核心议题对众多有争议的问题进行了分析，从这些分析结果可以发现，人们对当代中国家庭及其变迁的很多观点并不正确。例如，传统中国家庭并不是以联合家庭为主的大家庭，核心家庭在很久以前就是占比最高的家庭类型；中国家庭的小型化在很大程度上也不是由家庭的核心化造成的，家庭生育率的下降在其中发挥了更加重要的作用；中国家庭的核心化并未真正割裂两代人之间的交往，通过组建家庭网络，养老和抚幼等家庭功能依然得以发挥；空巢并未像人们想象的那样会损害老年人的主观福祉，只有当老年人是被迫与子女分开居住时，空巢才会产生显著的负面影响；“啃老”与养老并不矛盾，因为向子女提供必要的支持和帮助有助于维持良好的代际关系，并能刺激子女在日后为父母提供更加丰厚的赡养回报；“享清福”也不是老年人理想的生活方式，与子女之间有来有往的代际交往关系对老年人的晚年幸福更有利。综上所述，本书的很多研究结论均表明，现有的很多看似正确的理论观点并不一定能够经受住数据的检验，因此，只有将理论与数据结合起来，关于中国家庭变迁的研究才能早日走出理论探索的初级阶段，并最终发展为一门真正的实证科学。

巴比（2020）认为，被称为科学的社会学研究必须满足两个基本条件，一是要讲逻辑（logical），即需要有理论支撑；二是要重实证（empirical），即需要有数据支持。如果以巴比提出的这两个条件为标准，我认为，当下关于中国家庭及其变迁的研究距离成为一门真正的社会科学还有很大的进步空间。首先，从成为社会科学的第一个条件，即从理论角度来看，当下的家庭研究并不缺乏理论，但这些理论之中有不少是想当然的主观臆造，也有不少是照抄照搬西方国家的研究经验，真正对研究中国家庭变迁有指导意义的理论依然非常匮乏。针对这一问题，近年来国内学者已进行过很多深入的反思，并开展了一些有价值的本土化理论尝试（计迎春，2019），这无疑是很有价值的。不过，当下这方面的研究还很少，对相关经验研究也没有产生持续的影响，因此我们认为，未来还要继续加强家庭研究方面的理论创新，以更好地为开展实证研究服务。

其次，从成为社会科学的第二个条件，即从实证角度来看，当下的家庭研究还有很长的路要走。一方面，当前关于中国家庭及其变迁的研究依然以定性研究为主，定量研究在近年来虽然日渐增多，但是在规模上仍然是少数。需要说明的是，我在这里无意于否定定性研究的价值。实际上，我在绪论部分就已指出，定性研究在探索微观机制和过程方面拥有得天独厚的优势。但是，中国的家庭现象非常复杂，家庭变迁的路径也充满差异性和多元化，因此，唯有通过大规模抽样调查数据才能从整体上把握家庭变迁的趋势和脉络。也正因如此，我们认为未来必须要加强定量取向的家庭研究，做到定性与定量的结合。另一方面，现有很多关于中国家庭及其变迁的研究依然在很大程度上受到研究者价值的影响，因而无法做到真正的客观中立。即便在那些号称“让数据说话”的定量研究中，学者们的价值也无处不在，这导致很多研究的结论失去了科学价值，甚至会对社会大众和政府决策部门产生严重误导。我们认为，未来关于中国家庭问题的研究必须要秉持价值中立的原则。这意味着研究者必须要排除主观成见，并对任何可能的研究结果持完全开放的态度。只有这样，研究者才能真正做到“让数据说话”，只有这样，关于中国家庭变迁的研究才能迎来真正的繁荣与发展。

参考文献

巴比．社会研究方法：第13版．邱泽奇，译．北京：清华大学出版社，2020.

曹惟纯，叶光辉．高龄化下的代间关系：台湾民众孝道信念变迁趋势分析（1994—2011）．社会学研究，2014（2）：116－144.

陈柏峰．农民价值观的变迁对家庭关系的影响：皖北李圩村的调查．中国农业大学学报（社会科学版），2007（1）：106－113.

陈柏峰．代际关系变动与老年人自杀：对湖北京山农村的实证研究．社会学研究，2009（4）：157－176.

陈皆明．投资与赡养：关于城市居民代际交换的因果分析．中国社会科学，1998（6）：131－149.

陈蒙．城市中产阶层女性的理想母职叙事：一项基于上海家庭的质性研究．妇女研究论丛，2018（2）：55－66.

狄金华，郑丹丹．伦理沦丧抑或是伦理转向：现代化视域下中国农村家庭资源的代际分配研究．社会，2016（1）：186－212.

杜鹏．北京市老年人居住方式的变化．中国人口科学，1998（2）：36－41.

杜鹏，曲嘉瑶．中国老年人对子女孝顺评价的变化及影响因素．人口研究，2013（5）：30－41.

段成荣，杨舸，张斐，等．改革开放以来我国流动人口的九大趋势．人口研究，2008（6）：30－43.

费孝通．家庭结构变动中的老年赡养问题：再论中国家庭结构的变动．北京大学学报（哲学社会科学版），1983（3）：6－15.

费孝通．生育制度．北京：商务印书馆，1999.

风笑天．第一代独生子女婚后居住方式：一项12城市的调查分析．人口研究，2006（5）：57－63.

傅绪荣，汪凤炎，陈翔，等．孝道：理论、测量、变迁及与相关变量的关系．心理科学进展，2016（2）：293－304.

葛枭语．孝的多维心理结构：取向之异与古今之变．心理学报，2021（3）：306－321.

古德．家庭．魏章玲，译．北京：社会科学文献出版社，1986.

郭于华．代际关系中的公平逻辑及其变迁：对河北农村养老事件的分析．中国学术，2001

(4)：221-254.
郭志刚．关于家庭户研究的几个问题．人口研究，1987 (2)：10-14.
郭志刚．中国高龄老人的居住方式及其影响因素．人口研究，2002 (1)：37-42.
郭志刚．对中国1990年代生育水平的研究与讨论．人口研究，2004 (2)：10-19.
郭志刚．关于中国家庭户变化的探讨与分析．中国人口科学，2008 (3)：2-10.
郭志刚，刘金塘，宋健．现行生育政策与未来家庭结构．中国人口科学，2002 (1)：1-11.
国家统计局．中国统计年鉴2020. 北京：中国统计出版社，2020.
国家统计局．国家统计局新闻发言人就2021年5月份国民经济运行情况答记者问. (2021-06-16) [2021-09-01]. http：//www.stats.gov.cn/tjsj/sjjd/202106/t20210616_1818488.html.
国家统计局．第七次全国人口普查公报（第七号）：城乡人口和流动人口情况．(2021-05-11) [2021-09-01]. http：//www.stats.gov.cn/tjsj/tjgb/rkpcgb/qgrkpcgb/202106/t20210628_1818826.html.
韩呈吉．男嫁女娶有利于计划生育．人口与经济，1992 (6)：17-19.
何绍辉．论"两家并一家"婚居模式的形成机制．中国青年研究，2019 (1)：64-69.
贺雪峰．农村家庭代际关系的变动及其影响．江海学刊，2008 (4)：108-113.
洪岩璧．Logistic模型的系数比较问题及解决策略：一个综述．社会，2015 (4)：220-241.
胡安宁．老龄化背景下子女对父母的多样化支持：观念与行为．中国社会科学，2017 (3)：77-95.
怀默霆．中国家庭中的赡养义务：现代化的悖论．中国学术，2001 (4)：255-277.
黄亚慧．并家婚姻中女儿的身份与地位．妇女研究论丛，2013 (4)：109-114.
纪芳．并家模式下的家庭权力重构及其实践逻辑：基于苏南农村的并家经验考察．天府新论，2020 (1)：96-102.
计迎春．社会转型情境下的中国本土家庭理论构建初探．妇女研究论丛，2019 (5)：9-20.
江克忠，陈友华．亲子共同居住可以改善老年人的心理健康吗?：基于CLHLS数据的证据．人口学刊，2016 (6)：77-86.
金一虹．流动的父权：流动农民家庭的变迁．中国社会科学，2010 (4)：151-165.
雷洁琼．改革以来中国农村婚姻家庭的新变化：转型期中国农村婚姻家庭的变化．北京：北京大学出版社，1994.
李建新，刘保中．健康变化对中国老年人自评生活质量的影响：基于CLHLS数据的固定效应模型分析．人口与经济，2015 (6)：1-11.
李树茁，费尔德曼，李南．中国农村招赘式婚姻决定因素的比较研究．中国人口科学，1999 (5)：19-28.
李树茁，靳小怡，费尔德曼．中国农村子女的婚姻形式和个人因素对分家的影响研究．社会学研究，2002 (4)：102-116.
李树茁，靳小怡，费尔德曼，等．当代中国农村的招赘婚姻．北京：社会科学文献出版社，2006.
林晓珊．改革开放四十年来的中国家庭变迁：轨迹、逻辑与趋势．妇女研究论丛，2018

(5)：52 - 69.
刘宏，高松，王俊．养老模式对健康的影响．经济研究，2011（4）：79 - 93.
刘汶蓉．转型期的家庭代际情感与团结：基于上海两类“啃老”家庭的比较．社会学研究，2016（4）：145 - 168.
栾成显．明清文书档案反映的农民家庭规模．中国人口科学，2006（1）：78 - 85.
麻国庆．分家：分中有继也有合：中国分家制度研究．中国社会科学，1999（1）：106，108，110，112，114，116.
莫丽霞．当前我国农村居民的生育意愿与性别偏好研究．人口研究，2005（2）：62 - 68.
潘允康．中国家庭网的现状和未来．社会学研究，1990（5）：97 - 103.
瞿同祖．中国法律与中国社会．北京：中华书局，1981.
任强，唐启明．中国老年人的居住安排与情感健康研究．中国人口科学，2014（4）：82 - 91.
任强，谢宇．对纵贯数据统计分析的认识．人口研究，2011（6）：3 - 12.
沈崇麟，杨善华．当代中国城市家庭研究：七城市调查报告和资料汇编．北京：中国社会科学出版社，1995.
沈崇麟，杨善华，李东山．世纪之交的城乡家庭．北京：中国社会科学出版社，1999.
宋健，戚晶晶．“啃老”：事实还是偏见：基于中国 4 城市青年调查数据的实证分析．人口与发展，2011（5）：57 - 64.
宋璐，李亮，李树茁．照料孙子女对农村老年人认知功能的影响．社会学研究，2013（6）：215 - 237.
沈可，程令国．空巢是否损害了老年健康？．世界经济文汇，2012（2）：89 - 103.
唐灿．家庭现代化理论及其发展的回顾与评述．社会学研究，2010（3）：199 - 222.
唐灿，马春华，石金群．女儿赡养的伦理与公平：浙东农村家庭代际关系的性别考察．社会学研究，2009（6）：18 - 36.
唐金泉．代际支持对老年人主观幸福感的影响：基于年龄组的差异性分析．南方人口，2016（2）：60 - 70.
田北海，马艳茹．中国传统孝道的变迁与转型期新孝道的建构．学习与实践，2019，(10)：101 - 111.
王涤．关于中国现代新孝道文化特点及其功能作用的探析：兼论提倡新孝道文化中应处理好的几个关系．人口研究，2004（3）：76 - 81.
王萍，李树茁．代际支持对农村老年人生活满意度影响的纵向分析．人口研究，2011（1）：44 - 52.
王跃生．十八世纪中后期的中国家庭结构．中国社会科学，2000（2）：167 - 177.
王跃生．当代中国家庭结构变动分析．中国社会科学，2006（1）：96 - 108.
王跃生．中国当代家庭结构变动分析．北京：社会科学文献出版社，2009.
王跃生．个体家庭、网络家庭和亲属圈家庭分析：历史与现实相结合的视角．开放时代，2010（4）：83 - 99.
王跃生．中国城乡家庭结构变动分析：基于 2010 年人口普查数据．中国社会科学，2013

(12)：60－77.

王跃生．中国城乡老年人居住的家庭类型研究：基于第六次人口普查数据的分析．中国人口科学，2014 (1)：26－32.

韦伯．社会科学方法论．韩水法，莫茜，译．北京：商务印书馆，2013.

巫锡炜，郭志刚．我国从妻居的时空分布：基于“五普”数据的研究．人口与经济，2010 (2)：11－19.

吴愈晓．中国城乡居民教育获得的性别差异研究．社会，2012 (4)：112－137.

五城市家庭研究项目组．中国城市家庭：五城市家庭调查报告及资料汇编．山东：山东人民出版社，1985.

谢宇．社会学方法与定量研究：第2版．北京：社会科学文献出版社，2012.

谢宇，胡婧炜，张春泥．中国家庭追踪调查：理念与实践．社会，2014 (2)：1－32.

许琪．子女需求对城市家庭居住方式的影响．社会，2013 (3)：111－130.

许琪．儿子养老还是女儿养老?：基于家庭内部的比较分析．社会，2015 (4)：199－219.

许琪．扶上马再送一程：父母的帮助及其对子女赡养行为的影响．社会，2017 (2)：216－240.

鄢盛明，陈皆明，杨善华．居住安排对子女赡养行为的影响．中国社会科学，2001 (1)：130－140.

严梅福．婚嫁模式影响妇女生育性别偏好的实验研究．中国人口科学，1995 (5)：11－16.

阎云翔．家庭政治中的金钱与道义：北方农村分家模式的人类学分析．社会学研究，1998 (6)：74－84.

阎云翔．私人生活的变革：一个中国村庄里的爱情、家庭与亲密关系．上海：上海书店出版社，2006.

阎云翔．中国社会的个体化．上海：上海译文出版社，2012.

杨恩艳，裴劲松，马光荣．中国农村老年人居住安排影响因素的实证分析．农业经济问题，2012 (1)：37－44.

杨国枢．现代社会的新孝道．中华文化复兴月刊，1985 (1)：56－67.

杨国枢．中国人的心理与行为：本土化研究．北京：中国人民大学出版社，2004.

杨菊华．男孩偏好与性别失衡：一个基于需求视角的理论分析框架．妇女研究论丛，2012 (2)：23－35.

杨菊华，李路路．代际互动与家庭凝聚力：东亚国家和地区比较研究．社会学研究，2009，(3)：26－53.

杨可．母职的经纪人化：教育市场化背景下的母职变迁．妇女研究论丛，2018 (2)：79－90.

杨善华．中国当代城市家庭变迁与家庭凝聚力．北京大学学报（哲学社会科学版），2011 (2)：150－158.

杨善华，贺常梅．责任伦理与城市居民的家庭养老：以“北京市老年人需求调查”为例．北京大学学报（哲学社会科学版），2004 (1)：71－85.

杨善华，沈崇麟．城乡家庭：市场经济与非农化背景下的变迁．浙江：浙江人民出版社，2000.

叶光辉．华人孝道双元模型研究的回顾与前瞻．本土心理学研究，2009（32）：101－148.
叶光辉，杨国枢．中国人的孝道：心理学的分析．重庆：重庆大学出版社，2009.
叶华，吴晓刚．生育率下降与中国男女教育的平等化趋势．社会学研究，2011（5）：153－177.
余泽梁．代际支持对老年人生活满意度的影响及其城乡差异：基于CHARLS数据7669个样本的分析．湖南农业大学学报（社会科学版），2017（1）：62－69.
张文娟，李树茁．劳动力外流背景下的农村老年人居住安排影响因素研究．中国人口科学，2004（1）：42－49.
张兆曙，陈奇．高校扩招与高等教育机会的性别平等化：基于中国综合社会调查（CGSS2008）数据的实证分析．社会学研究，2013（2）：173－196.
曾毅，王正联．中国家庭与老年人居住安排的变化．中国人口科学，2004（5）：2－8.
郑杨．社会变迁中的育儿模式变化与“母职”重构：对微信育儿群的观察．贵州社会科学，2019（7）：87－95.
中国人口和计划生育年鉴2006．中国人口和计划生育年鉴，2006.
Adams，J. S.（1965）. Inequity in social exchange. *Advances in Experimental Social Psychology*，2（4），267－299.
Asis，M. M. B.，Domingo，L.，Knodel，J.，& Mehta，K.（1995）. Living arrangements in four Asian countries：A comparative perspective. *Journal of Cross-Cultural Gerontology*，10（1－2），145－162.
Becker，G. S.（1974）. A theory of social interactions. *Journal of Political Economy*，82（6），1063－1093.
Becker，G. S.（1991）. *A treatise on the family，enlarged edition*. Cambridge，MA：Harvard University Press.
Bernheim，B. D.，Shleifer，A.，& Summers，L. H.（1985）. The strategic bequest motive. *The Journal of Political Economy*，93（6），1045－1076.
Bian，F.，Logan，J. R.，& Bian，Y.（1998）. Intergenerational relations in urban China：proximity，contact，and help to parents. *Demography*，35（1），115－124.
Blau，P. M.（1964）. *Exchange and power in social life*. New York：John Wiley & Sons.
Chambers，R. L.，& Skinner，C. J.（2003）. *Analysis of survey data*. New York：Wiley.
Chang，K. S.（2010）. The second modern condition? Compressed modernity as internalized reflexive cosmopolitization. *The British Journal of Sociology*，61（3），444－464.
Chen，X.（1985）. The One-child population policy，modernization，and the extended Chinese family. *Journal of Marriage and Family*，47（1），193－202.
Chen，F.，& Short，S. E.（2008）. Household context and subjective well-being among the oldest old in China. *Journal of Family Issues*，29（10），1379－1403.
Chen，X.，& Silverstein，M.（2000）. Intergenerational social support and the psychological well-being of older parents in China. *Research on Aging*，22（1），43－65.

Cherlin，A. J.（2012）. Goode's world revolution and family patterns：A reconsideration at fifty years. *Population and Development Review*，38（4），577－607.

Chu，C. Y. C.，& Yu，R.（2009）. *Understanding Chinese families：A comparative study of Taiwan and southeast China*. New York：Oxford University Press.

Chu，C. Y. C.，Xie，Y.，& Yu，R.（2011）. Coresidence with elderly parents：A comparative study of southeast China and Taiwan. *Journal of Marriage and Family*，73（1），120－135.

Cohen，M. L.（1992）. Family management and family division in contemporary rural China. *The China Quarterly*，130（1），357－377.

Cong，Z.，& Silverstein，M.（2008）. Intergenerational support and depression among elders in rural China：Do daughters-in-law matter？. *Journal of Marriage and Family*，70（3），599－612.

Davis，D. S.，& Harrell，S.（1993）. *Chinese families in the post-Mao era*. Berkeley，CA：University of California Press.

Davis-Friedman，D.（1991）. *Long lives：Chinese elderly and the communist revolution*（*expanded ed.*）. Stanford，CA：Stanford University Press.

Dean，A.，Kolody，B.，& Ensel，W. M.（1989）. The effects of types of social support from adult children on depression in elderly persons. *Journal of Community Psychology*，17（4），341－355.

Deng，Z.，& Treiman，D. J.（1997）. The impact of the cultural revolution on trends in educational attainment in the People's Republic of China. *American Journal of Sociology*，103（2），391－428.

Dowd，J. J.（1975）. Aging as exchange：A preface to theory. *Journal of Gerontology*，30（5），584－594.

Dwyer，J. W.，Lee，G. R.，& Jankowski，T. B.（1994）. Reciprocity，elder satisfaction，and caregiver stress and burden：The exchange of aid in the family caregiving relationship. *Journal of Marriage and Family*，56（1），35－43.

Festinger，L.（1957）. *A theory of cognitive dissonance*. Stanford，CA：Stanford University Press.

Goode，W. J.（1963）. *World revolution and family patterns*. New York：Free Press.

Greenhalgh，S.（1985）. Sexual stratification：The other side of "growth with equity" in East Asia. *Population and Development Review*，11（2），265－314.

Gruijters，R. J.（2017）. Intergenerational contact in Chinese families：Structural and cultural explanations. *Journal of Marriage and Family*，79：758－768.

Gu，D.，Feng，Q.，& Yeung，W. J. J.（2019）. Reciprocal dynamics of solo-living and health among older adults in contemporary China. *The Journals of Gerontology，Series B：Psychological Sciences and Social Sciences*，74（8），1441－1452.

Hays，J. C.（2002）. Living arrangements and health status in later life：A review of recent literature. *Public Health Nursing*, 19 (2), 136 - 151.

Heller, K., Thompson, M. G., Vlachos-Weber, I., Steffen, A. M., & Trueba, P. E. (1991). Support interventions for older adults: Confidante relationships, perceived family support, and meaningful role activity. *American Journal of Community Psychology*, 19 (1), 139 - 146.

Hermalin, A. I., & Yang, L. S. (2004). Levels of support from children in Taiwan: Expectations versus reality, 1965 - 99. *Population and Development Review*, 30 (3), 417 - 448.

Homans, G. C. (1958). Social behavior as exchange. *American Journal of Sociology*, 63 (6), 597 - 606.

Horowitz, A. (1985). Sons and daughters as caregivers to older parents: Differences in role performance and consequences. *The Gerontologist*, 25 (6), 612 - 617.

Hu, A. (2017). Providing more but receiving less: Daughters in intergenerational exchange in mainland China. *Journal of Marriage and Family*, 79 (3), 739 - 757.

Hughes, M. E., & Waite, L. J. (2002). Health in household context: Living arrangements and health in late middle age. *Journal of Health and Social Behavior*, 43 (1), 1 - 21.

Ji, Y. (2017). A mosaic temporality: New dynamics of the gender and marriage system in contemporary urban China. *Temporalités*, 26 (3), 26 - 36.

Kim, I. K., & Kim, C. S. (2003). Patterns of family support and the quality of life of the elderly. *Social Indicators Research*, 62 (1), 437 - 454.

Krause, N. (1986). Social support, stress, and well-being among older adults. *Journal of Gerontology*, 41 (4), 512 - 519.

Krause, N. (1997). Received support, anticipated support, social class, and mortality. *Research on Aging*, 19 (4), 387 - 422.

Lee, G. R. (1987). Aging and intergenerational relations. *Journal of Family Issues*, 8 (4), 448 - 451.

Lee, G. R., & Ellithorpe, E. (1982). Intergenerational exchange and subjective well-being among the elderly. *Journal of Marriage and the Family*, 44 (1), 217 - 224.

Lee, G. R., Netzer, J. K., & Coward, R. T. (1995). Depression among older parents: The role of intergenerational exchange. *Journal of Marriage and the Family*, 57 (3), 823 - 833.

Lee, Y. J., Parish, W. L., & Willis, R. J. (1994). Sons, daughters, and intergenerational support in Taiwan. *American Journal of Sociology*, 99 (4), 1010 - 1041.

Lei, X., Strauss, J., Tian, M., & Zhao, Y. (2015). Living arrangements of the elderly in China: evidence from the CHARLS national baseline. *China Economic Journal*, 8 (3), 191 - 214.

Lesthaeghe, R. (2010). The unfolding story of the second demographic transition. *Population and Development Review*, 36 (2), 211 - 251.

Levy, M. (1949) . *The family revolution in modern China*. Cambridge, Massachusetts: Harvard University Press.

Li, L. W. , Zhang, J. , & Liang, J. (2009). Health among the oldest-old in China: which living arrangements make a difference? . *Social Science & Medicine*, 68 (2), 220 - 227.

Lin, I. F. , Goldman, N. , Weinstein, M. , Lin, Y. H. , Gorrindo, T. , & Seeman, T. (2003). Gender differences in adult children's support of their parents in Taiwan. *Journal of Marriage and Family*, 65 (1), 184 - 200.

Liu, X. , Liang, J. , & Gu, S. (1995). Flows of social support and health status among older persons in China. *Social Science & Medicine*, 41 (8), 1175 - 1184.

Logan, J. R. , & Bian, F. (1999). Family values and coresidence with married children in urban China. *Social Forces*, 77 (4), 1253 - 1282.

Logan, J. R. , Bian, F. , & Bian, Y. (1998). Tradition and change in the urban Chinese family: The case of living arrangements. *Social forces*, 76 (3), 851 - 882.

Mauss, Marcel. (1954). *The gift: Forms and functions of exchange in Archaic Societies*. London: Cohen & West.

Montgomery, R. J. V. , & Kamo, Y. (1989). Parent care by sons and daughters. In Mancini, J. A. (Eds.), *Aging parents and adult children* (pp. 213 - 227). Lexington, MA: Lexington Books.

Morgan, S. P. , & Hirosima, K. (1983). The persistence of extended family residence in Japan: Anachronism or alternative strategy? . *American Sociological Review*, 48 (2), 269 - 281.

Mutran, E. , & Reitzes, D. C. (1984). Intergenerational support activities and well-being among the elderly: A convergence of exchange and symbolic interaction perspectives. *American Sociological Review*, 49 (1), 117 - 130.

Norris, F. H. , & Murrell, S. A. (1984). Protective function of resources related to life events, global stress, and depression in older adults. *Journal of Health and Social Behavior*, 25 (4), 424 - 437.

Parish, W. L. , & Whyte, M. K. (1980). *Village and family in contemporary China*. Chicago, IL: University of Chicago Press.

Parsons, T. (1943). The kinship system of the contemporary united states. *American Anthropologist*, 45 (1), 22 - 38.

Rabe-Hesketh, S. , & Skrondal, A. (2012). *Multilevel and longitudinal modeling using Stata*. Texas: Stata Press.

Raudenbush, S. W. , & Bryk, A. S. 2002. *Hierarchical linear models: Applications and data analysis methods*. CA: Sage.

Raymo, J. M. , Park, H. , Xie, Y. , & Yeung, W. (2015). Marriage and family in East Asia: Continuity and change. *Annual Review of Sociology*, 41, 471 - 492.

Sereny, M. (2011). Living arrangements of older adults in China: The interplay among preferences, realities, and health. *Research on Aging*, 33 (2), 172 - 204.

Sereny, M. D., & Gu, D. (2011). Living arrangement concordance and its association with self-rated health among institutionalized and community-residing older adults in China. *Journal of Cross-Cultural Gerontology*, 26 (3), 239 - 259.

Silverstein, M., Cong, Z., & Li, S. (2006). Intergenerational transfers and living arrangements of older people in rural China: Consequences for psychological well-being. *The Journals of Gerontology, Series B: Psychological Sciences and Social Sciences*, 61 (5), S256 - S266.

Stoller, E. P. (1985). Exchange patterns in the informal support networks of the elderly: The impact of reciprocity on morale. *Journal of Marriage and the Family*, 47 (2), 335 - 342.

Thornton, A., & Fricke, T. E. (1987). Social change and the family comparative perspectives from the West, China, and South Asia. *Sociological Forum*, 2 (4), 746 - 779.

Tian, F. F., & Davis, D. S. (2019). Reinstating the family: Intergenerational influence on assortative mating in China. *Chinese Sociological Review*, 51 (4), 337 - 364.

Treas, J., & Wang, W. (1993). Of deeds and contracts: Filial piety perceived in contemporary Shanghai. In Bengtson, V. L, & Achenbaum, W. A (Eds.), *The changing contract across generations* (pp. 87 - 98). Hawthorne, NY: Aldine Gruyter.

Tsui, M. (1989). Changes in Chinese urban family structure. *Journal of Marriage and the Family*, 51 (3), 737 - 747.

Unger, J. (1993). Urban families in the eighties: An analysis of Chinese surveys. In Davis, D., & Harrell S. (Eds.), *Chinese families in the post-Mao era* (pp. 25 - 49). Berkeley, CA: University of California Press.

Van de Kaa, D. J. (2004). Is the Second Demographic Transition a useful research concept? Questions and answers. *Vienna Yearbook of Population Research*, 2, 4 - 10.

Waite, L. J., & Hughes, M. E. (1999). At risk on the cusp of old age: Living arrangements and functional status among black, white and Hispanic adults. *The Journals of Gerontology, Series B: Psychological Sciences and Social Sciences*, 54 (3), S136 - S144.

Wang, J., Chen, T., & Han, B. (2014). Does co-residence with adult children associate with better psychological well-being among the oldest old in China? *Aging & Mental Health*, 18 (2), 232 - 239.

Wentowski, G. J. (1981). Reciprocity and the coping strategies of older people: Cultural dimensions of network building. *The Gerontologist*, 21 (6), 600 - 609.

Whyte, M. K. (2003). China's Revolutions and Intergenerational Relations. In Whyte, M. (Ed.), *China's Revolutions and Intergenerational Relations*: 3 - 23.

Whyte, M. K. (2004). Filial obligations in Chinese families: Paradoxes of modernization. In Ikels，C. （Eds. ），*Filial piety*：*Practice and discourse in contemporary East Asia* （106－127）. Stanford，CA：Stanford University Press.

Whyte，M. K. （2005）. Continuity and change in urban Chinese family life. *The China Journal*，53，9－33.

Wolf，A. P. （1989）. The origins and explanations of variations in the Chinese kinship system. In G. Li （Eds. ），*Anthropological Studies of the Taiwan Area* （pp. 241－260）. Taipei：National Taiwan University.

Wooldridge，J. M. （2010）. *Econometric analysis of cross section and panel data* （2nd ed）. Cambridge，MA：MIT Press.

Xie，Y.，& Hannum，E. （1996）. Regional variation in earnings inequality in reform-era urban China. *American Journal of Sociology*，101 （4），950－992.

Xie，Y.，& Zhu，H. （2009）. Do sons or daughters give more money to parents in urban China?. *Journal of Marriage and Family*，71 （1），174－186.

Yan，Y. （1997）. The triumph of conjugality：Structural transformation of family relations in a Chinese village. *Ethnology*，36，191－212.

Yeh，K-H. （2003）. The beneficial and harmful effects of filial piety：An integrative analysis. In Yang，K-S.，Huang，K-K. Pederson，P. B.，& Daibo，I. （Eds. ），*Progress in Asian social psychology*：*Conceptual and empirical contributions* （pp. 67－82）. Westport，CT：Praeger.

Forrest Zhang，Q. （2004）. Economic transition and new patterns of parent-adult child coresidence in Urban China. *Journal of Marriage and Family*，66 （5），1231－1245.

Zeng，Y.，Poston，D. L.，Jr.，Vlosky，D. A.，& Gu，D. （2008）. *Healthy longevity in China*：*Demographic*，*socioeconomic*，*and psychological dimensions*. Dordrecht，the Netherlands：Springer Publisher.

Zhu，H. （2008）. *Three essays on health*，*aging and the family in contemporary China*. Doctoral Dissertation of the University of Michigan. Not Published.

Zimmer，Z. （2005）. Health and living arrangement transitions among China's oldest-old. *Research on Aging*，27 （5），526－555.

后　记

这本书代表了我近年来对家庭结构、家庭养老和代际关系等相关领域的粗浅思考和实证探索。在这个“论文至上”的年代，写书是一件“吃力不讨好”的事情，以至于在写作过程中，多位“好心”的师友奉劝我不必在这本书上花太多力气。我当然明白他们是什么意思，但我总是觉得，一个阶段的研究工作需要用一本书进行总结。所以，我写这本书并没有什么功利性的目的，就是想给自己一个总结，同时也想向相关领域的同仁做一个简单的汇报。

从博士阶段算起，我从事家庭方面的研究已有十年时间，但起初，我的研究兴趣并不在此。十年之前，在我刚刚拿到北京大学社会学系的博士录取通知书的时候，我最想研究的领域是社会分层。这主要是因为我的定量基础比较好，对定量研究也很感兴趣，而在国内的各个社会学分支领域中，定量化水平最高、定量方法应用最广泛的领域就是社会分层。然而，当我阅读了《中国社会科学》《社会学研究》《社会》以及国外几个主流社会学期刊上的众多关于中国社会分层的研究文献之后，我陷入了深深的焦虑之中。因为在我当时看来，学术界对中国社会分层的研究已经非常深入，我除了能用新数据来验证一些旧观点之外，已经没什么可以继续研究的可能了。就在我为博士阶段的研究方向头疼不已的时候，有两件事情对我产生了至关重要的影响，并最终促使我走上了家庭研究之路。

第一件事情是我与博士导师郭志刚教授的若干次闲聊。郭老师是国内定量研究方法和家庭人口领域的著名学者，与此同时他也是一个很喜欢聊天的人。他每次见到我，都要聊很久他在研究婚姻、家庭和生育问题时的最新发现和趣闻。起初，我对婚姻家庭这一领域的兴趣并不大，但为了能跟导师有话可聊，我也开始关注这方面的研究。而这一关注让我赫然发现，婚姻家庭倒是一个很有趣且很值得通过定量方法深入研究的领域。实际上，早在20世纪80年代，我国的很多社会学前辈就做了不少关于城乡家庭的问卷调查（如“五城市家庭调查”“七城市家庭调查”等），并产出了一批成果；但遗憾的是，这一研究传统在20世纪90年代中期突然中断了，此后很少有高质量的定量研究成果出现。一念及此，我突然产生了一股冲动，即想要重新拾起早年关于中国家庭变迁的定量研究传统，分析当代中国家庭的结构、功能、关系及其变迁。有了想法之后，下一步就是要付诸行动。众所周知，做定量研究首先要找数据，那么关于中国家庭变迁的数据要去哪里找呢？这就不得不提到对我影响至深的第二件事情——CFPS。

CFPS是“中国家庭追踪调查”的英文缩写，它是目前国内规模最大的专门针对家庭的追踪调查项目。北京大学从2006年开始筹备该项目，项目的负责人是邱泽奇教授，而邱老师正是我硕士阶段的研究生导师。我从2009年跟随邱老师读研究生开始，就一直担任CFPS的研究助理，正所谓“近水楼台先得月”，我能够比其他研究者更早地使用这个数据，也更加熟悉这个数据的长处和缺陷。在确定以婚姻家庭作为博士阶段的主要研究方向之后，我很快选定了居住方式、代际关系和婚姻稳定性这几个CFPS数据中资料比较丰富的研究问题，将它们作为突破口，撰写了几篇论文，并在2013年试探着给《社会学研究》和《社会》这两个国内社会学领域的权威期刊各投了一篇稿子，颇令人惊喜的是，这两篇稿子竟然全部被接收了。尝到甜头的我也开始继续挖掘CFPS数据，并将研究领域拓展到了家庭教育、家务分工等其他方面，这些研究成果也被陆续发表在国内外的主流刊物上。虽然在后续的研究中，我接触到的数据资料越来越多，在很多时候，CFPS已不再是我研究的首选，但不可否认的是，CFPS项目的助研经历对我从事家庭研究帮助极大，本书第二章、第三章、第五章和第七章都是基于CFPS数据创作而成的。

除了能够获得研究中国家庭及其变迁的一手数据，参与CFPS项目的另一个好处是使我有幸接触到了很多国际社会学研究领域的“大牛”，特别是当时还在美国密歇根大学任教的谢宇教授。谢宇教授是国际知名的社会学家和人口学家，同时也是CFPS项目的国际学术委员会主席。因为CFPS，他经常来北京大学开会，借着开会的机会，他也会邀请青年学生做报告。我有幸参加了几次谢老师组织的研讨会，而且颇令人意外的是，谢老师对我的研究给予了很高的评价，这无疑极大地提升了我继续从事家庭研究的信心。除此之外，通过CFPS项目与谢老师结识也直接促成了我后来去密歇根大学的交流访问。2013年，我以访问学者的身份在密歇根大学学习了一年，谢老师是我在密歇根大学的合作导师。在密歇根大学的这一年，我学到了很多东西，除了接触到国际前沿的定量研究方法和婚姻家庭方面的最新研究进展之外，我的厨艺也日渐提高。现在回想起来，我的整个学术生涯甚至整个人生都因参加CFPS项目发生了非常重大的变化。

2014年，我博士毕业以后来到南京大学任教。在国内，当大学老师免不了要发论文、申课题。基于前期在家庭领域的积累，我在工作以后的论文发表和申请到的课题几乎都与婚姻家庭有关。2015年，我申请的课题“居住安排对老年人健康的影响研究”获得国家社科基金青年项目资助；2016年，另一项课题“隔代养育对祖孙三代的影响研究”获得了中国博士后科学基金特别资助；2018年，我还以“变迁中的中国家庭和家庭养老问题研究”为题目获评江苏省社科优青。围绕这几项课题，我在近年来发表了一系列与家庭结构、代际关系和家庭养老相关的论文，这些论文构成了这本书的主体。不过，为了提高这些论文的可读性，并使之前后逻辑连贯，我对论文中的很多章节进行了改写，甚至重写。我希望能够借此书将我近年来对家庭结构和家庭养老问题的研究成果较为全面和完整地呈现给学术界和一般读者，如果读者在阅读之后感到有所启发，或者产生了想要进一步研究中国家庭结构和家庭养老问题的兴趣，我将甚感欣慰。

本书的写作过程得到了很多人的帮助和鼓励，在此一并表示感谢。首先要感谢的是我的三位导师——郭志刚教授、邱泽奇教授和谢宇教授，是他们将我引向了家庭研究之路。此外，我也要感谢在南京大学和其他科研单位工作的师友，感谢他们对我长期以来的关心和支持。其中，特别要感谢的是北京大学大数据分析与应用技术国家工程实验室的乔天宇博士，在他的慷慨帮助下，我才得以成功汇总2010年和2015年有关中国家庭结构的相关资料。我也要感谢我曾经教授过的学生，是他们给了我写作此书的动力。在此，要特别感谢的是我的硕士研究生张世琦，她对全书进行了非常认真的校对，指出了很多文字和排版上的错误。我还要感谢中国人民大学出版社的盛杰女士，她在本书出版过程中付出了大量的时间和精力。最后，我还要感谢我的家人，他们是支持我从事各项工作的精神力量。

最后不得不提的是，虽然我和很多人都对书稿进行了反复校对，但由于个人能力的限制，书中难免会存在一些疏漏和错误之处，书中的观点也仅代表我一家之言，在此恳请各位读者不吝批评指正（我的邮箱是：xuqi@nju.edu.cn）。

许 琪

2022年8月于南京大学社会学院

图书在版编目（CIP）数据

传承与变迁：当代中国家庭结构与家庭养老 / 许琪著. -- 北京：中国人民大学出版社，2023.1
ISBN 978-7-300-31156-2

Ⅰ.①传… Ⅱ.①许… Ⅲ.①家庭结构-研究-中国②养老-家庭问题-研究-中国 Ⅳ.①D669.1②D669.6

中国版本图书馆 CIP 数据核字（2022）第 199306 号

"十二五"国家重点图书出版规划项目
社会学文库
主编 郑杭生
传承与变迁：当代中国家庭结构与家庭养老
许琪/著
Chuancheng yu Bianqian：Dangdai Zhongguo Jiating Jiegou yu Jiating Yanglao

出版发行	中国人民大学出版社		
社　　址	北京中关村大街 31 号	**邮政编码**	100080
电　　话	010－62511242（总编室）		010－62511770（质管部）
	010－82501766（邮购部）		010－62514148（门市部）
	010－62515195（发行公司）		010－62515275（盗版举报）
网　　址	http://www.crup.com.cn		
经　　销	新华书店		
印　　刷	北京宏伟双华印刷有限公司		
规　　格	170 mm×240 mm　16 开本	**版　　次**	2023 年 1 月第 1 版
印　　张	15.5 插页 2	**印　　次**	2023 年 1 月第 1 次印刷
字　　数	239 000	**定　　价**	59.00 元